건강하게
나이 든다는 것

무엇이 우리의 노년을 결정하는가

건강하게

< Growing Young >

나이 든다는 것

마르타 자라스카 지음

김영선 옮김

어크로스

이 책에 대한 찬사

심리가 수명에 미치는 영향에 관한 대단히 흥미롭고도 유익한 책. 삶의 질과 수명 연장에 신경 쓰고 있지만 꼬리에 꼬리를 물고 유행하는 이런저런 다이어트나 운동을 견딜 수 없다면, 이 책은 당신을 위한 것이다.

애덤 그랜트 TED 팟캐스트 워크라이프 진행자·《오리지널스》《기브 앤 테이크》 저자

드디어 다이어트와 운동을 뛰어넘어 생활 방식을 수명 연장 해법으로 제시한 책. 이 책은 과학적 연구에 기초해, 우리도 모르는 사이에 작용하는 공동체와 관계의 힘을 100세까지 장수하는 도구로서 제시한다.

댄 뷰트너 내셔널지오그래픽 특별회원·《블루존: 세계 장수 마을》 저자

인간 몸에 대해 더 많이 알게 될수록 행복과 건강의 관계가 얼마나 긴밀한지 깨닫는다. 실제적이면서 통찰력이 돋보이는 이 책은 이 둘의 관계가 살아 움직이게 만든다. 반드시 읽어야 할 책이다.

숀 아처 《빅 포텐셜》《행복의 특권》 저자

우리 마음이 몸 그리고 다른 사람들과 갖는 상호연관성이라는 주제와 관련해 내가 읽은 책 가운데 가장 뛰어난 책이다.

에머런 메이어 의학박사·《더 커넥션: 뇌와 장의 은밀한 대화》 저자

우정은 우리가 모험을 떠나는 가장 중요한 여정이다. 마르타 자라스카의 이 책을 읽어보라. 그러면 그 이유를 알 수 있다.

로빈 던바 옥스퍼드 대학 진화인류학과 교수·《던바의 수》 저자

이 책은 행복하게 오래 사는 법을 일러준다. 즉 배움과 성장을 멈추지 말라는 말이다. 마르타 자라스카의 비결은 최첨단 연구에서 걸러낸 명쾌한 과학에 기초하고 있다. 그 결과 설득력 있고 또 무척 흥미롭다.

리처드 랭엄 하버드 대학 생물인류학 교수·《한없이 사악하고 더없이 관대한》 저자

장수에 대해 새롭고도 현명한 견해를 보여준다. 깊이 있는 연구를 바탕으로 한 데다 흥미진진해 눈길을 사로잡는다. 이 책은 독자들에게 쉽고도 실제적인 뜻밖의 방식으로 장수하는 법에 대해 유용한 조언을 내놓는다.

조슈아 베커 《작은 삶을 권하다》 저자

마르타 자라스카의 이 책은 우리가 최대한 오래 사는 데 무엇이 가장 중요한지를 보여준다. 이해하기 쉬우면서도 제대로 된 연구를 바탕으로 한 이 사려 깊은 책은 필독서이다.

그레그 매케온 《본질주의》 저자

| 일러두기 |

본문 중 각주는 옮긴이주로, 본문에서 *로 표기했다.

앨리와 마치에크를 위하여
두 사람은 내 수명을 몇 년 더 늘려줬다

들어가며

내가 어렸을 때, 아버지는 자전거 타는 법과 전기선을 잘라먹는 일 없이 잔디 깎는 법 말고도 건강과 장수를 위해 식습관과 운동이 중요하다는 점을 가르쳐주셨다. 하루에 다섯 가지 채소를, 특히 찐 브로콜리를 먹는 게 중요하고, 건강에 좋은 불포화지방이 필수 역할을 하며, 다크 초콜릿과 적포도주에 든 식물성영양소phytonutrient*가 몸에 좋다는 생각을 심어주셨다. 테니스를 쳐야 한다고 누누이 강조하고, 크로스컨트리 스키를 탈 때마다 나를 데리고 다녔으며, 비가 오나 해가 뜨나 하루 한 시간씩 규칙적으로 운동해 나 또한 그렇게 하도록 만드셨다. 여느 부모와 마찬가지로, 아버지는 자식인 내가

---

* 과일과 채소에 들어 있는 물질로 건강을 유지하고 질병에 대한 자연 방어력을 키워준다고 여겨진다.

100세까지 사는 걸 보고 싶어 하신다.

부모가 된 지금, 나도 비슷한 바람이 있다. 딸이 100세까지 살았으면 싶다. 한술 더 떠, 나도 오래 살아서 딸이 여든 살 생일 케이크의 촛불을 불어 끄는 모습을 볼 수 있으면 좋겠다. 그래서 나는 딸이 태어난 날부터 안달복달 식단에 신경 썼다. 유기농 콩을 으깨고, 토종 토마토로 퓌레를 만들고, 영양가 높은 수프를 끓였다. 그 와중에 나는 구기자를 먹고 케일 주스를 마셔야 했다. 남편에게는 단식을 권하고 헬스장에 운동을 하러 다니라고 들볶아댔다. 나는 하프마라톤을 하고 윗몸일으키기를 수천 번 했다.

그러는 동안에 나는 〈워싱턴포스트〉, 〈사이언티픽 아메리칸〉 등 다른 많은 언론 매체에 건강과 심리에 관한 기사를 쓰고 있었다. 1년에 수백 편의 연구 논문을 들이파고 수많은 과학자들과 이야기를 나누었다. 그런데 이렇게 탐사하다 보니, 내가 좋아하건 말건 새로운 이야기가 모습을 드러내기 시작했다. 윗몸일으키기와 케일 주스가 내 생각만큼 건강에 중요하지는 않았다. 나는 당황해서 이 주제를 더 깊이 파고들었다. 내가 우리 가족 모두 100세까지 장수하도록 최선을 다하고 있음을 정말로 확인받고 싶었다. 하지만 여러 학술 논문에서 찾아낸, 거듭 반복되는 내용은 나의 오랜 믿음을 박살내버렸다. 우리 가족의 수명을 늘리기 위해 가장 공들여야 하는 건 식습관과 운동이 아니었다. 나는 유기농 구기자를 사들이는 대신에 우리 가족의 사회적 삶과 마음에 집중해야 했다. 제일 좋은 건강 측정기가 아니라 삶의 목적을 찾았어야 했다.

하지만 분명 나 혼자만 그런 게 아니다. 우리는 수명 연장을 건강에 좋은 음식과 운동의 관점에서만 생각하는 경향이 있다. 건강을 위해 뭘 하고 있는지 묻는 설문 조사에서 미국인의 56퍼센트가 '신체 활동'을, 26퍼센트가 '먹고 마시는 것 조심하기'를 언급했다. 이 설문지에서 좋은 관계를 맺거나 마음가짐을 바꾸는 일과 관련지을 만한 항목은 '기타'뿐이었다. 게다가 '기타'라고 답한 응답자의 비율은 8퍼센트에 그쳤다. 우리는 자원봉사를 하거나 우정에 시간과 노력을 들이는 일이 수명을 늘리는 데 도움이 된다는 사실을 알지 못하고 있다. 그렇기는커녕 글루텐을 걱정하고 생선에 든 수은과 농약에 집착하며, 줌바와 실내자전거 교실에 등록한다. 활력을 되찾게 해줄 손쉬운 처방을 찾는다.

전 세계 노화 방지 시장의 규모는 이미 2500억 달러를 웃돈다. 미국인들은 다른 어떤 약보다도 수명 연장을 위한 치료제에 많은 돈을 쓰고 있다. 그 대부분이 과학적으로 검증되지 않았는데도 말이다. 우리는 약을 좋아한다. 미국인과 캐나다인의 절반가량이 영양제를 적어도 한 가지 섭취하고 있다. 현재 미국 시장에만 이런 제품의 수가 5만 5000개 이상이다. 모링가 잎*부터 아슈와간다** 가루까지. 그리고 다이어트를 한다. 한 조사에서 여성의 56퍼센트가 오래 살기

---

* 모링가는 인도와 동남아시아, 아프리카 등 아열대 및 열대 지방에서 경작되는 낙엽성 나무로, 적은 양을 먹어도 90여 가지의 다양한 영양소를 섭취할 수 있다고 한다.
** 인도와 북아프리카에서 자라는 식물로 '인도의 인삼'으로 불릴 만큼 다양한 효능을 지녔다고 알려져 있다.

위해 체중을 줄이고 싶다고 말했으나 체중 감량과 수명 연장에 관한 연구 결과는 애매하다. 100건 가까운 연구를 검토한 결과, 체질량지수(BMI)가 30~35(이는 1등급 비만에 해당한다)인 사람들은 마른 사람들보다 사망 위험도가 5퍼센트 낮았다.[1]

⫷⫷⫷⫸

물론 건강에 좋은 음식을 먹고 운동하는 게 건강과 수명 연장에 중요하기는 하다. 하지만 우리가 흔히 생각하는 만큼은 아니다. 게다가 모링가 잎은 분명 필요치 않다. 이는 흡연과 영양의 관계와 좀 비슷하다. 하루에 담배 한 갑을 피우는 것은 최상의 식단이 빛을 잃게 만들 정도로 좋지 않다. 하지만 이것이 비흡연자가 이미 얻은 승리에 안주해 쓰레기 같은 음식을 마구 먹어대도 좋다는 뜻은 아니다. 담배를 피하는 것 외에, 사회적 삶에 시간과 노력을 들이는 게 수명 연장을 위해 할 수 있는 최선의 일일 수 있다. 연구에 따르면, 가족 및 친구와 튼튼한 지원망을 형성하면 사망 위험도가 약 45퍼센트까지 낮아진다.[2] 반면 운동은 사망 위험도를 23~33퍼센트까지 낮춘다.[3] 하루에 채소와 과일을 6인분 이상(이는 분명 대단히 많은 양이다) 먹으면 사망 위험도를 대략 26퍼센트까지 낮출 수 있다.[4] 과일과 채소와 통곡물을 많이 먹고 버터 대신 올리브유를 쓰는 지중해식 식단을 따르면 21퍼센트까지 낮아진다.[5] 물론 이 수치들은 신중히 받아들여야 한다. 이들은 다양한 방법론을 따르는 연구에서 나온 결과

여서 단순 비교할 수 없다. 그렇지만 어떤 중요한 전반적 경향을 드러낸다.

지중해식 식단은 오랫동안 100세까지 장수하고 싶은 사람들을 위한 성배로 홍보돼왔다. 현재 나의 이웃인 프랑스인들을 보라.* 프랑스인의 평균수명은 미국인보다 4년 이상 길다. 지금까지 가장 오래 산 인물도 프랑스인이었다. 이른바 장수의 '블루존'이라는 사르디니아 출신 이탈리아인은 100세까지 장수할 가능성이 미국인보다 20배 높다. 그래서 우리는 지중해식 식단을 현미경 아래에 놓고 프랑스인이 치즈를 얼마나 먹는지, 왜 아침 식사를 건너뛰어도 수명이 줄지 않는지, 매일 과일을 몇 그램이나 먹는지, 와인은 얼마나 마시는지 분석한다. 하지만 프랑스인은 북미인이나 영국인만큼 최신 유행의 다이어트에 집착하지 않는다. 그들은 글루텐을 악과 동일시하지 않고 탄수화물도 마찬가지이다.

프랑스인은 아주 다른 측면에서 먹는 것에 집착한다. 내 친구의 가족을 보라. 이들은 평범한 월요일 저녁이라도 가족이 함께 저녁 식탁에 둘러앉지 않으면 신성모독이라 여긴다. 내 친구는 요가 수업이 끝나면 유기농이건 말건 아랑곳없이 황급히 장을 봐서는 경건한 의식과도 같은 저녁 식사가 제때 이뤄지게 한다. 30~40대 프랑스인의 61퍼센트가 매일 가족과 식탁에 둘러앉아 저녁 식사를 한다.[6] 이제 비교해보자. 같은 연령대의 미국인 24퍼센트만이 그렇게 한다.[7]

---

* 폴란드계 캐나다인인 지은이는 현재 프랑스에서 살고 있다.

더욱이 미국의 자료는 설문 조사에 참여한 사람들이 식탁에 둘러앉아 식사했는지 아니면 텔레비전을 보면서 식사했는지 밝히지도 않았다.

게다가 프랑스인은 이탈리아인과 마찬가지로 아페로apéro*를 대단히 좋아한다. 프랑스인은 친구를 만나 술을 마시고 간식을 먹는다. 때로는 만찬이라 여겨질 정도로 많은 간식을 먹는데, 이를 아페로 디나투아르apéro dinatoire라고 한다. 프랑스인의 아페로 사랑에 맞먹는 건 외식 사랑뿐이다. 외식할 때는 흔히 아이부터 조부모와 반려견까지 온 가족이 총출동한다. 나는 말을 식당에 데리고 온 가족을 본 적도 있다. 지중해식 식단이 수명을 늘려준다면, 어쩌면 이 식단에 포함된 채소와 올리브유의 양 때문이 아니라 이 음식을 먹는 방식 때문일지 모른다. 다시 말해, 다른 사람들과 함께 먹기 때문일지 모른다. 어쩌면 무엇을 먹는가가 아니라 어떻게 먹는가가 중요할지 모른다.

◀◀◀

최근에 과학은 우리의 마음과 몸이 얼마나 밀접하게 연관되는지 밝혀내기 시작했다. 연구자들은 분자생물학과 뇌 영상화 기술의 발

---

* 이탈리아어로는 아페리티보라고 하는데 식사 전에 식욕을 돋우기 위해 마시는 술을 말한다.

전 덕분에 우리의 생각 및 감정과 생리 간의 상관성을 더 깊이 들여다볼 수 있게 됐다. 미주신경, 사회성 호르몬인 옥시토신과 세로토닌, 시상하부-뇌하수체-부신 축 같은 스트레스 축, 이 모두가 우정이나 배려가 수명 연장에 중요한 이유를 드러내고 있다. 예를 들어 옥시토신은 한편으로는 우리의 사회성과 연관되고 다른 한편으로는 건강과 연관된다. 옥시토신은 염증을 막고, 통증을 줄여주며, 뼈의 성장을 도와 골다공증을 예방해준다. 또한 연구에 따르면, 말다툼을 벌이는 부부의 콧구멍에 옥시토신을 뿌리면 화해할 가능성이 높아진다. 옥시토신은 우리가 얼굴에 드러난 감정을 잘 읽게 하고 다른 사람들을 더 신뢰하게 만든다.

우리의 몸과 마음을 연결하는 다른 하나는 장내 미생물이다. 장내 미생물은 당뇨병, 다발성경화증, 알레르기를 포함해 많은 질병의 원인이 되고, 또 감정과 성격에도 영향을 미친다. 뇌에서 직접 나오는 신경 가운데 가장 긴 미주신경은 호흡하고 삼키고 소화시키는 일을 담당하는데, 아프리카 부족들과 태평양 섬들에서 보고되는 급작스러운 심인성 사망과 관련이 있다.

심신 상관성 연구 분야에서 이뤄진 몇몇 발견은 대중매체와 대중문화로 흘러들어간다. 하지만 수명 연장과 노화에 관한 한, 우리는 여전히 환원주의를, 정확히 말하자면 생물학적 접근법을 선호하는 것 같다. 이 약을 복용해라. 저 슈퍼푸드를 먹어라. 그러면 세포가 활력을 되찾는다. 이런 말들은 매우 권위 있고 분명해 보인다. 오늘 잎채소를 얼마나 먹고 항암 작용을 하는 글루코시놀레이트가 든 브로콜리를 얼마나 섭취했는지 그램 수로 계산하기는 쉽다. 만보기 덕분에 이번 주에 얼마나 걸었는지 측정하기도 쉽다. 미래학자이자 발명가이자 구글의 엔지니어링 책임자인 레이 커즈와일은 젊음을 유지하려고 하루에 90개나 되는 알약을 삼킨다고 한다.

나 역시 환원주의 접근법에 홀려들었다. 여섯 살 난 딸이 채식주의자가 되겠노라 선언했을 때, 인터넷을 샅샅이 뒤져 가장 좋은 비타민B12와 철분의 공급원을 찾았고, 끼니때마다 얼마나 섭취할 수 있는지 10분의 1밀리그램까지 계산했다. 그래서 예를 들자면, 간식으로 하루에 헤이즐넛 열 개를 먹으면 철분 0.48밀리그램을 공급하는 셈임을 알게 됐다. 심지어는 어떻게 하면 모든 조리법에 강황을 추가할 수 있을지 고민하기 시작했다. 어쨌든, 놀랍게도 강황 100그램에는 철분 55밀리그램이 함유돼 있다.

우리는 대부분 수치가 주는 안전성, 모든 걸 수량화할 수 있을 때의 안도감을 좋아한다. 이런 관점에서는, 수명 연장에 대해 좀 더 유연하게 접근하는 심리적, 사회적 방법이 다소 혼란스럽게 들릴지 모른다. 우정 측정기를 가져다 우리가 사람들과의 관계를 얼마나 잘하고 있는지 확인할 수는 없다. 나는 충분히 친절할까? 충분히 고마운 마음을 갖고 있을까? 내 아이의 공감 수준은 건강하게 장수하기에 충분할까? 어쨌든, 내가 아무리 바란들 공감은 '100그램당 몇 밀리그램' 식으로 잴 수 없다.

바쁘게 살아가는 현대인들이 손쉽게 수량화할 수 있는 수명 연장 즉효약을 찾는 게 놀라운 일은 아니다. 우리는 건강에 영향을 미칠 수 있는 온갖 요소에 집중할 만큼 시간이 충분치 않다. 내 경우에는 분명 그렇다. 일과 육아에 종종거리며 유산소 운동, 유기농 음식에 대해 생각하면서 케톤 형성* 식이요법을 시도하고 글루텐을 먹을지 말지 걱정할 시간이 없다. 이런 이유로, 이 책에서는 수명을 늘리는 습관에 우선순위를 두고서, 오래 살고 싶다면 가장 중요하게 여겨야 하는 것에 중점을 둔다. 그게 뭘까? 헌신적인 애정 관계이다. 충격적이게도, 일부 연구에 따르면 이는 사망 위험도를 49퍼센트까지 낮출 수 있다.[8] 두 번째는 친구, 가족, 도움을 받을 수 있는 이웃으로 이뤄진 폭넓은 사회 관계망으로, 조기 사망 가능성을 약 45퍼센트까지 줄일 수 있다. 세 번째는 성실한 성격으로, 조기 사망 가능성을 44퍼센트까지 줄일 수 있다.[9]

이 책에서 언급하는 수명 연장을 위한 다른 방법들은 사망 위험도를 20~30퍼센트가량 낮춘다. 팔레오 다이어트Paleo diet,** 강황 섭취, 또는 오메가3 지방산보다 우리 건강에 훨씬 더 큰 영향을 끼친다. 자원봉사는 사망률을 약 22~44퍼센트 줄이지만[10] 오메가3 지방산의 효과는 밝혀지지 않았다.[11] 게다가 그 모든 게 채소를 잔뜩 먹는 식단이나 빡빡한 운동 스케줄만큼이나 우리를 오래 살게 하는 데 중요하다. 물론 연구들 간에 사망 위험도를 비교하기란 까다로운 일이

---

* 일명 저탄고지.
** 원시시대 인류의 식단이나 식습관을 따르는 방식의 다이어트로, 주로 단백질과 식이 섬유 등이 풍부하고 가공하지 않은 신선한 식품을 섭취해 체중을 조절하고 건강을 유지한다.

다. 연구들은 방법론, 시기, 실험 대상(미국인, 일본인, 덴마크인 등)에서 다양하다. 나는 가능한 한 최상의 연구에, 말하자면 학계의 검증을 거쳐 평판 높은 저널에 발표된 후속 분석과 평가에 근거해 사망 위험도를 추산했다. 그렇더라도 이 수치는 절대적인 게 아니라 대략의 지표로 여겨야 한다.

이 책에서는 여러분의 시간을 아끼기 위해, 영양과 신체 활동 같은 전형적 건강 증진 방법 그리고 정신적, 사회적 노력을 결합한 해법을 제안한다. 왜 이웃 어르신의 잔디밭을 깎아드리는 게 헬스장에 다니는 것보다 우리의 동맥 건강에 좋은지, 왜 친구와 함께하는 조깅이 혼자 달리는 것보다(여기서 핵심은 동시성이다) 수명 연장 면에서 더 높은 보상을 얻을 수 있는지 설명한다. 건강에 좋은 옥시토신 수치를 높이려면 녹색채소를 즐기면서 사랑하는 사람의 눈을 깊이 들여다보라. 연구에 따르면, 사랑하는 반려견도 도움이 된다.

본인이 100세까지 장수하거나 자녀가 100세까지 장수하도록 키운다는 건 대개 무슨 일인가를 더 하기보다 덜 해야 한다는 뜻이다. 뒤로 물러서고, 걱정을 덜 하며, 물건을 덜 사야 한다는 뜻이다. 장난감, 운동 기구, 유기농 음식을 줄여야 한다는 뜻이다. 아이들이 자유로이 놀게 하고 더러워지도록 내버려둬야 한다는 뜻이다. 여유를 갖고, 친구나 가족과 더 많은 시간을 보내고, 더 자주 웃어야 한다는 뜻이다. 그리고 이 일들은 빨리 시작할수록 좋다.

수명을 늘려주는 습관에 우선순위를 두는 것 외에도 은퇴하기 오래전부터 마음에 기초한 건강에 노력을 기울여야 한다. 특히 주목받는 한 연구에서, 연구자들은 1000명 가까운 뉴질랜드인의 노화 생체지표를 평가했다.[12] 그 결과 같은 38세라도 어떤 사람들은 30세의 젊은 신체를 가진 반면 어떤 사람들은 신체 나이가 50세나 됐는데, 이들의 DNA는 더 빠르게 노화했다. 우리는 대부분 30세나 40세만 돼도 주름에 신경을 쓰고 신진대사가 느려졌다고 불평한다. 하지만 60세가 훌쩍 넘도록 사망률과 건강수명*에 대해서는 제대로 생각하지 않는다. 최근의 한 연구에 따르면 30~50대가 노화와 관련해 가장 걱정하는 바는 경제적 안정이었다. 하지만 생애 초기에 안 좋은 생활 방식을 택하면 텔로미어(말단소체)를 손상시킬 수 있는데, 텔로미어란 염색체의 끝부분에 있는 덮개로 유전자의 훼손을 막아준다. 이는 결국 노년에 수명을 단축하는 질병에 더 많이 걸릴 수 있다는 뜻이다.

하지만 마음에 기초한 수명 연장이라는 관점에서 볼 때, 오늘날 청장년층의 상황이 베이비붐 세대보다 더 나빠질 수 있다는 점이 걱정스럽다. 연구들은 사고방식과 관계가 건강에 미치는 영향력을 계

---

* 단순히 얼마나 오래 사느냐가 아니라 실제로 활동하며 건강하게 사는 기간이 어느 정도인지 나타내는 지표.

속 강조하지만, 설문과 조사는 어두운 현실을 보여준다. 즉, 스마트폰과 소셜 미디어가 우정을 깨뜨리고, 고독감이 만연케 하며, 공감 수준을 떨어뜨린다. 전 미국 대통령 버락 오바마는 이렇게 말했다. "우리는 공감을 단념시키는 문화 속에 살고 있다."[13] 일부 정책 입안자들은 이런 충격적 동향에 주목하기 시작했다. 2018년 당시 영국 총리 테레사 메이는 이른바 '현대 삶의 슬픈 현실'을 해결하기 위해 '고독 담당 장관'을 임명했고,[14] 캐나다 매니토바주는 현재 고령자의 지속적인 사회참여 지원을 담당하는 장관을 두고 있다. 미국 오바마 행정부의 공중보건국장이었던 바이벡 H. 머시는 심지어 고독감을 전염병으로 인식했다. 하지만 머시는 이렇게 털어놓았다. "많은 임상의들이 우리가 흔히 약과 수술로 다루려고 하는 건강 문제와 고독감 사이에 강한 연관성이 있음을 분명하게 알지 못한다."[15] 이 책이 이런 문제에 대한 인식을 높여 더 나은 환자 치료와 보건 정책의 결정으로 이어지길 바란다.

우리가 환원주의 건강 뉴스의 홍수 속에 큰 그림을 놓친 채 관계, 감정, 마음같이 수명 연장에 가장 중요한 요소를 무시하고 있다는 생각에서 이 책을 썼다. 나는 과학 전문 기자로서 분자생물학, 전염병학, 신경과학, 동물학, 인류학, 심리학, 사이버 심리학부터 아시아 연구, 마케팅 등에 이르기까지 다양한 연구 영역을 꼼꼼히 살펴보았다. 나는 학계에서 검증한 학술 논문을 600편 이상 읽었고, 마음과 건강 사이의 상관성을 연구하는 50명 이상의 과학자들의 의견을 들었다. 물론 나를 예기치 못한 곳으로 데려간 이 탐사에 엄청난 재미도 느꼈다. 관계가 장내 미생물에 어떤 영향을 미치는지 알아보기 위해 영국 중부의 숲에서 야생 쥐를 잡고, 옥스퍼드에 있는 호그와트 같은 사무실에서 로빈 던바 교수와 줄루족 춤에 대해 이야기를 나누고, 포르투갈의 수명 연장 캠프에서 슈퍼푸드로 만든 스무디를 마시고, 일본에서는 80대 노인들과 꽃꽂이를 했다.

이 탐사는 살짝 불쾌할 때도 있었지만(코르티솔을 면봉으로 채취할 때) 대부분이 내 눈을 번쩍 뜨이게 했다. 나는 탐사를 모두 끝낸 후 이 책의 제목을 '성장하면서 젊어지기growing young'*라 붙이기로 마음 먹었다. 이 제목은 활력을 되찾아줘 장수하는 데 도움이 되는 노력이 인간으로서 성장하는 데도 도움이 되는 현상을 반영한다. 관계를 키우고, 더 나은 마음 습관을 들이며, 더 친절해지고, 더 공감하며, 공동체에 더 참여하는 노력 말이다. 인간미를 키우면 100세까지 장수할 가능성이 커진다.

이 책은 2부로 나뉘어졌다. 1부에서는 우리가 어떻게 노화하고 마음과 몸이 어떻게 연결돼 건강에 영향을 미치는지 살핀다. 2부에서는 결혼과 우정에서 자원봉사와 성격 변화까지, 수명 연장에 영향을 미치는 다양한 심리적, 사회적 개입 요소를 살핀다. 각 장에서 그 생물학적 기제를 설명하고 우리의 마음가짐을 이용해 건강을 개선하는 방법에 관한 현실성 있는 조언을 제시한다.

하지만 이 책은 생각으로 질병을 치료하는 방법에 관한 안내서가

---

* 이 책의 원제.

아니다. 긍정적인 자기 확신으로 종양이 줄어들게 하거나 라임병*을 치유할 수 있다는 주장이 인터넷에는 가득하다. 이런 주장은 대부분 과학적 근거가 없다. 그저 거울 앞에서 좋은 문구를 반복한다고 해서 암을 없앨 수는 없다. 마음가짐이 건강에 중요하고 알츠하이머병 같은 일부 질병의 진행을 늦출 수 있을지는 몰라도, 기적의 치료제 같은 건 없다. 여기서 마음에 기초한다는 건 다이어트 및 운동의 경우와 마찬가지로 주로 예방과 관련이 있다.

이 책을 쓸 때 내 목표는 건강에 대한 접근법을 근본적으로 다시 생각하도록 돕는 것이었다. 영양제, 건강 측정기 등 별로 효과 없는 방법에 지나친 노력을 기울이면서 애정 생활, 우정, 인생의 의미같이 진정 중요한 것에는 노력을 기울이지 않는 게 아닌지 말이다. 하지만 또 이 책이 독자들에게 재미있게 다가갔으면 싶다. 1962년 탕가니카에 퍼진 웃음전염병의 원인은 무엇인지, 술을 좋아하는 일부 일처제의 설치류에게는 어떤 비밀이 있는지, 왜 설익은 고기를 먹으면 건강 상태는 물론이고 성격까지 변하는지. 독자들은 나와 함께 북아메리카와 일본에서 시베리아까지 과학자들의 실험실을 순회하고, 내 모국인 폴란드에 있는 '안아주기 전문점'을 방문할 것이다.

요즘 폴란드에 갈 때마다, 아버지는 내게 식사는 잘하는지, 운동을 하는지, 날씨가 추우면 잊지 않고 모자를 쓰는지 물으신다. 그러

---

* 진드기에 물려 보렐리아균이 신체에 침범해 여러 기관에 병을 일으키는 감염질환으로 제2의 에이즈라 불린다.

면 나는 "네", "네", "음……" 하고 대답한다. 아버지와 나는 우리의 생물학적 안녕에 털모자가 갖는 중요성에 대해 서로 의견이 다르다. 그 사이에 아버지는 여전히 브로콜리를 빼놓지 않고 드시고 고령인데도 거의 매일 수영을 하신다. 하지만 아버지가 건강한 삶에 식물성영양소와 심장 강화 운동이 중요하다는 것만 가르쳐주신 건 아니다. 끊임없는 자기 개선과 끈기라는 교훈 또한 주셨다. 여러 해 동안 장수의 심리적, 사회적 원인을 탐사해온 지금, 나는 아버지의 조언을 한 단계 더 진척시키려 한다. 자기 개선에 전념한다면, 다시 말해 한 인간으로서 성장하는 데 마음을 쏟는다면 젊어지는 데도 도움이 된다. 이것이 이 책의 핵심이다.

제2부

외롭지 않고 아프지 않게

제 1 부

언제까지 건강하게
살 수 있을까

1

장수 유전자 미스터리

세포는 부풀어 오른 듯이 보였다. 크고 투명한 형체가 현미경 화면의 절반을 꽉 채웠다. 나는 더 잘 들여다보려고 몸을 바싹 기울였다. 세포 내부에는 '쓰레기'가 쌓여 있었다. 찢어진 DNA 조각, 달갑지 않은 단백질, 다섯 개나 되는 세포핵. "엄청 노화돼 보이죠?" 옥스퍼드 대학 생화학 부교수 린 콕스Lynne Cox는 그 거대한 세포를 턱짓으로 가리켰다. 어떤 남성이 기증한 포피 세포라고 했다. 콕스는 커다란 인큐베이터 안에 손을 넣어 또 다른 세포들이 놓인 쟁반을 꺼낸 다음 현미경 아래에 내려놓았다. 현미경으로 보이는 이미지는 앞서의 것과는 아주 달랐다. 이번에는 화면에 세포들이 아주 많이 보였다. 그 세포들은 모두 바람 빠진 풍선처럼 가늘었다. "같은 남성 것인데, 세포가 더 젊어요." 콕스가 이렇게 설명하고는 덧붙였다. "아름답지 않아요?"

그날 콕스는 내게 노화 연구 분야를 안내해줬다. 나는 옥스퍼드 대학답지 않은 이곳 현대식 생화학부 건물에서 세포 노화와 (세포 내) 분자의 쇠퇴라는 두려운 세계를 처음 들여다봤다. 처음 30분까지, 나는 오래 살 수만 있다면 그 어떤 약이라도 기꺼이 복용하겠노라 작정하고 있었다. 하지만 다행히도 이후부터는 상황을 좀 더 낙관할 수 있게 됐다.

인간의 노화, 다시 말해 시간의 흐름에 따라 늙어서 주름과 검버섯이 생기는 현상이 명약관화한 일로 보일 수 있다. 하지만 18세기까지만 해도 사람들은 무한히 산다거나 적어도 1000년이 훨씬 넘도록 살 수 있다고 믿었다. 전하는 바에 따르면, 므두셀라는 아마도 969세까지, 페르시아 신화에 나오는 인물인 자하크는 1000세까지, 고대 그리스의 예언자 테이레시아스는 600세가 넘도록 살았다. 현대 과학이 노화의 생화학에 대해 세세한 부분까지 밝혀내고 있는 오늘날에도, 우리는 터무니없이 오래 살았다는 주장에 대해 면역돼 있지 않다. 얼마 전 언론은 자기 나이가 142세라고 주장하는 호세 다비드라는 에콰도르인에 관한 이야기를 다뤘다. 한편 한 인도네시아인은 2017년 사망했을 때 나이가 146세였다고 한다. 만약 인간의 몸이 이렇듯 오래도록 사는 게 가능하다면 정말 좋을 것이다.

유감스럽게도, 한 연구자가 적절히 말한 대로 "경험상, 나이가 130세라는 주장은 기록이 존재하지 않는 곳에만 존재한다."[1] 때로는 출생증명서가 분실되거나 망가지고, 때로는 모든 게 기억력이 나빠서 생긴 일에 지나지 않는다. 또 때로는 명백한 사기이기도 하다.

일본에서는 수십 년 전에 사망한 가족의 연금을 받고 있는 사람들이 적발되고 있다.

사실 110세가 넘는 사람들은 대개 115번째 생일 무렵에 사망한다. 현재 최고령 기록은 미국 119세, 캐나다 117세, 에스파냐 114세, 독일 112세 등이다. 그렇다면 이런 의문이 든다. 인간 수명에 자연이 그어놓은 어떤 한계선이 있는 걸까? 수명 연장 연구자 두 명을 골라 이런 한계에 대해 물으면 싸움이 벌어질 수 있다. 2016년 몇몇 과학자들이 인간의 최대 수명은 115세 근처에서 왔다갔다한다고 주장하는 논문을 발표했을 때[2] 오간 찬반 격론은 놀라울 뿐이었다. 어떤 사람들은 이 분석이 정확하다고 말했다. 또 어떤 사람들은 이 분석이 주로 수학과 관련된 추정의 오류로 가득하다고 주장했다. 과학자들이 인간 수명의 한계치를 추정하기 위해 몇몇 다른 연구를 진행했을 때 계속해서 한 가지 문제가 튀어나왔는데, 이 연구에서도 마찬가지였다. 일부 연구자들에 따르면, 이 문제가 결과를 왜곡했다. 이 문제의 이름은 잔 칼망Jeanne Calment이었다.

122세 할머니의 장수 비결

장-마리 로빈Jean-Marie Robine은 1970년대 프랑스 아를에 있던 거대한 콘크리트 건물(로빈은 이제 이곳을 '저 끔찍한 양로원'이라고 부른다)에 처음 들어섰을 때, 그곳에서 정신이 흐릿한 데다 눈멀고 귀먹어서 의사소통을 할 수 없는 할머니를 만나리라 예상했다. 어쨌든, 잔 칼망은 당시에 이미 117세였으니 말이다. 하지만 잔 칼망의 방문을 여는 순간 로빈은 놀라고 말았다. 잔 칼망이 힘차고 매우 또렷한 목소리로 "안녕하세요"라고 인사했기 때문이다. 잔 칼망은 늙었을지언정 쇠약하지는 않았다.

프랑스 국립보건의학연구소의 노인학자인 로빈과 동료들은 1990년대 초 100세 이상 프랑스인들의 신상명세를 수집하다가 칼망을 '발견했다'. 처음에는 이런 이상치가 데이터를 교란할 것을 염려해 칼망의 조사서를 제쳐놓았다. "우리는 그랬죠. 115세 된 사람을 갖고 뭘 할 수 있느냐고요. 우린 100세에서 15세를 더 먹은 사람들이 아니라 100세 된 사람들에게 관심이 있었던 거죠!" 로빈의 말이다.

이러저러하는 사이에 캐나다의 한 영화 제작팀도 칼망을 '발견했다'. 이 제작팀은 빈센트 반 고흐에 대한 영화를 만들고 있었다. 반 고흐의 고향인 아를의 누군가가 반 고흐를 만난 적이 있는 여자가 아직 거기 살고 있다고 이들에게 말해줬다. 제작팀은 칼망을 찾았고, 칼망은 본인이 반 고흐를 정말로 안다고 확인해줬다. 로빈은 칼망의 말이 전부 사실이라고는 믿지 않는다. 그의 말로는, 일부 날짜의 앞뒤가 맞지 않는다. 하지만 〈빈센트와 나Vincent and Me〉가 상영되자 칼망은 스타가 됐다. 칼망은 공식적으로 역사상 가장 나이가 많은 여배우일뿐더러 일찍이 지구상에 살았던 이들 가운데 가장 나이가 많은 한 사람이기도 했다. 언론은 칼망에 대한 기사로 도배됐다.

칼망은 116세가 되고 117세가 됐다. 그리고 로빈은 칼망에 관한 기록을 살펴보기로 마음먹었다. 유난히 많은 나이가 강한 호기심을 불러일으켰다. 그래서 로빈은 양로원에서 칼망을 만났고, 이후 대략 40차례 더 만나면서 칼망의 사례를 광범위하게 조사했다.

칼망은 결국 인간의 장수 기록을 세웠다. 122년 164일 동안 살았다. 미리 말해두자면, 이는 의심의 여지없이 입증된 사실이다.[3] 로빈은 이렇게 장수하는 이유가 무엇이라고 생각하는지 칼망에게 물었다. 하지만 칼망은 그럴 때마다 어깨를 으쓱하며 하느님이 자신을 데려가는 걸 잊으신 모양이라고 말하곤 했다. 이렇게 반응하는 경우는 드물었다. 로빈의 경험상, 100세 넘게 산 사람들은 대개 자신이 장수하는 이유에 대해 많은 설명을 늘어놓길 좋아하기 때문이다. "우리가 연구한 100세 이상 되는 사람들은 대략 900명이었습니다. 그들은 적어도 한 가지 이상씩 장수 비결을 얘기해주었어요. 비결이 사방에 널려 있었죠. 어떤 분인가는 이렇게 얘기했답니다. '나는 열네 살 때부터 시작해 줄곧 일을 해왔다오. 그게 내 장수 비결이지.' 또 어떤 분은 그러시더군요. '내 평생 일을 한 적이 없어. 그게 내 장수 비결이야.' 그러니까 기본적으로 비결이란 없는 거예요." 로빈의 말이다.

칼망은 자신이 담배를 피우고 포트와인*을 마신 이야기로 경애해 마지않던 기자들을 놀라게 했다. 하지만 이 또한 거짓말이었다고 로빈은 말한다. 칼망은 110번째 생일이 한참 지나 2년 정도 담배를 피

---

* 포르투갈 원산의 적포도주.

웠을 뿐이고, 담배를 피우는 친구들과 어울리기 위해 하룻밤에 골루아즈* 한 대를 피우는 정도였다. 칼망은 언론이 듣고 싶어 하는 말을 해주곤 했다고 로빈에게 털어놓았다. 게다가 담배를 피우고 술을 마셔대는 100세 넘은 장수자란 좋은 기삿거리인 법이다. 〈뉴욕타임스〉도 속아서 칼망이 "5년 전에야 담배를 끊었다."고 부고기사에 썼다.[4]

이렇듯 거짓말을 하고 인터뷰를 좋아한 것이 칼망의 성격에 대해 중요한 점을, 그리고 아마도 장수 비결의 일면을 드러내 보여준다고 로빈은 생각한다. 칼망은 굳세고 반항적이며 세상에 대한 호기심이 많고 독립심이 매우 강했다. 어린 시절과 젊은 시절, 아마도 칼망이 통제 불능이어서 칼망의 아버지는 어디든 감독하는 사람이 없이는 가지 못하게 했다. 결혼 후에는 헬리콥터 비행, 스키, 그 밖에 뭐든 새로운 걸 시도하길 좋아했다. 그런데 우리가 지금 19세기 후반과 20세기 초의 이야기를 하고 있다는 점을 기억하라. 칼망이 결혼 후 첫날밤을 치르기도 전에 가장 먼저 했던 일은 남편에게 담배를 청한 거였다. 그래서 칼망은 아버지가 허락하지 않았던 담배를 마침내 피워볼 수 있었다. 칼망은 담배를 한 모금 빨고는 바로 꺼버렸다. 담배를 한번 피워봤으니, 그걸로 된 거였다. 칼망은 삶이 주는 모든 걸 즐기이 만끽했다.

칼망은 남편 페르디낭과 행복했다. 두 사람은 거의 반세기 동안 결혼 생활을 했다. 칼망은 나중에 남편과 함께한 시간은 좋은 기억

* 프랑스의 궐련 담배 상표의 하나.

만 있다고 말했다. 남편이 '완벽한 남자'라 말했고 사별 후에는 재혼을 하려 하지 않았다고 한다. 페르디낭은 잔보다 일곱 살 위였는데, 1942년 73세의 나이로 죽었다.

110세에 양로원에 들어가는 데 동의하면서, 칼망은 세 가지 요구 사항을 내걸었다. 호텔식 침대 정돈 서비스를 제공해줄 것, 매일 다른 사람들보다 15분 먼저 일어나 몸단장할 시간을 갖게 해줄 것, 정신과 의사를 '자기'라고 부르도록 허락해줄 것. 그렇다, 칼망은 제멋대로였다. 하지만 무엇보다 낙관주의자였는데, 로빈은 이 점이 칼망이 장수할 수 있었던 이유 가운데 하나라고 추측한다. 칼망은 인생에서 일어나는 일을 두 부류로 나눴다고 한다. 첫째는 우리가 바꿀 수 있는 일이다. 이런 일은 즉각 조치를 취해야 한다. 둘째는 우리가 바꿀 수 없는 일이다. 이런 일은 그냥 잊어버려야 한다.

잔 칼망이 죽을 때까지 비교적 건강을 누렸다는 사실은 믿기 어려워 보일 수 있다. 하지만 사실 그건 예상할 수 있는 일이었다. 여기에 놀라운 생명 작용이 있는데, 오래 살수록 죽는 날까지 좋은 건강한 상태를 유지할 가능성이 높다는 사실을 연구는 보여준다. 우리는 100세 노인이 낙하산을 타고 뛰어내리거나 마라톤에 참가한다는 언론 기사를 볼 때 놀란다. 하지만 놀랄 게 없다. 100세 된 사람이 80세 된 사람보다 장거리를 더 잘 달릴 수 있다는 건 놀라운 일이 아니다. 보통 사람들은 생애 18퍼센트를 병에 걸린 상태로 보낸다.[5] 확실히 이것은 즐거운 전망이 아니다. 그런데 110세까지 장수하는 이들은 그 수치가 평균 5퍼센트에 지나지 않는다. 이들은 일반적으로

109세까지도 건강하며, 열 명 중 한 명은 죽기 전 마지막 3개월까지도 건강하다.

이런 수치를 보고 처음 든 생각은 아마도 내겐 없는 어떤 놀라운 유전자를 이들이 가졌음에 틀림없다는 거였다. 연구 결과는 여기에 어떤 진실이 있음을 시사한다. 칼망이 115세 생일의 문턱을 넘기에 성격만으로는 충분치 않은 것 같다. 아마도 그런 유전자를 가지기도 했을 터이다. 로빈과 동료들은 17세기까지 거슬러 올라가 5대에 걸친 칼망의 직계 조상 55명의 수명 관련 데이터를 찾아냈다. 또 칼망의 조상과 같은 지역에 살았고 비슷한 시기에 혼인신고를 한 것으로 보이는 동성의 기혼자들을 포함시켜 통제 '가족'을 만들었다. 이렇게 해서 칼망의 가족 가운데서 전례 없는 수의 장수자를 찾아냈다. 17세기와 18세기에는 대단히 장수했다고 할 수 있는, 80세를 넘긴 사람들 55명 가운데 칼망의 가족이 13명이나 됐다. 통제 '가족'에서 그렇게 장수한 사람은 한 명뿐이었다. 24퍼센트 대 2퍼센트이다.

로빈은 이제 칼망이 정말로 잘 집적된 좋은 유전자를 갖고 있다고 생각하고 있다. 칼망은 여전히 이상치였다. 대부분의 경우, 우리의 수명은 대략 20~25퍼센트만이 유전에 따른 것이다.[6] 더욱이 과학자들은 지금까지 상당한 기간 특정한 장수 유전자를 찾아왔으나 그 결과는 신통치 않다. 수명과 관련된 유전자는 다양하고 많은 것 같다. 쥐한테서만 해도 100개가 넘게 찾아냈다. 칼망이 어떤 유전자로 인해 그렇게 장수할 수 있었는지 현재로서는 말하기 어렵지만, 앞으로 더 많은 걸 알게 될지도 모른다. 모든 소중한 정보가 담긴 칼망의 혈액이 여전히 파리의 한 실험실에 보관돼 있기 때문이다.

칼망의 사례는 분명 인간이 얼마나 오래 살 수 있는지에 대한 이해를 넓혀줬다. 그렇지만 계속해서 연구자들을 괴롭히는 또 하나의 문제, 즉 노화 자체를 피할 수는 없는지의 문제에 대해서는 답을 주지 못했다. 최근까지만 해도 그런 것 같았다. 그러다가 히드라가 등장했다.

일반적인 민물 히드라는 길이가 대개 1센티미터 미만이다. 그래서 제대로 보려면 현미경으로 들여다봐야 한다. 히드라는 긴 촉수가 달린 머리와 관 모양의 몸을 가졌는데, 나는 히드라를 보면서 〈심슨 가족〉에 나오는 사이드쇼 밥을 떠올렸다. 그런데 히드라는 사이드쇼 밥처럼 죽지 않는다. 적어도 비교적 안전한 실험실에 계속 있는 한. 야생에서는 몇 주 만에 다양한 사고로 죽기 쉽기 때문이다. 포식자와 다른 위협적 환경에서 벗어나 계속 배양접시에 있기만 한다면 히드라의 사망률은 놀라우리만치 낮다.[7] 그래서 많은 히드라들이 3000년 후에도 여전히 살아 있을 것이다(실험실에서도 연구자가 배양접시를 제대로 닫지 않는 바람에 히드라가 말라죽어버리는 경우처럼 사고사가 일어난다).

히드라가 영원히 살 수 있다는 사실에서, 이제 노화를 피할 수 있음을 알게 됐다. 그렇다면 애초에 노화라는 게 왜 존재할까? 자연이 설계한 계획일까? 아니면 생존이 불러오는 불쾌한 부작용에 지나지 않는 걸까? 이런 문제가 많은 과학자를 초조하게 만든다. 어떤 과학자들은 노화가 자연에 프로그램돼 있다는 이론에 찬성하고, 또 어떤 과학자들은(확실히 대다수가) 우리가 유전자를 물려주고 나면 우주는 우리에게 일어나는 일에 대해 별로 신경 쓰지 않기 때문에 노화한다는 견해를 지지한다.

문제는, 아기를 많이 낳는 데에는 매우 유익한 일부 유전자가 생식을 멈추고 나면 해로운 부작용을 갖는다는 점이다. 성장호르몬을 유도하는 유전자를 보자. 이것은 한편으로 생식력을 높이지만 다른 한편으로는 노화를 가속화하고 암을 유발한다. 유전자를 전달하는 시기, 다시 말해 아기를 낳는 시기가 끝나고 나면 자연선택은 사실상 작동하지 않는다. 그래서 만년에 해로운 영향을 미치는 유전자를 근절하려는 선택 압력이 없다. 이 이론은 '길항적 다면발현성antagonistic pleiotropy'이라는 복잡한 이름을 갖고 있다. 이것은 기본적으로 '상반되는 영향'을 뜻한다. 즉, 젊을 때는 좋은 영향을 미치지만 나이가 들면 나쁜 영향을 미친다는 뜻이다. 쥐가 코끼리보다 수명이 짧은 원인 중 하나가 길항적 다면발현성일 가능성이 있다. 아주 작은 해충은 고양이나 뱀에게 잡아먹히기 전에 빨리 번식해야 한다. 그래서 새끼를 낳고선 기진해 죽는다. 하지만 사고사의 위험도가 낮은 거대한 코끼리는 천천히 새끼를 기다릴 수 있고, 그 결과 60세 이상 산다.

우리 몸은 나이가 들수록 단순한 마모로 인해 서서히 망가진다. 진화의 관점에서 보면, 이런 마모는 굳이 제거할 필요가 없다. 그래서 우리의 DNA, 미토콘드리아, 단백질에 변이와 손상이 쌓여간다. 이런 손상이 실제로 어떻게 작용하는지 보려면, 아주 작은 벌레인 예쁜꼬마선충보다 관찰하기 좋은 생물은 없다.

텔로미어를 둘러싼 소동

"죽었나요?" 나는 현미경으로 지렁이를 닮은 아주 작은 생물체를 들여다보며 물었다. 그 동물은 영원히 그러고 있을 듯이 꼼짝도 하지 않았다.

"아니에요, 그냥 노화한 거예요." 린 콕스는 접안렌즈를 들여다보며 대답했다. "하지만 분명 다 죽어가고 있어요. 속이 얼마나 쪼글쪼글해졌는지 보이죠? 완전 쭈그렁바가지는 아니지만 말이에요." 콕스는 이렇게 말하고서 싱긋 웃었다. "상당히 노화했죠. 여기 이건 어쩌면 낙천적인 벌레일까요?" 나는 콕스가 현미경 렌즈 아래에 놓인 배양접시를 다른 접시로 바꾸는 걸 지켜봤다. 장비가 가득한 실험실 공기에서 라텍스와 살균제 냄새가 났다. 콕스는 새 배양접시의 내용물을 살펴보라고 내게 권했다. 나는 현미경을 들여다보았다. 이제 그 작은 렌즈에서 많은 움직임이 보였다. 많은 예쁜꼬마선충이 뱀처럼 꿈틀거리며 이리저리 꼼지락거렸다. 이 선충들은 태어난 지 겨우 5일째였는데 인간으로 치면 20대였다. "벌레들이 행복하게 움직이는 게 보여요?" 콕스가 물었다. 그러고는 탄식하듯 말했다. "끝내주지 않아요? 이 벌레들을 연구하다 보면 얘들과 사랑에 빠지게 되고 말아요."

수명 연장 연구자들이 예쁜꼬마선충과 사랑에 빠질 이유는 정말로 많다. 이 벌레는 번식시키기가 무척 쉽고, 인간과 많은 게놈을 공유하며, 대부분이 자웅동체이다. 각 개체가 혼자서 번식할 수 있기에 유전자가 똑같은 복제본을 많이 만들 수 있다. 무엇보다도, 이 벌레는 속이 다 비쳐 보인다. 그래서 절개할 필요 없이 현미경을 잠깐 들여다보기만 해도 이 벌레의 몸에서 일어나는 변화를 관찰할 수 있다. "이 벌레들이 나이를 먹으면서 조직 구조 전체가 망가지는 걸 볼 수 있죠." 콕스가 말했다. 게다가 유전자 발현에 변화를 주고 싶으면 특별히 준비한 세균을 먹이기만 하면 된다. 그러니 콕스와 동료들이 노화가 DNA 손상을 포함해 분자 차원에 가하는 변화를 연구하기 위해 예쁜꼬마선충을 택한 건 놀랄 일이 아니다.

예쁜꼬마선충과 마찬가지로, 우리 몸의 거의 모든 세포는 DNA를 담고 있다. 기다란 두 개의 가닥을 지닌 DNA는 대부분 세포핵 안에 있고, 세포의 동력실인 미토콘드리아에는 아주 조금 들어 있다. 하지만 우리의 DNA는 평생 동안 그대로 유지되지 않는다. 자주 신는 신발이 닳듯이 DNA는 쓸수록 마모된다. 때로는 방사선이나 화학물질 같은 외부 요인이나, 세포가 복제되는 동안 발생하는 단순한 오류 때문에 변이가 일어날 수도 있다. 세포 내 에너지 생성의 부산물인 활성산소에 의해 손상이 생기기도 한다. 그 결과 DNA 가닥들은 작은 손상을 입거나 심지어 절단될 수 있다. 보통은 세포의 청소와 복구가 진행돼 문제를 해결한다. 하지만 여느 정비사와 마찬가지로 이 과정이 완벽하지는 않아서 일부 손상을 못 보고 넘어가거나 실수를 하게 된다. 해마다 DNA 안에는 결함이 쌓여간다. 이것이 결국 암, 심혈관계 질환, 알츠하이머병 같은 건강 문제로 이어질 수 있다.

세포의 동력실로 활성산소를 만들어내는 미토콘드리아 내 DNA는 세포핵 내 DNA보다 손상을 더 많이 입을 수 있다. 좋아하는 책을 덮개 없는 난롯불 옆에 둔다고 생각해보라. 막, 단백질, 지질 같은 미토콘드리아 안에 있는 다른 것들도 상태가 나빠진다. 시간이 지나면서 미토콘드리아의 기능은 쇠퇴한다. 세포에 동력을 제공할 에너지를 만들어내는 일을 완전히 멈춘다. 이것이 콕스의 현미경으로 관찰한, 쪼글쪼글 노화한 예쁜꼬마선충이 거의 움직이지 않는 한 가지 주요 원인이다. 나는 오후 5시쯤이면 대개 지쳐 녹초가 되는 반면 여섯 살 난 딸은 (마치 자신의 젊고 손상되지 않은 미토콘드리아의 힘을 과시하기라도 하듯) 활발한 토끼마냥 팔짝팔짝 뛰어다니는 이유 또한 이것이 설명해줄 터이다.

고대 철학자 가운데는 사람마다 평생 호흡하는 수나 심장이 뛰는 수가 정해진 채 태어나기 때문에 그걸 다 써버리면 죽는다고 믿는 이들이 있었다. 이런 사고방식이 허무맹랑한 것만은 아님을 현대 과학은 보여준다. 비록 한정된 게 호흡수나 심장박동수는 아니지만 말이다. 우리가 소진하는 건 텔로미어이다. 텔로미어는 염색체 끝부분에서 보호 덮개 역할을 하는 DNA의 일부분으로, 신발 끈 끝이 닳아해지는 걸 방지하기 위해 씌워놓은 플라스틱 조각에 흔히 비교된다.

우리는 각 염색체의 텔로미어를 구성하는 DNA 염기쌍을 대략 1만 쌍 갖고 태어난다. 하지만 우리 체내의 세포 하나가 분열할 때마다 50~200쌍의 DNA를 잃는다. 게다가 DNA의 다른 부분들과 마찬가지로, 텔로미어는 활성산소에 의해 손상된다. 텔로미어가 너무 짧아지면 세포가 분열을 멈추고 죽을 수도 있다. 이것이 결국 노화로 이어진다.

수명 연장에 관한 책이나 기사에 관심이 많고 최근에 읽은 적이 있다면, 아마도 텔로미어라는 말을 들어보았을지 모른다. 텔로미어는 흔히 '기적', '불멸', '장수의 열쇠' 같은 표현과 짝을 이룬다. 그래서 생각은 이렇게 흘러간다. 이걸 먹어라, 저걸 먹어라, 하루에 몇 분 운동해라, 그러면 텔로미어를 길게 유지할 수 있고, 젊음을 유지할 수 있다.

나는 텔로미어에 대해 처음 읽으면서 상당히 흥분했다. 쉽게 노화를 측정할 수 있는 방법과 노화 방지 요법이 여기에 있었기 때문이다. 하지만 새로운 연구를 파고들수록 나의 희망은 산산이 흩어졌다. 텔로미어가 노화에 미치는 역할은 과대 선전된 것 같다. 콕스는 텔로미어 분야가 '다소 염려스럽다'고 말하기까지 한다. 처음에는 텔로미어가 일종의 생체 시계 역할을 할 수 있으리라 생각했다. 우리는 매년 대략 25쌍의 염기쌍을 잃기 때문에, 출생연도와 상관없이 텔로미어가 짧은 사람은 긴 사람보다 생물학상 더 노화했다고 생각할 수 있다. 하지만 최근의 연구들은 어떤 두 사람이 가진 텔로미어 길이 차이는 태어날 때 이미 분명하다는 사실을 말해준다. 어떤 사람들은 여분의 염기쌍을 그야말로 수백 쌍 갖고 태어난다. 그 이유는 일부 유전에 있다.[8] 또 다른 이유는 우리의 엄마한테 있다(그렇다, 이제 우리는 엄마 탓을 할 수가 있다). 과학자들이 말하는 '최적 상태에 못 미치는 자궁 내 환경'이란 기본적으로 모성 스트레스, 흡연, 나쁜 식습관, 대기 오염에의 노출 같은 걸 말한다. 이 모두가 태아의 텔로미어를 단축시킨다고 밝혀졌다.

하지만 텔로미어가 짧다고 해서 언제나 나쁜 건 아니다. 실제로 길항적 다면발현성 이론에 따르면, 짧은 텔로미어는 동물이 특히 젊어서 암에 걸리지 않도록 막을 수 있다. 크기를 감안하면 코끼리는 평균의 쥐보다 암에 걸릴 위험도가 약 100만 배는 높아야 한다. 세포 수가 많을수록 그 일부가 변이를 일으킬 가능성이 더 커지기 때문이다. 하지만 코끼리가 암에 걸리는 경우는 많지 않다. 아마도 짧은 텔로미어로 인해, 그리고 텔로미어의 길이를 늘릴 수 있는 말단소체복원효소(텔로머레이즈telomerase)라고 하는 효소의 활성화가 억제됨으로써 암이 예방된다.

텔로미어를 둘러싼 대중매체의 호들갑에 콕스가 지긋지긋해하는 한 가지 이유는 말단소체복원효소와 암의 연관성이다. 우리는 이제 말단소체복원효소를 활성화한다고 주장하는 건강보조제를 인터넷에서 구매할 수 있다. 이것은 '몸 안으로부터' 노화를 방지한다거나 '세포 노화'를 줄인다고 선전된다. 말단소체복원효소 약을 복용하면, 어쩌면 노화 속도를 줄일 수는 있겠지만(이것도 추측에 근거한 것이다) 그 부작용으로 암에 걸릴지도 모른다. 생물학에서 흔히 그렇듯, 텔로미어는 암의 억제와 퇴행성 질환 사이 균형을 이루는 게 중요하다. 그래서 지나친 단순화는 위험할 수 있다.

많은 과학자들이 DNA 메틸화에 기초한 생물학적 노화 시계가 더 타당하다고 주장한다. 이것은 '후성적 시계'로도 알려져 있다. 나이가 들수록, 세포에는 점점 더 많은 후성적 변화가 쌓인다. 이런 변화는 DNA 염기 순서 자체에는 영향을 미치지 않으면서 유전자의 스위치를 켜거나 끈다. 식단, 스트레스 정도, 명상 여부, 이 모두가 후성적 시계의 속도를 높이거나 늦출 수 있다. 이것은 DNA 외관에 과학자들이 분석할 수 있는, 눈에 보이는 흔적을 남긴다. 일부 상업적 연구소가 후성적 시계를 측정하는 서비스를 이미 제공하고 있다. 몇 백 달러를 내고 혈액 표본을 보내면 DNA 메틸화 나이 평가치를 받아볼 수 있다. 대략 절반의 사람들은 후성적 나이와 실제 나이의 차가 3.6년 미만이지만 어떤 사람들은 믿기 어려울 정도의 차이를 보이는 경우도 있다. 어떤 40대는 DNA 메틸화 나이가 20세인 반면 또 어떤 40대는 DNA 메틸화 나이가 50세이다. 30년 차이가 난다!

텔로미어의 단축, DNA 손상, 그리고 미토콘드리아, 단백질, 지질 같은 세포의 다른 부분에 생기는 손상 등의 후성적 변화는 모두 세포 노화에 관여한다는 점에서 서로 연결된다. 세포는 노화 현상으로 인해 내가 콕스의 실험실에서 본 대로 비대해지고 쓸모없어지며 쓰레기로 가득 차게 된다. 건강하고 젊은 세포는 성장하고 분열한다. 세포가 쓸모없어지거나 너무 손상되면 자살한다. 이것이 피부 같은 조직이 재생되는 이유이다. 하지만 때로 어떤 세포는 손상이 쌓여 분열을 멈추고도 자살하지 않는다. 그냥 가만히 있으면서 점점 더 커지며 잘못 접힌 단백질*과 노화한 미토콘드리아 같은 온갖 쓰레기

---

* 선 모양의 아미노산 복합체인 단백질이 개개의 단백질에 고유한 접힌 구조를 만드는 과정에서 잘못 접히기도 하는데 이런 경우 알츠하이머, 광우병, 파킨슨병 등 질병을 유발할 수 있다.

더미를 모아들인다.

"보통 미토콘드리아가 작동을 멈추면 우린 그걸 소화시키고 새 미토콘드리아를 만들어요. 하지만 노화한 세포는 손상된 미토콘드리아를 그대로 유지하죠. 그래서 노화 세포는 쓰레기통처럼 가득 차게 된답니다. 이게 노화 세포가 그렇게 거대한 이유예요." 콕스가 말한다. 이렇게 비대해진 노화 세포는 완전히 죽지 않는다. 그리고 우리가 나이를 먹을수록 이런 좀비 세포가 쌓이면서 노화 관련 분비 표현형 Senescence Associated Secretary Phenotype, SASP*이라는 독소를 내뿜는다. 이것은 좀비처럼 다른 세포도 노화시킬 수 있다. 설상가상으로 노화 세포에서 나오는 분비물은 약한 정도의 만성 염증을 촉진한다. 이를 '염증성 노화'라 하기도 하는데 알츠하이머병, 류머티즘관절염, 당뇨병, 암, 심장병 같은 대부분 노화 관련 질병의 원인이다.

그렇다면 약으로 좀비 세포를 모두 죽일 순 없는지 궁금했다. 좀비 세포를 상대로 '세계 전쟁Z'**를 벌인다? 효과가 있을 수 있다. 동물 연구의 결과에 따르면, 노화 세포를 파괴하면 노화를 늦추고 심지어 수명을 25퍼센트까지 늘린다. 현재 미국인의 평균수명인 78세가 아니라 97세까지 산다고 생각해보라. 세놀리틱 Senolytic***은 좀비

---

* 노화 세포에서 발현, 분비되는 다양한 물질로 사이토카인, 케모카인, 성장인자 등이 있는데, 종양의 성장을 촉진하기도 하고 억제하기도 하는 양면성을 갖는다고 알려져 있다.
** 2013년 개봉된 영화〈월드워Z〉에서 주인공 제리는 전 세계를 위협하는 좀비들의 무차별 공격에 맞서 전쟁을 벌인다.
*** 노화를 뜻하는 'senescence'와 파괴를 뜻하는 '-lytic'의 합성어.

세포를 죽이는 약으로, 이미 임상 실험 준비를 마쳤다. 어떤 사람들은 이것을 미래의 노화 방지 치료제로 광고한다. 하지만 여기에 몇 가지 문제가 있음을 나는 곧 알게 됐다. 우선, 상처 치유가 더뎌지는 부작용이 있을 수 있다. 둘째, 쥐에게 효과가 있다고 해서 인간에게도 효과가 있는 건 아니다. 콕스도 신중하다. "노화 세포가 많더라도 우리 몸의 75퍼센트를 죽일 순 없잖아요. 그리고 그 약이 한꺼번에 너무 많은 세포를 없애버린다면, 어떻게 할래요?" 콕스가 묻는다.

죽지 않는 히드라는 분명 세놀리틱이 필요치 않을 터이다. 과학자들은 히드라의 위 부위에서 채취한 개별 세포의 후손 세포를 여러 세대 추적했다. 그 결과 그것들은 결코 좀비가 되지 않는다는 사실을 발견했다. 이는 그럴 법하다. 히드라의 세포 대부분은 이 작은 생물체의 몸을 끊임없이 재생하는 줄기세포이기 때문이다. 그 이유, 요컨대 히드라가 죽지 않는 이유는 이들이 번식하는 방식에 있다. 히드라는 수컷이 암컷과 짝짓기를 하는 대신에, 출아법*에 의해 무성생식으로 새끼를 만든다. 히드라가 번식하려면 새로 분열한 세포를 계속 공급받아야 한다.

우리가 히드라처럼 죽지 않을 수야 없겠지만(우리 몸은 히드라보다 훨씬 더 복잡하다) 분명 히드라의 줄기세포가 하는 일에서 노화에 대해 몇 가지 배울 수는 있다. 히드라의 것이든 인간의 것이든, 줄기세포는 작지만 정말 경이롭다. 줄기세포는 수정 직후에 만들어진 다음

---

* 몸에 싹이 자라듯 돌기가 자라나, 그것이 떨어져 나와 새로운 개체가 되는 번식 방법.

평생 동안 계속 분화된 새로운 세포를 만들어 우리가 성장하고 조직을 재생하도록 돕는다. 하지만 줄기세포도 손상되지 않는 건 아니다. 줄기세포는 시간이 갈수록 기능이 떨어져 '좀비'가 되거나 죽어서 수가 줄어든다. 이 과정이 노화의 가장 큰 원인 가운데 하나이다.

적어도 인간에게는 그렇다. 히드라는 줄기세포의 복구와 유지에 특히 능하다. FOXO 유전자 또는 포크헤드박스오forkhead box O로 알려진 종류의 유전자가 여기에 한몫할 수 있다. 그래서 이 유전자가 히드라와 쥐에서 고래와 잔 칼망까지 장수에 대단히 중요할 수 있다. 이 특정한 유전자는 세포의 손상을 막고 DNA 복구에 관여한다. 히드라의 FOXO 유전자는 줄기세포가 계속 기능하게 한다. FOXO 유전자의 활동을 억제하면 히드라는 죽게 된다. 인간이 가진 FOXO 유전자의 한 종류인 FOXO3a에서 보이는 특정한 서열 변이는 일본계 미국인 남성에서 중국인과 독일인까지 다양한 인구에서 장수와 연관된다.

하지만 인터넷으로 본인이 가진 FOXO3a 유전자의 변이를 확인할 실험실을 찾지는 마라. 인간은 히드라보다 훨씬 복잡한 생물체이다. FOXO3a 유전자는 많은 장수 관련 유전자 가운데 하나에 지나지 않는다. 게다가 어쨌든 장수의 유전성은 20~25퍼센트에 지나지 않는다. 기억나는가?

남녀의 수명이 차이 나는 이유

여성과 남성이 장수의 측면에서 차이가 있다는 사실이 확실히 새로운 이야기는 아니다. 내 할머니는 할아버지가 친척들의 무덤을 자주 찾는 건 묘지에서 만나는 여러 과부들과 시시덕거릴 수 있어서라고 농담하시곤 했다. 어쨌든 묘지를 찾는 사람들 가운데 80대 후반의 남성을 만나기란 드문 일이다. 물론 폴란드 여성과 남성의 기대수명 사이에는 상당히 큰 격차가 있다. 여성은 81세, 남성은 73세이다. 리투아니아는 차이가 10년으로 더 크다. 러시아는 성별 간 기대수명 차이가 11.6년으로 세계 1위이다. 러시아 남성들이 보드카를 좋아하는 게 분명 이런 격차에 한몫한다. 성별 간 기대수명 차이가 작은 나라들로는 아일랜드(여성이 3년 더 길다), 스웨덴(3.4년), 영국(3.6년)이 있다. 이상하게, 과거에는 남성과 여성의 기대수명이 비슷했다. 1800년대 스웨덴 사람들의 기대수명이 여성 33세, 남성 31세였으며 다른 곳도 비슷했을 터이다. 출산, 전염병, 전쟁 등 그야말로 어찌할 수 없는 운명과도 같은 사건들이 모든 사람들의 수명을 단축시켰다.

하지만 출산, 전염병, 전쟁의 위험이 줄어들어 모든 사람들에게 평평하던 운동장이 기울어지면서 남성과 여성 간 기대수명 격차가 벌어졌고 1970~90년대에 가장 커졌다. 오늘날에는 남성이 자신을 더 잘 관리하기 시작하면서 여성을 따라잡고 있지만, 여전히 격차가 있다. 19세기 스칸디나비아든 현대 인도나 캐나다이든 여성이 언제나 장수에 유리한 것 같다. 왜 그런 걸까? 여전히 여성의 생활 방식이 더 건강하기 때문일까? 총을 쏘는 일이 적고, 브로콜리를 더 많이 먹어서일까? 꼭 그렇진 않다. 현재 과학자들은 여성과 남성의 수명 격차가 우리 몸에 각인돼 있다고 생각한다. 여성과 남성이 재난 상황에서 살아남는 방식에서 한 가지 실마리를 얻을 수 있다.

1846년 11월 3일 밤, 폭설이 시에라네바다산맥 동쪽 경사면을 뒤덮었다. 미국 중서부 지역의 농부와 상인들, 그 아내와 아이들, 그리고 반려동물들로 이뤄진 한 무리가 트러키호수(나중에 도너호수로 이름이 바뀐다) 근방에서 오도 가도 못하게 됐다. 이 거대한 고래 모양의 호수는 시에라네바다산맥 기슭에 있었다. 11월 4일 아침, 이 81명의 사람들은 3미터 높이로 쌓인 눈 더미에 둘러싸인 채 잠에서 깨어났다. 통행이 불가능했다.

도너 일행(오늘날 이 무리를 이렇게 부르는데 이들을 이끌던 조지 도너의 이름을 땄다)은 캘리포니아에서 더 나은 삶을 찾으려 미시시피계곡을 출발했다. 하지만 이들은 실수를 저질렀다. 사람들이 보통 다니는, 오늘날의 아이다호를 지나가는 길로 가지 않고 그레이트솔트레이크사막을 건너는 지름길을 택했다. 이 지름길은 원래의 길보다 더 험했다. 이 무리는 겨울이 닥치기 전에 시에라네바다산맥을 넘어가지 못했고, 폭설로 꼼짝 못하게 됐다.

세상과 단절된 채, 식량이 점점 줄어들자 야외에서 살아가는 기술이 거의 없는 도너 일행은 '먹을 것에 대한 광적인 욕구'에 시달리기 시작했다. 이들은 반려견을 잡아먹었다. 짐승 가죽을 삼킬 수 있는

젤리로 만들었다. 그러다 2월에는 죽은 일행들을 먹기 시작했다. 마침내 구조대가 도착했을 때는 81명 가운데 35명이 굶주림과 저체온증으로 사망한 상태였다. 그런데 이상하게도 사망자 대부분이 남성이었다.

연구자들은 도너 일행의 남성 사망 위험도가 여성의 거의 두 배라고 추산했다.[9] 이들은 일반적으로 여성이 남성보다 굶주림에서 더 잘 살아남는다는 사실에서 그 원인을 찾았다. 이런 사실은 1933년의 우크라이나와 1845~49년의 아일랜드를 포함해 역사상 닥쳤던 많은 기근으로 인해 생겨난 자료에서 찾아볼 수 있다.[10] 이는 여성이 남성보다 몸집이 작고 기초대사율이 낮으며 피하지방의 비율이 높기 때문이라고 과학자들은 주장한다. 그래서 여성은 적게 먹고도 생존할 수 있는 한편 지방이 몸을 따뜻하게 유지해준다. 아주 많은 여성에게 골칫거리인 복부 지방이 생명의 은인이라는 게 참 얄궂다.

오늘날 서구에서는 굶주림이 거의 문제가 안 되지만, 엄격히 통제한 조건에서도 남성의 수명은 여성보다 여전히 짧다. 독일 연구자들은 바이에른의 여러 수도원에 있는 1만 1000명 이상의 가톨릭 수녀와 수도사를 살펴봤다. 그 결과 여전히 수녀의 수명이 수도사보다 약 1년 길었다.[11] 침팬지와 사자에서 아메리카비버와 유럽토끼까지 다양한 포유류에서 이런 경향이 나타났다. 동물원에 있는 59개 종을 비교해보니 네 개 종만이 수컷이 암컷보다 오래 살았다.[12] 분명 흡연과 음주 탓이 아니다.

남성과 여성 사이에 왜 수명 격차가 발생하는지 수수께끼를 푸는 한 가지 열쇠는 우리의 염색체에 있다. 여성의 성염색체는 X 염색체를 두 개 가지고 있기 때문에, 기본적으로 체내 모든 유전자의 복제본을 여분으로 가지고 있어 필요한 경우에 결함이 있는 유전자를 대체할 수 있다. 둘째, 대개 여성은 남성보다 키가 작아서 애초에 잘못될 세포가 더 적다. 이는 쥐와 코끼리의 경우와 비슷한데 코끼리가 암에 걸릴 위험도는 쥐보다 100만 배 높다. 하지만 여성의 심장박동수가 생리 주기 후반부에 높아져 조깅하는 사람들의 심장과 비슷한 식으로 운동하게 되기 때문이라고 보는 가설도 있다. 이것이 왜 여성이 남성보다 만년에 심혈관계 질환에 걸리기 쉬운지 설명해줄 수 있다.

그다음에는 호르몬이 있다. 19세기 한국의 궁궐에서 살았던 내시의 수명을 분석한 결과, 이들이 왕을 포함해 궁궐에 사는 다른 남성들보다 평균 20년을 더 살았다.[13] 내시에게는 테스토스테론이 부족하다. 연구에 따르면, 테스토스테론이 면역 체계를 억제하는 경향이 있어서 남성은 바이러스와 세균에 더 민감하다.[14] 반면 에스트로겐 같은 여성호르몬은 면역 체계에 힘을 보태는 한편 동맥의 나쁜 콜레스테롤을 청소하는 데도 도움이 된다.[15]

남성 생식기를 잘라내는 건 현대 남성들에게는 호소력이 없어 보이기에, 수명을 늘릴 수 있는 다른 요인에 대한 연구가 한창 진행되고 있다. 어떤 면에서 이런 연구는 새로운 게 아니다. 정복자 폰세 데 레온*은 16세기에 이미 젊음의 샘을 찾아 나섰다. 하지만 최근에는

----

* 에스파냐 탐험가로 원정대를 이끌어 오늘날 미국 플로리다에 도착했다.

이런 탐색이 주로 생명공학 연구실에서 이뤄지고 젊음의 샘이 아니라 약과 주사에 초점이 맞춰져 있다.

유전자를 젊게 되돌릴 수 있을까

2017년 〈뉴요커〉와의 인터뷰에서, 미래학자 레이 커즈와일은 젊음을 유지하고 100세까지 장수하고 싶어서 하루에 90개나 되는 약을 복용한다고 털어놓았다.[16] 이 약 가운데 하나는 당뇨약인 메트포르민이었다. 콕스는 자신이 아는 거의 모든 미국인 노화 연구자가 이 약을 복용한다고 말했다. 실제로 메트포르민이 수명을 연장하고 노화를 늦춘다는 증거가 늘어나고 있다.[17] 쥐와 예쁜꼬마선충의 경우에는 그렇다. 메트포르민은 다양한 효과가 있지만 그 가운데서도 세포 수준에서 활성산소의 생성과 DNA 손상을 줄인다. 하지만 콕스는 메트포르민을 복용하지 않는다. "어느 약이든 부작용이 있을 거예요. 그런데 우린 사실 그 약을 꼭 복용해야 할 필요가 없는 사람들이 복용할 경우 장기간에 걸쳐 나타날 영향에 대해 아는 바가 없거든요." 콕스의 말이다.

현재 실리콘밸리에서는 많은 치료법이 차세대 젊음의 샘으로 선전되고 있다. 하지만 이것들은 인간을 대상으로 한 엄격한 시험을 거치지 않아 기껏해야 '가능성'에 지나지 않는다. 내가 이 책을 쓰고 있는 지금 미토콘드리아의 활력을 되찾게 해줄 가능성이 있는 NAD+

라는 분자가 임상 실험에 들어갔을 뿐이다. 이식된 신체 기관의 거부반응을 막는 데 흔히 사용하는 면역 억제제인 라파마이신은 세포의 자살과 성장에 도움이 된다. 하지만 콩팥에 유독하고 혈소판 수를 줄이는 등 심각한 부작용이 보고돼 있다.

수명 연장을 위해 제시된 다른 치료법은 훨씬 더 불안하다. 예를 들어, 젊은 사람한테서 혈액을 주입받는 방법이 있다. 다소 오싹한 실험에서, 과학자들은 늙은 쥐와 젊은 쥐의 순환계를 꿰매 붙여 늙은 쥐가 젊은 쥐의 혈액을 주입받을 수 있게 했다. 그 결과 늙은 쥐의 수명이 늘었다. 일부 미국 기업은 이미 노인을 대상으로 한 임상 실험을 준비하고 있다. 걱정은 하지 말길 바란다. 노인을 10대에게 꿰매 붙일 일은 없다. 수혈을 통해 실험이 이뤄질 테니 말이다. 그렇지만 많은 과학자들이 이런 발상을 경계한다. 〈사이언티픽 아메리칸〉과의 인터뷰에서, 캘리포니아 대학의 한 분자생물학자는 이 발상에서 '가짜약 냄새가 풀풀 풍긴다'고 말했다.[18]

뱀파이어식 수명 연장 치료법이 안 내키면, 줄기세포 치료법을 시도해볼 수 있다. 북아메리카의 몇몇 생명공학 기업들은 이제 제대혈, 생리혈, 젖니를 포함해 다양한 출처의 줄기세포를 보관해주는 서비스를 제공한다. 이 줄기세포를 이용해 신체 조직을 젊게 만들 수 있으리라는 바람에서 말이다. 하지만 줄기세포 치료는 아직 초기 단계에 있다. 그 노화 방지 효과는 불확실하고 최악으로는 위험할 수 있다. 플로리다에 있는 한 회사가 노화로 인한 시력 감퇴를 줄기세포로 치료하려다 결국 여성 세 명이 실명하고 말았다.

장수 약이라니, 처음에는 이런 생각이 정말로 흥미로워 보인다. 운동을 하거나 잘 먹거나 사람들과 친분을 쌓는 일에 신경 쓸 필요가 없다. 그냥 약을 삼키기만 하면 영원히 젊어져 미토콘드리아가 활력을 되찾고 DNA는 저절로 복구되며 단백질이 정확하게 접힌다. 줄기세포, 세놀리틱, 장기 교체에 대한 약속이 모두 성공한다면, 어쩌면 일부 사람들은 거듭 재생해 죽지 않을 수 있을 터이다. 실리콘밸리의 많은 사람들은 분명 그렇게 확신하고 있다.

하지만 그게 정말로 좋은 생각일까? 우리가 죽지 않는다면 우선 삶이 의미를 잃을 수 있다. 세상 모든 시간이 내 것이어서 원하는 걸 무엇이든 얻을 수 있다면 더 이상 중요한 건 아무것도 없다. 적절하게도 '스크루지 효과The Scrooge Effect'라는 제목이 붙은 연구가 있다. 이 연구는 일련의 실험에서 자신이 언젠가 죽으리라는 사실을 떠올리면 더욱 기쁜 마음으로 기부할 수 있다는 결과를 보여줬다. 영원히 살게 된다면, 우리는 얼마나 많은 삶의 기쁨을 잃게 될까?

윤리적인 문제도 있다. 전 세계에서 수천 명이나 되는 아이들이 굶주림으로 죽어가고 있다. 이런 상황에서 기적 같은 장수 약을 찾는 데 그렇게 많은 연구비를 쏟아부어야 할까? 지구는 이미 인구과잉 상태이고 자원은 한계에 다다랐다. 지구가 장생불사하는 인간을 몇 명이나 견딜 수 있을까? 분명 태어나는 모든 사람들을 견딜 수는 없다. 그렇다면 영원히 살 사람과 쇠퇴해 죽을 사람을 어떻게 선택할 것인가? 게다가 장생불사 또는 극단의 수명 연장이 가능해서 독재자가 권력을 영구히 유지할 수 있다면 어떻게 될까?

터무니없이 긴 수명이라는 성배를 좇기보다 성취할 가능성이 훨씬 더 큰 일에 중점을 두는 게 낫다. 평균 건강수명을 늘리는 일 말이다. 이것은 우리가 어쨌든 100세까지 장수할 가능성을 높이는 괜찮은 부작용을 가져온다. 가장 부유한 1퍼센트에 속하는 소수가 150세나 200세까지 사는 대신에 많은 사람들이 건강하게 100번째 생일을 맞이하는 사회를 만들 수 있다. 110세가 넘는 사람들에 대한 연구를 통해, 오래 살수록 더 오래 건강을 유지한다는 사실이 알려져 있다. 이들은 병실에 드러누워 의료 서비스 예산으로 연명하는 대신에 여전히 공동체의 생산에 참여하는 구성원으로서 살아갈 것이다. 물론 병을 앓을 일도 적을 것이다.

윤리 문제가 아니더라도, 마법의 장수 약을 금방 찾아낼 수 있을 것 같지는 않다. 우리 몸은 히드라나 예쁜꼬마선충이나 쥐의 몸보다 훨씬 더 복잡하다. 설치류에 효과가 있는 치료법이 인간에게도 반드시 효과가 있는 건 아니다. 그런 데다 부작용이 있을 수 있다는 점을 고려해야 한다. 예를 들어 메트포르민은 설사, 식은땀, 혼수상태, 발작, 빠른 심장박동을 일으킨다고 밝혀졌다.

우리가 아무리 좋아한들 손쉬운 해법은 없다. 따라서 젊음의 샘을 바라기보다는 효과가 있는 해법을 받아들여야 한다. 제대로 먹고, 운동하며, 무엇보다 우리의 마음과 사회적 삶을 돌봐야 한다. 약상자가 아니라 우리의 마음가짐을 바꿔야 한다. 이웃이 서로 관심을 가진 공동체에서 사는 여성은 관동맥성 심장병에 걸릴 위험도가 3분의 1까지 줄어든다. 반면 만성 고독감은 사망 위험도를 83퍼센트까지 높인다. 이는 흡연보다 나쁘다. 장수 약이 솔깃할 수는 있지만, 자원봉사를 하거나 우정을 키우는 일은 (연애 상대와의 우정이 아닌 한) 발작을 일으키거나 심장박동이 빨라지게 만들지는 않을 터이다.

잔 칼망은 유전자 덕분에 장수했을지 모르지만 어쩌면 후회를 하지 않는 성격 덕분이었을지도 모른다. 낙천성은 수명을 10년이나 연장할 수 있고 과거의 불행을 곱씹지 않는 성격은 고령자의 면역 체계를 향상시킨다. 더욱이 칼망은 수십 년 동안 행복한 결혼 생활을 했다. 결혼한 사람들이 더 오래 살고 심장마비에도 살아남을 가능성이 높으며 심지어 독감 백신에도 더 잘 반응한다는 사실을 연구는 보여준다. 암의 경우에는 결혼 생활이 때로 화학요법보다 나을 수도 있다.

또 잔 칼망은 여성이라는 사실만으로도 수명이 1, 2년 늘었을 수 있다. 이것은 어쩌면 두 개의 X 염색체 덕분일 수 있다. 하지만 더 잘 공감하고 사회에 통합돼 있는 경향 덕분일 수도 있는데, 이 또한 수명 연장에 도움이 되기 때문이다(6, 7장에서 이에 대해 자세히 다룬다). 사회성과 건강 사이의 이런 상관성은 그다지 놀라운 게 아니다. 결국 우리 몸과 마음은 스트레스 축, 면역 체계, 심지어 장 내에 살고 있는 3파운드(약 1.46킬로그램)의 미생물을 통해 많은 면에서 연결돼 있다.

건강하게
나이 드는 습관

누구든 장수의 비밀을 발견했다고 말하는 사람은 믿을 게 못 된다. 유전자로 수명을 예측하는 검사나 줄기세포를 보관하는 서비스에 돈을 헛되이 쓰지 마라. 그 효과는 불확실하다. 텔로미어에 집착하지 마라. 여윳돈이 있고 정말로 뭔가를 검사받고 싶으면 후성적 시계를 측정해보라. 기적의 장수 약은 잊어버려라. 많은 장수 약이 그야말로 위험하다. 더 오래 살고 싶거든 연애 상대를 찾거나 현재의 관계에 공을 들여라. 행복한 결혼 생활은 사망 위험도를 49퍼센트까지도 낮출 수 있다. 또 자원봉사는 약 22퍼센트까지 사망 위험도를 낮출 수 있다.

2

아픈 사람은 몸만 아픈 게 아니다

영화 〈맨해튼〉에서 다이앤 키튼은 우디 앨런에게 부탁한다. 화를 내라고, 그래야 문제가 '표면으로 드러'날 수 있다고. "난 화를 내지 않아." 앨런이 대답한다. "대신에 종양을 키우지."

우디 앨런은 뭘 좀 알고 이런 말을 했는지 모른다. 우리 몸과 마음은 놀라우리만치 서로 연결돼 있다. 실험 결과, 손 근육을 운동한다고 상상하기만 해도 손 근육의 힘이 향상됐다.[1] 어떤 사람들은 가짜 옻나무에 노출돼도 정말로 발진을 일으킨다.[2] 한편 가짜약placebo 치료는 탈모가 시작되는 남성의 42퍼센트가 이 '치료'를 받은 후 발모가 유지되거나 증가할 정도로 효과가 있다.[3] 허리 천자*와[4] 심장 수

---

* 수액을 채취하거나 약액을 주입하기 위하여 요추에서 척수막 아래 공간에 긴 바늘을 찔러 넣는 일.

술 동안[5] 통증을 줄이는 데 최면을 이용할 수도 있다.

몸과 마음의 상관성은 마법이나 뉴에이지 같은 것과 아무런 상관이 없다. 그렇기는커녕 우리의 생각과 감정을 몸의 다양한 생리 현상과 연결하는 건 측정 가능한 신경, 호르몬, 면역 경로이다. 캐나다 소설가 윌리엄 폴 영은 "감정은 영혼의 색채"라고 표현했지만,[6] 현대 생물학의 관점에서는 헛소리에 지나지 않는다. 감정은 우리 머릿속을 떠다니는 마법 가루로 이뤄진 구름이 아니다. 감정은 소와 개부터 새와 파충류에 이르는 온갖 동물과 마찬가지로 인간에게도 존재하는 진화된 체내 신호이다.

동물 뇌의 맨 아랫부분으로, 태곳적부터 있었던 조직인 뇌간에 전기 자극을 주면 감정을 암시하는 행동을 이끌어낼 수 있다. 인간의 경우도 마찬가지이다. 이것은 감정이 진화 면에서 매우 오래됐으며, 시에 영감을 줄뿐더러 우리가 포식자에게 먹히지 않도록 하는 것과 같은 아주 현실적인 목적에도 도움이 된다는 사실을 말해준다. 감정은 우리가 처한 환경과 우리 몸의 상황을 알려 적절한 반응을 하게끔 도와준다. 두려움? 사자가 다가오고 있을지 모른다. 화? 곧 얻어맞을지 모른다. 혐오감? 손대지 마라! 기생충이 숨어 있을 수 있다. 만족감? 우리 몸 상태가 모두 좋다.

뿐만 아니라, 감정은 더 잘 학습할 수 있게 해준다. 감정이 실린 것은 그야말로 우리 기억에 더 잘 배어드는 법이다. 초원에서 포식자에 겁을 집어먹은 적이 있다면 밤에 돌아다녀서는 안 된다는 걸 잘 기억하게 된다. 실험 결과, 사람들은 몇 시간이 흘렀는지에 상관없이 강렬한 감정을 불러일으킨 경험을 가장 잘 떠올렸다. 이로 미뤄볼 때, 감정이 신체감각과 환경에 대한 안내자 역할을 하는 것 같다. 목 아래쪽이 마비된 사람들이 종종 자신의 감정이 무디다고 불평하는 사실이 이런 생각을 더 뒷받침해준다.

물론 도마뱀과 오리도 감정을 갖고 있지만 우리의 내면생활은 이들보다 더 복잡하다. 이런 이유로 신경과학자들은 감정emotion과 느낌feeling을 구분하려 든다. 느낌은 감정에 대한 정신적 경험이지만 여전히 대뇌피질이 관여하는 우리의 생리작용에 단단히 기반을 두고 있다. 감정은 기본적으로 장이나 가슴을 자극하는 것이다. 느낌은 뇌가 그 자극을 처리한 결과이다. 다시 말해 그 자극을 경험하는 방식이다. 감정은 환경에 대한 우리의 안내자이다. 느낌은 그 징후를 해석하는 방식이다. 감정은 무의식적이지만 느낌은 좀 더 의식적이다.

감정과 느낌처럼, 생각도 희박한 증기 같은 게 아니다. 자연발생하는 생각이 정확히 뇌의 어디에서 생겨나는지를 놓고 연구자들은 여전히 논쟁 중이다. 하지만 어떤 양상이 나타나기 시작하고 있다. 여기에 기본상태신경회로망default mode network이라는 부분이 특히 중요해 보인다. 이는 우리가 대기 상태의 컴퓨터와 비슷하게 특별히 하고 있는 일이 없을 때 활성화되는 뇌 신경회로망 부위이다.

과학자들이 어떻게 인간의 머릿속 생각을 정확히 찾아내는지 궁금하다면, 여기에 몇 가지 예가 있다. 수술 동안 전기로 뇌에 충격을 가하거나(물론 환자의 허락을 받아서), 뇌에 심은 전극을 이용해 신경세포가 일으키는 전기 활성을 기록하거나, 자기공명영상장치로 숙련된 명상가를 검사한다. 이런 연구는 예를 들어 뇌의 기본상태신경회로망 부위(우리가 과거를 생각하거나 미래를 상상할 때 활성화되는 피질 부위)를 자극하면 공상을 불러일으키고 자발적으로 기억을 떠올리게 할 수 있음을 보여준다. 그리고 아몬드 모양의 편도체에 1밀리초(1밀리초는 1000분의 1초)의 전기 펄스를 보내면 기체험감déjà vécu을, 다시 말해 일종의 강력한 기시감déjà vu을 불러일으킬 수 있다. 기체험감은 일련의 사건 전체를 이미 겪은 적이 있다는 착각인데, 기시감보다 더 오래가며 떨쳐내기가 어렵다. 편도체는 생각에 관여할 가능성이 큰 뇌 부위이자, 우리의 마음과 몸이 어떻게 연결되는지 설명하는 데 도움을 주는 뇌 구조 가운데 하나이다. 여기서 핵심어는 두려움이다.

우리가 두려움을 느낄 때

밤 10시 무렵 30세 여성 SM은 집으로 가는 길이었다.[7] 그 지역은 외진 곳이어서, 근처 교회에서 흘러나오는 성가 음악만이 정적을 깨뜨릴 뿐이었다. SM은 작은 공원을 지나다가 한 남자가 벤치에 앉아 있는 것을 알아차렸다. SM은 남자가 마약에 취한 것 같다고 생각했지만, 남자가 이리 오라고 손짓하자 그에게 다가갔다. 그 순간 남자가 벌떡 일어나 SM의 셔츠 자락을 와락 잡아당기더니 목에 칼을 들이대고 소리쳤다. "이년아, 네 모가지를 따주마!"

나라면 극심한 두려움에 몸을 부들부들 떨었을 터이다. 심장은 쿵쾅쿵쾅 뛰고 손에는 진땀이 났을 테고. 하지만 SM은 두려움을 느끼지 않았다. 이 여성은 태연히 대답했다. "날 죽이려면 먼저 하나님의 천사들을 통과해야 할걸." 그러고서 SM은 망연자실한 남자를 남겨둔 채 유유히 걸어갔다. 바로 다음 날 밤에도 SM은 이 공원을 지나 집으로 갔다. SM에게는 불안도 두려움도 없었다.

이 여성은 우르바흐-비테증후군(또는 지질단백증)을 앓고 있다. 이 희귀 유전질환은 SM의 편도체를 손상시켰다. 이 뇌 부위는 잠재적 위협을 빠르게 탐지하는 역할을 하기 때문에, SM은 기본적으로 두려움이 없다. 이 여성은 맨손으로 위험한 뱀을 집어 올리고 호러 영화를 보면서도 움찔하는 일이 없다. 세상에서 가장 무서운 장소로 불리는 켄터키주 루이스빌의 웨이버리힐스 요양원도 SM을 불안하게 만들지 못했다. 과학자들은 실험을 위해 SM을 웨이버리힐스 요양원에 데려갔다. SM이 이곳의 '악령'(요양원에서 일하는 사람들이 무서워 보이게 차려입은 것이었다)에 어떤 반응을 보이는지 관찰하기 위해서였다. 과학자들이 본 것은 순수한 용기였다. SM은 주저하는 일 없이 어두컴컴한 구석들을 둘러보고 '악령'을 보고는 웃음을 터뜨렸다. 심지어 악령에게 말을 걸려고 하기도 했다. 반면 다른 사람들은 SM 뒤에서 머뭇적대며 '괴물'과 '유령'이 놀라게 할 때마다 겁에 질려 비명을 질러댔다.

SM의 대담성이 부러울 수도 있지만 유감스럽게도 위험한 결과를 낳는다. SM은 가정폭력부터 살해 위협과 폭행까지 수많은 범죄의 희생자가 됐다. 두려움이 없는 SM은 어두침침하고 텅 빈 공원에서 마약에 취한 듯 보이는 남자에게 다가가는 것과 같이, 다른 사람들은 하지 않는 실수를 저지른다. SM의 투쟁 - 도피 반응은 적절히 작동하지 않는다.

편도체에 손상이 없는 대부분 사람들이라면 밤에 외진 곳에서 불안해할 것이다. 칼로 위협당하면, 두려움, 당황스러움, 분노 등이 뒤섞인 감정, 곤두선 촉각, 그리고 심장이 쿵쾅거리고 손바닥에 땀이 배며 침을 삼키기 어려워진다. 이것은 아프리카 초원에 살던 우리 조상들이 생명을 구하려고 그랬듯 우리의 생명을 구하기 위해 마음과 몸이 상호작용하는 투쟁 - 도피 반응이다.

투쟁 - 도피 반응은 우리가 위험한 짐승이나 인간과 맞서 싸우는 데 또는 이들에게서 도망치는 데 도움이 되도록 진화했다. 심장 수축의 속도와 힘이 증가한다. 혈압이 올라간다. 골격근에 더 많은 혈액을 투입해 더 빠르게 움직일 기운이 생기게 한다. 기관지가 팽창해 숨 쉬기를 수월하게 한다. 눈동자도 커져 눈의 초점을 더 잘 맞출 수 있다. 극단의 상황에서, 어떤 사람들은 방광이나 장을 비울 수도 있다. 이 역시 진화된 투쟁 - 도피 반응의 일부이다.

요즘에는 대도시에서 사자를 만날 일이 거의 없지만, 우리는 대부분 '스트레스 반응'으로도 알려진 투쟁 - 도피 반응을 잘 안다. 상사가 "얘기 좀 할까?"라고 말하면 심장이 빠르게 뛰기 시작한다. 길이 막히는데 누군가 속을 뒤집어놓는다면? 화가 나고 손바닥이 땀에

젖는다. 시험이 시작되고 있는가? 배가 살살 아파진다(도피를 용이하게 하려고 장을 비우려는 것이다). 이 모두가 일련의 감정과 신체 변화를 만들어낸다. 이것이 만성이 되면 심장병, 이른 노화, 심한 감기까지 일으킬 수 있다. 우리의 마음과 몸을 연결하는 네 가지 주요 경로가 있는데, 이 모두가 스트레스 반응과 관련이 있다. 그 네 가지 주요 경로는 교감신경부신수질 축(Sympathomedullary axis), 시상하부–뇌하수체–부신 축(Hypothalamic-Pituitary-Adrenal Axis, 줄여서 HPA axis), 면역 체계, 그리고 우리 장에 사는 약 1.4킬로그램의 미생물이다.

사자나 화난 상사를 마주치면 아주 짧은 순간 우리 몸에 변화가 일어난다. 교감신경부신수질 경로가 활성화된다. 이는 매우 원시 단계의 체계로 우리가 원하건 원하지 않건 작동한다. 두려움의 근원인 편도체가 부신에 메시지를 내려 보낸다. 부신은 포도 크기의 장기 두 개로 이뤄져 있으며 콩팥 위에 있다. 그러면 부신이 걸쭉한 호르몬을 분비한다. 여기에는 유명한 아드레날린이 포함돼 있다. 싸움에는 그다지 쓸모없는 조직임에 분명한 내장과 콩팥에서 우리의 목숨을 구하는 데 더 중요한 부위인 골격근과 뇌 같은 곳으로 혈액의 방향을 돌린다. 그래서 우리는 흥분을 한다.

우리는 행동할 준비가 거의 되지만 우리 몸은 아직 준비가 다 된 게 아니다. 시상하부–뇌하수체–부신 축으로 알려진 좀 더 복잡한 두 번째 체계가 작동하기 시작한다. 편도체가 경고 신호를 보내면 뇌 시상하부가 호르몬을 쏟아내기 시작하고 이것이 다시 이 축의 다른 부분인 부신을 활성화한다. 또 다른 호르몬 칵테일이 혈류로 쏟아져 들어오는데, 여기에는 코르티솔 같은 호르몬이 포함돼 있다.

스트레스에 대해 들어본 적이 있다면, 아마도 코르티솔에 대해서도 들어봤을 터이다. 이 호르몬은 악의 화신과도 같은 스트레스의 조수라는 나쁜 평판을 갖고 있다. 〈사이콜로지 투데이*Psychology Today*〉는 코르티솔을 '공공보건의 제1의 적'이라 했을 정도이다. 순수하게 생리 면에서 보면, 코르티솔은 체중 증가, 당뇨병, 암, 심장병과 연관된다. 심리 면에서 보면, 공격성과 반사회 행동을 자극한다고 알려져 있다. 지금은 코르티솔이 다양한 방식으로 몸과 마음을 연결한다는 점이 분명해 보이지만, 1940년대에 처음 발견되었을 때는 스트레스와 류머티즘성 관절염의 특효약으로 광고됐다. 코르티솔이 우리의 몸과 마음에 복잡한 영향을 미친다는 사실은 나중에야 밝혀졌다. 그런데 그 모두가 한 여성과 함께 시작됐다.

왜 우울한 사람이 더 아플까

제2차 세계대전 동안, 나치가 비행 조종사들이 메서슈미트*를 타고 속도나 고도에 상관없이 비행할 수 있도록 특효약을 개발하고 있다는 소문이 파다했다.[8] 독일인들은 소의 부신 수천 톤을 아르헨티나에서 수입해 '신비의 체액'을 추출한 것으로 추정된다. 당시 과학

----

* 제2차 세계대전 중 독일 공군이 널리 사용한 전투기.

계에는 부신이 없는 소는 아주 조금이라도 스트레스를 받으면 죽는다고 알려져 있었다. 그래서 그 추출물이 비행 조종사들에게 스트레스 저항력을 갖게 해주리라는 주장은 설득력 있어 보였다. 미국 정부는 엄청난 군사상 이익을 얻을 수 있으리라는 희망에서, 신비의 체액에 대한 연구를 페니실린과 말라리아 예방약에 이어 세 번째로 우선순위에 두고서 엄청난 돈을 투자했다.

부신 연구에 자금이 투입되면서 세 명의 과학자, 즉 미국인 필립 헨치Philip Hench와 에드워드 켄들Edward Kendall 그리고 이들의 폴란드인 동료 타데우시 라이히슈타인Tadeusz Reichstein의 연구에 큰 활력을 불어넣었다. 이 세 연구자는 불운한 소들의 부신에 대해 일주일에 900파운드의 자금을 꾸준히 지원받아 연구한 끝에 'E 복합체'라 이름 붙인 것을 만들어냈는데, 지금은 이것을 코르티솔이라 부른다. 하지만 'E 복합체'로 담력을 높이는 약을 만들기 전에 전쟁이 끝나버렸다.

최강 조종사의 필요가 줄어들자, 과학자들은 코르티솔로 류머티즘성 관절염 치료제를 만들 수 있을지 실험했다. 1948년 이들은 임상 실험을 위해 인디애나에 사는 가드너 부인을 선발했다. 젊은 가드너 부인은 관절염이 몹시 심해 평상시 걷지도, 심지어 침대에서 일어나지도 못했다. 1948년 9월 21일 처음으로 가드너 부인에게 다량의 코르티솔을 투여했다. 처음에는 아무 일도 일어나지 않는 것 같았다. 하지만 주사를 맞고 4일이 지나자 통증이 완전히 사라졌다. 이 과학자들이 미네소타주 로체스터에 있는 세인트메리병원 병실로 찾아갔을 때, 가드너 부인은 손을 머리 위로 들어 올리며 운동을 하고 있었다.⁹ 예전에는 하지 못하던 동작이었다. 9월 28일 가드너 부인은 퇴원해서 시내에 쇼핑을 하러 갔다. 이제 완전히 나은 듯이 보였다.

그러다 2주쯤 지나 문제가 생겼다. 이제 가드너 부인을 괴롭히는 건 통증이 아니라 느낌이었다. 가드너 부인은 우울감과 행복감 사이에서 널을 뛰었다. 가끔은 정신병 환자처럼 되는 바람에 결국 본인 동의 아래 세인트메리병원 정신병동에 갇히게 됐다. 코르티솔 주사를 중단하자 정신적 문제는 사라졌다. 가드너 부인은 정신병보다 통증을 택해 코르티솔 주사를 거부했다.

헨치, 켄들, 라이히슈타인은 코르티솔을 발견한 공로로 1950년 노벨상을 받았다. 하지만 코르티솔이 스트레스 반응과 마음-뇌의 연결에서 하는 역할을 과학자들이 잘 이해하게 되기까지는 수십 년이 더 걸렸다. 스트레스 반응 과정, 다시 말해 폭포처럼 쏟아지는 호르몬 전체를 포함하는 시상하부-뇌하수체-부신 축에서 코르티솔은 하나의 톱니에 지나지 않음을 현대 과학은 보여준다. 먼저, 뇌 시상하부가 혈류 속으로 분비하는 코르티코트로핀(부신피질자극 호르몬) 분비 호르몬이 있다. 이 호르몬은 뇌의 맨 아랫부분에 있는 완두콩 크기의 기관인 뇌하수체를 촉발해 부신피질자극 호르몬을 쏟아내게 한다. 그러면 부신피질자극 호르몬은 콩팥으로 한달음에 달려가 부신에서 알도스테론과 코르티솔 같은 호르몬이 생성되도록 스위치를 켠다.

우리 몸은 투쟁-도피, 그리고 그 결과에 대비하고 있다. 도망치든 싸우든 에너지가 필요하기 때문에, 코르티솔이 근육처럼 장기 지속하는 공급원으로부터 단백질과 지방을 분해해 연료를 늘려서 혈당 수치를 높인다. 코르티솔과 알도스테론은 혈관을 수축시키고(코르티솔) 염분과 수분 함유량을 높여(알도스테론) 혈압을 또한 높인다. 그러면 사자와 화난 상사는 조심스러워진다. 우리가 싸울 준비가 됐기 때문이다.

운이 좋아 사자가 돌아서서 저녁노을 속으로 사라지면, 우리의 스트레스 반응 축은 흥분을 가라앉히고, 모든 체계가 정상으로 되돌아간다. 시상하부는 혈액 속 높아진 코르티솔 수치를 탐지해 불안을 유발하는 사건이 일어난 지 40~60초 안에 코르티솔의 생성을 중단시킨다. 한편으로 또 다른 스트레스 반응 경로인 교감신경부신수질 경로가 휴식과 소화 반응을 활성화한다. 이 반응은 우리의 아드레날린 분비 체계에서 앞서 일어난 모든 변화를 진정시킨다. 그래서 우리는 긴장을 늦추기 시작한다.

하지만 여기에는 한 가지 문제가 있다. 아프리카 초원에 살던 우리 조상에게 불안이나 분노를 일으키는 일은 대개 빠르게 일어나고 빠르게 해결됐다(사자가 가버리면 문제가 사라졌다). 그에 반해 오늘날 우리에게 부정적 감정을 불러일으키는 일은 대개 강도는 낮으나 오래 지속된다. 주택담보대출 스트레스는 사자만큼 확실하게 시상하부-뇌하수체-부신 축을 활성화하지만, 주택담보대출은 포식자보다 더 오래 머문다. 교통 체증, 과중한 업무, 고독감, 과로, 자녀에 대한 걱정 등도 마찬가지이다.

불행하게도 시상하부-뇌하수체-부신 축이 만성으로 활성화돼 있으면 문제가 커지기 시작한다. 이 축의 조절이 불가능해져 코르티솔 수치가 계속 높게 유지된다. 그러면 시상하부가 오그라들기 시작한다.[10] 그렇다, 잘못 들은 게 아니다. 스트레스는 우리 뇌를 또는 적어도 그 일부분을 오그라들게 한다. 하지만 위는 커진다. 코르티솔이 팔다리 같은 곳에서 지방을 취해 허리둘레에 축적하기 때문에, 몸의 중간 부분이 굵어진다.[11] 일부 연구자들이 허리둘레 대 엉덩이둘레의 비율(허리둘레를 엉덩이둘레로 나눈 수치)이 크면 만성 스트레스의 표시로 보는 이유가 여기에 있다. 지방과 코르티솔의 상호작용은 또한 인슐린 저항성으로, 그런 다음에는 당뇨병으로 이어질 수 있고, 심혈관계 질환과 심지어 암으로도 이어질 수 있다.

우리의 마음이 코르티솔 수치를 바꿔 교감신경부신수질 경로를 활성화해서 우리 몸의 DNA까지 변화시키면 유전자의 발현까지 달라지게 된다. 스트레스 호르몬은 전등 스위치 위에 놓인 손가락처럼 유전자를 켜고 끈다.[12] 여기에는 면역 체계와 관련된 유전자가 포함된다. 만성 스트레스 상황이면 이 스트레스 반응 경로가 염증에 관여하는 유전자의 버튼을 누르고 항바이러스 역할을 맡은 유전자의 스위치를 끈다. 초원에서는 이것이 타당하다. 당시에 만성 스트레스 상황은 대개 무리에서 떨어져 나와 세균에 감염될 수 있는 상처를 입을 위험도가 높은 상황을 뜻했다. 만성 스트레스 상황에 있던 우리 조상들은 사냥감을 쫓다가 가시에 긁히거나 포식자의 공격을 받아 상처를 입거나 적에게 베이기도 했다. 자연 만물이 그렇듯, 면역 체계가 작동하려면 에너지가 들기 때문에 절충이 필요했다. 그래서 항바이러스에 쓰는 에너지는 줄어들고 염증에 쓰는 에너지는 늘어났다. 이러면 진물이 나는 상처의 세균과 싸우기에 아주 좋다.

하지만 역경에 대처하는 이런 식의 반응이 오늘날에는 전혀 도움이 되지 않는다. 실제로 오늘날 우리는 직장, 아이들, 주택담보대출에 대한 끊임없는 걱정으로 바이러스에 대한 저항력이 떨어져 여러 질병에 감염되기 쉽다. 이는 장기로 보면 당뇨병, 뇌졸중, 심장병, 암으로 이어진다. 주요 10대 사망 원인 가운데 적어도 일곱 가지 질병의 한 가지 요인이 만성 염증이다.

스트레스 반응 경로와 밀접하게 연관되는 면역 체계는 그 자체가 우리 심신의 중요한 연결 장치로, 감정과 생각이 어떻게 건강에 영향을 미치는지 설명하는 데 도움이 된다. 이것은 최신의 연구 영역으로 최근에 면역정신학immunopsychiatry이라는 이름이 붙었다. 우리의 면역 체계는 신경과 신경전달물질을 통해 뇌와 곧바로 연결된다. 바이러스로 인해 아팠던 때를 떠올려보라. 기분이 어땠는가? 아마도 우울하고 불행해서 하루 종일 이불을 둘러쓰고 드러누워 있고 싶었을 것이다. 사람들은 이런 무기력감이 바이러스가 우리 몸에 문제를 일으켰기 때문이라고 생각한다. 하지만 이는 사실이 아니다. 이런 불쾌한 기분은 주로 우리 머릿속에 있다. 이런 이른바 '질병 행동'은 사실 면역 체계, 또는 정확히 말하자면 염증성 사이토카인에 의해 유발된다.[13] 사이토카인은 염증을 통제해 다양한 병원체와 싸우고 상처가 낫도록 돕는 단백질이다. 하지만 또한 우리가 아플 때 침대에 붙들어두는 행동상, 심리상의 변화를 유발한다. 질병 행동은 병든 사람들이 다른 사람에게 전염병을 퍼뜨리지 않게 하고 또 건강한 사람과 승강이를 벌이다 또 다른 희생자가 나오지 않게 하려고 진화했을 가능성이 크다. 이것이 우리가 몸이 안 좋을 때 혼자 틀어박혀 가장 가까운 몇몇 사람들만 받아들이는 이유이다.

'침대에 축 처져 누워 있다', '기운이 없다'는 말은 독감에 걸린 사람을 잘 묘사하는 것일 수 있으나, 우울한 사람에게 적합한 묘사일 수도 있다. 현재 과학이 우울증, 스트레스, 염증 간의 놀라운 연관성을 밝혀내기 시작하고 있다. 우리 몸이 염증성 사이토카인을 대량 또는 장기간에 걸쳐 뿜어내면 우울증에 걸릴 위험성이 커진다.

한 후속 분석은 인터페론-알파라는 사이토카인으로 치료받은 C형 간염 환자 가운데 약 4분의 1에게서 우울증이 발병했다는 사실을 보여줬다.[14] 동물에게도 감염성 세균과 염증성 사이토카인을 주입하면 우울증을 일으킨다.[15] 면역 체계가 유발하는 우울증에 걸릴 가능성은 그 사람의 스트레스 회복력과 대처 방식에 달려 있다. 스트레스에 민감하고 삶의 문제에 정면 승부하기보다 소극적으로 대처하는 쥐들은 염증성 사이토카인 수치가, 즉 우울증 수준이 높아지고 그 결과 심장병에 걸릴 위험도가 높아진다는 사실을 연구는 보여준다.[16] 인간의 경우에도, 우울증은 조기 사망과 연관이 있다. 자살이 아니라면 조기 사망은 대개 심혈관계 질환 때문인데, 그 원인이 염증일 가능성이 있다.

마음, 우울증, 염증의 관계는 복잡하면서 양방향성을 갖는다. 만성 스트레스는 염증성 사이토카인 수치를 높여 결국 우울증을 불러올 수 있다. 하지만 염증 자체도 우리가 외롭다고 느끼게 만들 수 있다. 이런 이유로, 기존 치료제에 반응을 보이지 않는 우울증 환자에게 항염증제 사용을 제안하고 있다.[17] 그렇다면 우울한 기운을 느낄 때마다 이부프로펜을 복용해야 할까? 아직 이 문제를 다룬 연구는 없다. 아마도 그렇지는 않을 것이다. 약을 상시 복용하는 게 해결책은 아니기 때문이다. 하지만 항염증제가 심각한 우울증을 앓는 사람들에게 희망을 줄 수도 있다.

혈액 속을 돌아다니며 염증을 유발하는 아주 작은 단백질이 어떻게 뇌 속의 생각과 감정에 영향을 미칠 수 있을까? 그 답이 확실하지는 않다. 하지만 이 단백질이 직접 뇌로 갈 수도 있고, 또 미주신경을 통해 우리의 중앙 컴퓨터에 메시지를 전할 수도 있다. 뇌에서 곧바로 나오는 길이가 가장 긴 신경인 미주신경은 우리 마음과 몸의 연결에서 중요한 역할을 하는 것 같다. 심지어 심신 상관성과 관련한 최대 사건인 심인성 죽음 또는 '주술성' 죽음의 배후에 이 미주신경이 있을지 모른다.*

_____

* 아프리카에서 서인도제도의 아이티로 팔려 온 흑인 노예들이 믿던 종교인 부두교는 강한 주술성으로 유명한데, 부두교 주술사의 저주를 받고 아무런 신체상 요인이 없는 데도 실제로 사람이 죽는 현상을 관찰한 하버드 대학의 생리학자 월터 브래드퍼드 캐넌은 이를 주술성 죽음(boodoo death)이라 이름 붙였다.

죽음을 부르는 미주신경

1682년 이탈리아 선교사 지롤라모 메롤라 다 소렌토는 콩고를 여행하고서, 친구 집에 머물렀던 한 젊은 아프리카 남성에 대한 이야기를 전했다. 집주인은 아침 식사로 야생 암탉 요리를 내놓았다. 이음식은 그 젊은 아프리카인의 문화에서는 금기였지만, 집주인은 그것이 다른 조류라고 둘러댔다. 젊은 아프리카인은 즐겁게 음식을 먹고 곧 그 일은 까맣게 잊어버렸다. 몇 년 후 두 사람이 다시 만났을 때 집주인이 야생 암탉을 맛보고 싶은지 젊은 아프리카인에게 물었다. 그가 단호히 거절하자(무엇보다 현지의 '주술사'가 이 음식을 엄격히 금했다), 집주인은 그가 이미 예전에 금기를 깼다고 알려줬다. 그러자 젊은 남성은 몸을 부들부들 떨기 시작하더니 새파랗게 공포에 질렸다. 결국 그는 채 하루도 지나지 않아 죽고 말았다.

육류 섭취는 콜레스테롤 수치와 심혈관계에 안 좋을지 모르지만, 우리를 즉각 쓰러뜨리지는 못한다. 저 젊은 콩고인은 아마도 심인성 또는 '주술성' 죽음의 희생자가 된 것 같다. 심인성 또는 주술성 죽음이란 죽음의 저주에 대한 믿음이 일으키는, 설명할 수 없는 급작스러운 죽음을 말한다. 태평양의 섬에서 남아메리카, 아프리카, 오스트레일리아, 뉴질랜드까지 전 세계에서 심인성 죽음이 보고된다.

무엇이 심인성 죽음을 일으키는지 말해주는 단서는 일부 익사 사건에서 얻을 수 있다. 바다나 강에 빠져 죽은 사람들 가운데 대략 10~15퍼센트의 폐에서는 물이 발견되지 않는다.[18] 이는 그들이 사실 익사한 게 아님을 말해준다. 동물실험에서 이와 비슷한 사례는 미주신경의 과잉 자극이 원인이었다.[19] 이런 급작스러운 미주신경성 죽음이 부두교 주술사의 저주가 갖는 치명적인 힘을 또한 설명해 줄 수 있으리라 일부 과학자들은 생각한다.[20]

미주신경은 두개골 맨 아랫부분에서 목으로 내려와 기도를 따라 심장으로 간 다음 복부로 내려가는데, 여기서 위장관으로 이어진다. 미주신경은 호흡, 삼킴, 소화를 책임진다. 또 심장박동 방식을 책임지고 있다. 미주신경은 자율신경계의 주요 신경으로, 투쟁-도피 반응에도 한몫한다. 어떤 면에서 미주신경은 교감신경부신수질 경로와 시상하부-뇌하수체-부신 축의 이면이다. 아드레날린을 퍼 올리는 사건이 끝나고 나면 긴장을 늦추게 해, 스트레스 후 그 반응 체계를 진정시킨다. 그래서 심장박동이 정상으로 돌아오고 호흡이 진정되며 소화력이 회복된다.

미주신경이 급작스럽게 과잉 자극을 받으면 안 좋은 일을 불러올 수 있다. 기본적으로 심장이 멈출 정도로 심장박동을 늦춰서 심인성 죽음 또는 익사와 비슷한 사건을 일으킬 수 있다. 하지만 미주신경의 활동이 가벼운 정도로 증가하면 아주 좋다. 우리의 몸과 마음의 긴장을 풀어 최상의 상태로 유지한다. 실제로 일부 연구에 따르면, 미주신경에 전기 자극을 줘 만성 통증과 우울증까지 치료할 수 있을 거라고 한다.[21] 미주신경의 활동을 연구하는 과학자들은 심장박동 변이도*를 일반적인 척도로 사용한다. 심장박동 변이도 또는 HRV(Heart rate variability)는 투쟁-도피 반응의 적절한 기능, 심신의 연결성, 심지어 장수 가능성까지, 미주신경의 건강 상태를 나타내는 특히 중요한 지표로 드러나고 있다.

심장이 아주 잘 편성된 악단처럼 고르게 뛰는 게 좋다고 생각할지 모른다. 하지만 그렇지가 않다. 사실은 심장박동수에 변화가 생길수록 더 좋다. 정상인 심장의 경우, 연이은 두 맥박 사이의 경과 시간이 언제나 조금씩 다르다. 숨을 들이쉬고 내쉴 때도 속도가 달라진다. 이런 작은 차이가 심장박동 변이도로 측정된다. 변이도가 높으면 심장이 변화하는 환경에 빠르게 적응할 수 있다는 뜻이다. 자원을 빠르게 동원하고 긴장을 빠르게 완화할 수 있다. 진화의 역사에서, 두려움을 통제하고 불필요한 생각을 억누르며 내적 자원을 동원할 수 있으면, 우리를 잡아먹으려는 날카로운 이빨로 가득한 커다란 입과 맞닥뜨렸을 때 분명 유리했을 터이다. 이것은 뇌와 심장을 연결하는 미주신경이 잘 기능하고 있다는 뜻이었다.

하지만 만성 스트레스 상황에서는 투쟁-도피 반응의 기어가 고속에 걸려 있어 미주신경이 긴장을 완화하는 반응을 못하도록 막을 수 있다. 심장박동 변이도가 항상 낮아, 이 체계의 조절이 불가능해진다. 회복력과 적절한 감정 통제의 부족, 지나친 걱정, 불안, 고독감, 이 모두가 낮은 심장박동 변이도와 연관이 있다. 신체 건강이 나빠질 수도 있다. 현재 낮은 심장박동 변이도가 당뇨병, 심혈관계 질환, 심지어 조기 사망으로 이어질 수 있음을 많은 연구가 보여주고 있다.[22]

---

* 심장박동이 빨라지거나 느려지는 변화 정도.

좋은 뉴스는 집에서 심장박동 변이도를 추적관찰해 개입 방법이 효과가 있는지 확인해볼 수 있다는 사실이다. 가장 쉬운 방법은 가슴에 두르는 끈으로 된 심장 모니터를 구입해 그 데이터를 분석해줄 무료 앱을 다운로드하는 것이다. 새로 들인 심장박동 변이도 모니터를 처음 켰을 때, 나는 내가 20대의 건강한 몸을 가지고 있다는 결과를 기대했다. 하지만 현실은 장밋빛과는 거리가 있었다. 나는 정확히 20분 동안 가만히 앉아 있었고, 그런 다음 내가 딱 내 나이의…… 몸을 가지고 있다는 사실을 알게 됐다. 뭐, 어쩔 수 없다. 연구에 따르면, 다행히도 요가를 한다거나 하는 생활 방식의 변화가 심장박동 변이도를 빠르게 개선할 수 있다.[23] 8주만 해도 달라지는 걸 볼 수 있다. 여기에 대해서는 10장에서 좀 더 이야기한다.

우리 몸 깊숙이까지 뻗쳐 있는 미주신경은 뇌에서 심장과 척추로 메시지를 보내는 일을 한다. 게다가 우리의 중앙 컴퓨터, 그리고 장 내에 살고 있는 몇 조 마리의 세균들 간의 정보를 잇는 고속도로 기능을 한다. 이 작은 세균들이 어떻게 우리 마음과 몸을 연결할 수 있는지 좀 더 알아보려고 나는 영국 옥스퍼드셔로 쥐를 잡으러 갔다.

걱정과 불안이 장에 미치는 영향

6월의 어느 화창한 날 아침 7시 30분, 나는 목제 대문을 지나 와이텀그레이트우드로 들어섰다. 이 삼림 지역은 옥스퍼드 대학에서 겨우 11킬로미터 거리에 있었다. 혼자 울창한 숲을 30분 걸은 후(걷는 동안 점점 더 불안해졌다), 마침내 스위스풍 오두막에 다다랐다. 잘 몰랐으면 그게 버려진 오두막이라 여겼을 터이다. 그곳은 잡초로 뒤덮이고 버려진 동물 우리 더미로 둘러싸여 있었다. 나는 조심조심 안으로 들어갔다. 거기, 소독약 냄새가 나는 작은 방에, 오러 롤로Aura Raulo가 금속 용기에서 쥐똥을 쓸어내고 있었다. 이 젊은 연구자는 나를 알아보고서 빙그레 웃고는 라텍스 장갑을 벗고 악수를 청했다.

롤로는 사회성이 장내 미생물군에 어떤 영향을 미치는지, 또 거꾸로 장내 미생물군이 사회성에 어떤 영향을 미치는지 연구한다. 나는 몇 주 전 롤로의 연구에 대해 듣기 위해 그에게 연락했다. 그때 롤로가 와이텀그레이트우드에 있는 자신의 연구팀에 와보지 않겠냐고 제안했다. 그들은 그곳에서 야생 영국 북숲쥐wood mouse(학명 Apodemus sylvaticus)를 잡아 행동 실험을 하고 쥐똥을 분석하고 있었다.

내가 도착한 그날 이른 아침에, 직사각형 모양의 금속 덫이 오두막 주변의 숲에 설치됐다. 꼼꼼히 번호를 매긴 각 덫에는 쥐라면 참기 힘들 땅콩이 들어 있었다. "어떤 쥐들은 땅콩을 무척 좋아해 몇 번이고 덫에 잡혀요." 롤로가 말했다. 롤로는 내게 주변을 보여주며 가시가 있는 덤불과 쐐기풀을 조심스레 넘으면서 작은 노란색 깃발들을 가리켰다. 쥐 굴을 표시한 것이었다. 굴 옆에, 동작 감지기를 갖춘 무선 자동 기록기가 준비돼 있어 체온을 가진 무언가가 지나갈 때마다 작동한다. 이 장비는 또 각 쥐가 매달고 있는 작은 꼬리표를 읽어 들인다. "이런 식으로 어떤 쥐가 들고나는지 알 수 있어요." 롤로가 말했다. 그러고는 웃음을 터트리며 덧붙였다. "이 쥐들은 영국에서 가장 엄격한 감시를 받고 있는 거죠."

오두막의 좁은 실험실로 돌아와, 롤로는 931번 덫을 열어 장갑 낀 손 위에 쥐를 풀어놓았다. 롤로는 쥐의 크기와 무게를 재고는 털 표본을 채취해 코르티솔 수치를 확인하고 쥐가 용기 안 탈지면에 싸놓은 똥을 모았다. 이 똥에 든 미생물을 분석할 터였다. 그 후 931번 쥐는 다음 방에 있는 '성격 분석실'로 보내졌다.

비어 있는 우리 속에 쥐를 넣어두고 숨긴 카메라로 쥐의 움직임을 추적했다. 쥐는 5분 동안 주춤거리며 이리저리 돌아다니면서 구석구석에 코를 대고 킁킁거렸다. 새로운 환경에 놓일 때 보여주는 행동 방식을 통해, 그 쥐의 성격에 대해 많은 걸 알 수 있다고 롤로는 말했다. 용감하고 외향적인 쥐는 침착하게 모든 걸 살펴본다. 불안한 쥐는 쳇바퀴 돌듯 뱅글뱅글 돈다. 그리고 어떤 쥐는 몹시 두려워하며 한곳에서 꼼짝도 하지 않는다. 이런 행동 데이터를 쥐똥에서 수집한 장내 미생물군과 비교하는 일을 반복하면 장내에 살고 있는 세균과 그 설치류 성격의 연관성을 대강 알 수 있다.

롤로는 또 사회 관계망이 장내 미생물군에 어떤 영향을 미치는지 연구하고 있다. 이것이 롤로가 중점을 두고 있는 관심 주제이다. 롤로는 굴 밖 기록 장치에서 얻은 데이터를 분석해 누가 누구와 어울리는지 살펴본 다음 똥에 든 미생물군 통계와 대조한다. 롤로는 쥐가 친구들과 세균을 공유할뿐더러 교우 관계가 다양할수록 장내 미생물군 또한 다양하다는 사실을 이미 알아냈다. 장내 미생물군이 다양하다는 건 장이 건강함을 나타내는 지표이다.

롤로는 인간도 비슷한 양상을 보일 거라 생각한다. "친구가 두 명뿐이라고 생각해보자고요. 하나는 유명한 디스코의 여왕이고 다른 하나는 유명한 헤비메탈 가수라고 해요. 두 사람은 매우 뚜렷이 구별되는 사회 관계망에 해당하기 때문에 아주 다른 장내 미생물군을 가지고 있어요. 당신이 두 사람의 연결고리라면 둘의 것이 결합된 풍부한 세균을 갖게 되죠. 다른 나라에 친척을 둔 다문화 가정 출신이라도 비슷한 일이 일어날 거예요." 롤로가 말했다. 인간에 관한 일부 초기 연구는 롤로의 쥐들과 마찬가지로 인간 사이에도 우호적인 세균을 옮길 수 있다는 사실을 확인시켜준다. 그 가운데 한 연구는 롤러더비* 선수들이 시합하는 동안 상대 팀과 세균을 교환한다는 사실을 보여주었다.[24] 한편 가족 구성원은 서로 세균을 공유하고 심지어 반려견도 그렇다.[25]

다른 실험은 장내 미생물군의 변화가 성격에 영향을 미칠 수 있다고 말해준다. 유익한 장내 세균이 없는 쥐를 키운다면, 이 설치류는 혼자 있길 좋아해 무리로부터 멀찍이 떨어져 있으려고 할 터이다.[26] 그런데 만약 이 쥐의 장에 미생물을 이식하면 그 성격이 바뀌어 사회성 있는 성격이 될 터이다.[27] 그렇다면 어떻게 세균이 없는 쥐를 키우게 될까? 제왕절개로 태어나 어미한테서 유익한 미생물을 받지 못하고 살균한 구역에서 살면서 정제한 물과 사료를 먹으면 된다.

---

* 롤러스케이트를 사용하는 프로경기.

세균이 없는 설치류는 시상하부-뇌하수체-부신 축이 과잉 반응을 보이고 스트레스 회복력이 떨어진다고 알려졌다.[28]

인간에 관한 연구는 다시 한번 비슷한 방향을 가리켜 보인다. 예를 들어, 유아기에 동물의 배설물과 접촉을 많이 한 필리핀제도의 20대 젊은이들은 어른이 돼서 스트레스를 더 잘 견딘다고 밝혀졌다.[29] '동물 배설물과의 접촉'이 기분을 북돋는 개입 방법으로 그다지 매력 있게 다가오지 않는다면, 좋은 뉴스는 프로바이오틱스(활생균)가 또한 효과가 있다는 사실이다. 미국인 자원자들이 프로바이오틱스가 풍부한 발효 우유를 약 한 달 동안 마시자 이들의 뇌 활동 양상이 달라졌다.[30] 이는 이들의 감정 처리 과정이 변화했다는 뜻이다. 예를 들어 두려움이나 불안을 유발하는 상황에 대한 과잉 반응이 줄어들게 만드는 방향으로 말이다. 비슷한 실험에 따르면, 케피어*나 미소시루에서 볼 수 있는 세균인 비피도박테리움 롱굼Bifidobacterium longum을 섭취할 경우 코르티솔의 분비를 줄이고 스트레스를 약화시킬 수 있다.[31]

미소시루가 효험이 없다면, 언제나 대변 이식이 있다(다시 똥 이야기를 해서 유감이다). 특히 흥미로운 사실을 드러내 보여주는 한 연구에서 과학자들은 우울증 환자의 대변을 채취해 어느 운 나쁜 쥐들에게 이식했다.[32] 이 설치류들은 즉각 우울해져 즐거워하던 것들에 흥

---

* 카프카스의 산악 지대 사람들이 마시는 소젖이나 염소젖, 양젖으로 만드는 알코올 발효유.

미를 잃어버렸다. 대변 이식은 동일한 종 안에서 이뤄지면 훨씬 더 두드러진 결과를 가져온다. 불안한 쥐한테서 대변을 채취해 다른 쥐에게 이식하면 이 쥐 역시 불안해진다.[33] 탐구심이 많은 설치류의 똥을 가지고 해도 똑같은 일이 일어난다. 이 똥을 이식받은 다른 설치류 역시 탐구심과 호기심이 많아지게 바꿔놓을 수 있다. 여기서 나는 의문이 들었다. 우울한 친구와 껴안고 피부 접촉을 하며 미생물을 주고받으면 나도 우울해질까? 유난히 어둡거나 불쾌한 성격을 가진 사람들과의 접촉을 피해야 할까? 좀 극단적으로 들릴지 모르지만, 미안해도 안전한 게 낫지 않을까? 친애하는 과학자들이여, 연구를 해주시길.

장내 세균이 우리의 기분에 영향을 미칠 수 있는 것과 마찬가지로, 걱정과 불안이 우리의 장내 미생물군에 악영향을 미칠 수도 있다. 실험 대상 동물이 스트레스를 받으면 이에 반응해 이들의 똥 속 미생물의 구성이 나빠진다.[34] 이것은 내가 딸의 콧물이 심각한 병으로 발전하지 않을까 걱정하거나 마감일에 스트레스를 받거나 기후 변화로 우리 모두가 곧 몰살당하리라는 공포심에 빠질 때마다, 나의 유익한 장내 미생물을 해치는 반면 해로운 미생물에는 활력을 불어넣어준다는 뜻이다. 그 이유는 스트레스 호르몬이 장의 생리작용에 간섭해 세균의 서식지를 유익한 세균에게 비우호적으로 바꿔놓기 때문이다.

그렇다면 뇌는 어떻게 장과 상호작용하는 걸까? 이런 상호작용의 한 가지 경로는 미주신경이다. 또 다른 경로는 세로토닌과 도파민 같은 신경전달물질이다. 신경전달물질은 뇌에 의해 생성되기도 하지만 장내 미생물군에 의해 합성될 수도 있다. 우리가 완전히 살균된 환경에 살아서 세균이 없는 실험실 쥐처럼 장내 세균이 없다면, 우리 뇌 속 세로토닌 체계가 적절히 발달하지 않아 우리의 감정을 아수라장으로 만들 터이다. 장내 세균은 이들이 만들어내는 짧은사슬지방산 같은 대사물질을 통해 우리의 뇌에 작용할 수도 있다. 불쾌한 부티르산(썩은 버터에서 시큼털털한 악취가 나는 원인이다)의 사촌인 짧은사슬지방산, 즉 부티르산염이 새로운 뇌 신경세포의 성장과 노화한 신경세포의 생존에 도움이 될 수 있다. 더욱이 장내 미생물이 면역 체계를 바꾸고 시상하부-뇌하수체-부신 축을 조절할 수도 있다.

유익한 장내 미생물은 중추신경계와 상호작용하고 우리의 기분과 행동에 영향을 미치는 일 외에, 신체 건강에도 매우 중요하다. 망가진 장내 미생물군은 당뇨병, 다발성경화증, 류머티즘성 관절염, 알레르기를 포함한 많은 질병의 원인이 된다. 반면 젊은 기증자의 대변을 이식하면 적어도 어류에서는 수명을 연장할 수 있다.

독일 막스플랑크노화생물학연구소 연구자들은 중년기의 청록색송사리turquoise killifish로 하여금 젊은 청록색송사리의 똥을 조금씩 먹게 했다.[35] 그러자 이 색다른 먹이를 먹지 않은 개체들보다 37퍼센트 더 오래 살았다. 이를 인간의 관점에서 보면, 현재 78세인 미국인 평균수명을 107세까지 늘릴 수 있다는 말이다. 대변 이식은 이미 인간의 당뇨병과 비만을 치료하는 데 이용되고 있다. 현재로서는, 인간의 수명 연장을 위해 이 치료법을 실험하고 있는 사람은 아무도 없어 보이지만 말이다.

물론 누군가가 이 실험에 참여한다는 가정 아래, 젊은 기증자한테서 나온 똥 보충제를 오래 살고 싶어 하는 사람들에게 권장하기는 아직 시기상조이다(나라면 이 실험에 참여하지 않을 것 같다). 게다가 어쩌면 그럴 필요가 없을지 모른다. 기적의 치료를 받고 있다고 생각하는 것만으로도 충분할 수 있다. 심신 상관성에 관한 한, 가짜약 효과가 정말로 기적을 낳을 수 있다.

가짜약의 효능

라이트 씨는 암에 걸렸다.[36] 난치 암이 온몸에 퍼졌다. 산소호흡기 없이는 숨을 쉴 수도 없었다. 라이트 씨는 정말로 살고 싶어 담당 의사에게 크레바이오젠이라는 새로운 시약을 써달라고 요청했다. 하지만 담당 의사는 크레바이오젠이 소용없다는 사실을 알았다. 그래서 어떻게 되는지 보고 싶은 호기심에서, 라이트 씨 모르게 대신 물 주사를 놔줬다. 놀랍게도, 라이트 씨의 상태는 극적으로 호전돼 며칠 만에 증상이 사라졌고 퇴원했다. 두 달 후 어느 날 미국의학협회가 크레바이오젠이 암 치료에 효과가 없다는 성명을 발표할 때까지 라이트 씨의 건강은 계속 좋았다. 이 울적한 소식을 듣고 나자 라이트 씨의 건강은 급격히 나빠졌다. 그는 다시 입원했고 이틀 후 사망했다.

의학에서 가짜약의 이용은 거의 인류만큼이나 오래됐다. 고대 이집트에서 병자는 악어 똥과 돼지 이빨로 만든 혼합제제로 치료를 받았다. 중세 유럽에서는 아프면 '유니콘의 뿔'을 갈아 만든 가루약을 받았을지 모른다. 이 '유니콘의 뿔'은 사실 상아이거나 아마도 '뱀에 물린 사슴의 눈에서 흘러내린 눈물 결정'(대개는 담석이었다) 같은 것이었다. 요즘에는 대부분 유니콘 약에 속지 않겠지만 많은 사람들이 동종요법의 약에 기꺼이 돈을 쓰는데, 이 역시 가짜약이다.

내 말은 이런 것들이 효과가 없다는 뜻이 아니다. 가짜약이 실제로 상당히 효과가 있다. 가짜약은 파킨슨병, 우울증, 만성 통증, 구토처럼 다양한 질환에 도움이 된다. 가짜 무릎 관절경 수술도 실제 수술만큼이나 효과가 좋다. 게다가 우리가 가짜약을 복용하고 있다는 사실을 알더라도 그 효과가 있다. 한 연구에서 피로에 시달리던 암 생존자는 가짜약이라고 분명히 표시된 약을 복용하고도 표준 치료제만큼이나 증상이 완화됐다.[37]

가짜약이 효과를 보는 한 가지 이유는 기대감 때문이다. 그게 가짜약임을 알아도 그렇다. 회복에 도움이 되리라 약속하는 가짜약을 마주할 때, 우리는 어떤 면에서 벨 소리만 듣고도 침을 흘리는 파블로프의 개처럼 행동한다. 우리의 중추신경계는 장비가 잘 갖춰진 진료실과 흰 가운을 입은 의사를 보고 병원 특유의 소독약 냄새를 맡으면서, 전에도 이런 상황이 있었고 그때 건강해졌다는 사실을 상기시켜 우리에게 조건반사를 일으킨다. 그래서 이번에도 낫게 한다.

이것이 의료화된 가짜약일수록 효과가 좋은 이유이다. 의사가 주는 약이 친구가 주는 약보다 효과가 더 좋다. 병원에서 받은 약이 집에서 받은 약보다 효과가 더 좋다. 가짜 주사는 가짜약보다 효과가 더 좋다. 그게 더 외과적이어서 더 진지하고 진짜 같아 보이기 때문이다.

하지만 가짜약이 효과가 있는 이유를 한 가지로 설명할 수 있는 건 아니다. 가짜약 효과가 한 가지만 있는 게 아니기 때문이다. "그건 많은 기제가 관련되는 복잡한 현상입니다." 유명한 가짜약 연구자인 파브리지오 베네데티Fabrizio Benedetti가 말했다. 가짜약 효과는 엔도카나비노이드와 도파민 같은 신경전달물질을 통하거나 시상하부-뇌하수체-부신 축을 통해 작용할 수 있다. 가짜약을 복용한 사람들을 기능적 자기공명영상(fMRI) 장치로 진단해, 뇌 편도체의 활성 양상을 보면 가짜 치료의 효과를 확인할 수 있다.[38]

가짜약에 관한 한, 한 가지 기제가 특히 두드러진다. 오피오이드계opioid system 얘기다. 오피오이드는 헤로인, 모르핀과 비슷한 물질로, 우리 몸은 고통을 처리하기 위해 이를 많이 만들어낸다. 우리가 엄청난 스트레스를 받고 있을 때 고통을 느끼지 않을 수 있는 이유가 오피오이드이다. 이것은 진화의 관점에서 이해가 된다. 우리 조상들이 야생동물과 싸우는 동안에는, 이를테면 팔다리에 입은 상처와 그로 인한 불쾌한 감각에 집착하지 않는 게 좋다. 오늘날 우리가 통증을 덜어주리라 믿는 가짜약을 복용하면 이 천연 진통제의 생성을 자극한다. 마음과 몸이 함께 작용해 우리가 낫도록 돕는다.

스트레스가 오작동하면 내 몸에 생기는 일

우리의 기분, 생각, 사회적 행동이 건강과 수명에 영향을 미칠 수 있다. 그것은 마법이 아니다. 심신 상관성은 매우 오래된 것으로, 우리 조상들이 위협에 맞닥뜨렸을 때 목숨을 지키기 위해 싸우거나 도망치도록 도왔던 기제에 근거한다. 우리의 시상하부-뇌하수체-부신 축, 교감신경부신수질 경로, 미주신경, 면역 체계, 몇 조 마리의 장내 미생물, 이 모두가 우리의 생명을 지키기 위해 뇌에서 오는 메시지에 반응한다. 두려움에서 분노와 행복감까지 우리의 감정은 이들 체계에 우리의 몸과 환경의 상황에 대한 정보를 알려 행동하도록 돕는다. 스트레스 반응이 시작되면, 우리 몸에서 호르몬이 폭포처럼 쏟아져 근육, 심장, 폐, 소화계가 작동하는 방식을 바꿔놓는다. 위협이 지나가고 나면 긴장을 완화하는 반응이 시작된다. 미주신경이 임무를 수행해 우리는 차분하고 평온해진다.

하지만 요즘에는 저 아주 오래된 스트레스 반응이 흔히 오작동을 일으킨다. 우리는 외로워서, 부족에서 따로 떨어진 우리 조상에게 일어났을 염증 반응의 스위치를 켤 수도 있다. 우리는 문제의 포화 속에 끊임없이 압박을 받으며 정신없이 빠르게 살고 있다. 시상하부-뇌하수체-부신 축은 조절하기 힘들어지고 미주신경은 긴장 완화 반응을 시작할 가망이 없다. 스트레스 반응 체계의 스위치가 계속 켜진 채 그 과정의 다양한 기관을 손상시켜, 결국 항시 혈압이 높거나 동맥이 막히거나 인슐린 저항성이 생긴다. 시간이 지남에 따라 이것은 당뇨병, 심장병, 또는 수명 단축으로 이어질 수 있다.

미주신경의 상태를 보려면 심장박동 변이도를 추적관찰하면 된다. 장내 미생물군을 채취해 그 상태를 점검해볼 수 있다. 이런 서비스에 대한 정보는 이 책과 관련해 개설한 웹사이트(www.growingyoungthebook.com)에서 찾아볼 수 있다. 하지만 아마도 우리의 스트레스 반응과 완화 반응이 제대로 작동하는지는 장에서 알 수 있다. 다행히 과학이 시상하부-뇌하수체-부신 축의 기능에서 장내 미생물군의 질까지, 우리 마음과 몸의 연결 상태를 개선하기 위한 다양한 접근법과 기법을 밝혀내고 있다. 케피어를 마시고 미소시루를 먹는 게 분명 해될 건 없다. 하지만 마음가짐과 사회에서 살아가는 방식을 변화시키는 게 훨씬 더 중요하다. 친밀한 관계를 쌓고(연구에 따르면 이는 사망률을 약 45퍼센트까지 낮춘다) 공감하고 친절하려 애쓰며(44퍼센트) 마음챙김mindfulness*과 자원봉사(22퍼센트)를 하라.

이 모두가 이 장에서 말한 기제를 통해 우리의 건강을 개선하고 수명을 늘려준다. 하지만 이뿐이 아니다. 우리는 눈앞에 닥친 위협에 대처하기 위해 스트레스 반응을 진화시켰듯이, 또한 서로 의지해 돕는 사회적 동물로 진화했다. 옥시토신, 세로토닌, 바소프레신 같은 이른바 사회성 호르몬 칵테일이 또한 우리의 마음과 몸을 연결하며 정신과 신체의 안녕에 매우 중요한 역할을 하는 건 이런 이유에

---

* 불교의 수행 전통에서 유래한 마음 수행법이자 명상법으로, 현재 순간을 있는 그대로 수용적인 태도로 자각하는 것을 말한다.

서이다. 이것이 예를 들어 다른 사람의 손을 잡고 그 눈을 보는 게 왜 우리의 건강에 좋은지 설명해줄 수 있다.

건 강 하 게
나이 드는 습관

시상하부-뇌하수체-부신 축이 만성 활성화되지 않도록 잘 신경
쓰자. 교통난은 우리를 잡아먹으려 드는 사자가 아니다. 심장박
동 변이도(HRV)를 측정해보자. 이를 통해 미주신경과 스트레스
완화 반응이 제대로 작동하고 있는지 알 수 있다. 우울증이 있는
데 치료제가 효과를 보이지 않으면 의사에게 항염증제를 요청
하라. 우리의 면역 체계와 뇌는 복잡하게 연결돼 있기 때문이다.
장내 미생물군에 신경 쓰자. 항생제나 항균성 청소 용품을 너무
많이 쓰지 말고, 미소시루나 케피어 같은 발효 식품을 많이 먹으
며, 자연에서 옷을 더럽히며 시간을 보내자. 다양한 친구를 사귀
자. 쾌활하고 느긋한 친구들을 많이 껴안자. 그러면 미생물을 주
고받게 되면서, 그 친구들의 태도가 우리에게도 옮아온다. 가짜
약 효과를 잘 이용하자. 그 치료제가 가짜임을 알더라도 효과가
있다.

3

오래 사는 사람들의 호르몬

손에 쥔 옥시루브* 병은 코에 뿌리는 다른 여느 제품과 비슷했다. 어쩌면 심한 감기에 사용하는 소염제 같은 느낌이었다. 하지만 오늘 나는 답답한 코를 처치하려는 게 아니었다. 부족한 나의 사회성을 고치려는 것이었다.

나는 병뚜껑을 열고 분사구를 왼쪽 콧구멍으로 가져갔다. 분사 뒤 숨을 들이쉰 다음 다른 쪽 콧구멍에도 이 과정을 반복했다. 그러고 나면 이제 시작이었다. 몇 분 안에 나는 지구상 전 인류에 대한 저항하기 힘든 사랑을 느끼거나 아니면 코피를 흘리게 될 터였다.

제조사 웹사이트에 따르면, 옥시루브는 '사람들 사이에 신뢰감을 불러일으키'고 '사회적 두려움, 불안, 스트레스'를 덜어준다고 한다.[1]

---

* 코에 뿌리는 옥시토신 제품의 하나.

옥시루브를 한 번 분사할 때마다 대중매체가 '사랑' 호르몬 또는 '껴 안기' 호르몬이라는 별명을 붙인 옥시토신 10IU(International Unit)* 가 내 뇌에 전달됐다. 많은 과학 연구가 보여주듯, 옥시토신은 사람 을 더 사회성 있고 친화성 있게 만들어준다.

옥시루브를 분사하고 15분 후, 나는 평온한 기분이 들기 시작했 다. 마치 누군가가 나를 고요의 장막으로 둘러싼 듯했다. 나는 탁자 건너편에 앉은 남편을 보면서 미소를 지었다. 세상만사가 다 좋았 다. 약간의 옥시토신이 편도체와 앞쪽 대상피질에 도달하면서, 오늘 나의 공감 능력은 더 좋아질 것이다. 어쩌면 남편에게 더 친절해지 고, 또 어쩌면 새로운 친구를 사귀거나 오랜 친구들과 더 돈독해질 터이다. 그 결과 내 수명이 늘어날 터이다.

옥시토신은 단백질과 비슷한 분자로, 신경세포는 옥시토신을 이 용해 서로 소통한다. 뇌 바깥에서는 호르몬으로도 작용해 우리 몸의 다양한 많은 과정을 조절한다. 옥시토신은 최초의 동물이 육지에 발 을 내디디기 훨씬 전인 약 7억 년 전에 진화했다. 옥시토신과 가까운 친척들은 동물의 세계에 널리 퍼져 번식과 사회성을 도왔다. 또 다 람쥐이건 인간이건 젖을 분비하는 포유류의 젖 내림을 유도한다. 벌 레의 장 수축과 인간의 출산 시 자궁 수축을 일으킨다. 거머리의 꿈

---

* 미량이어서 중량을 잴 수 없는 비타민 등의 물질 양을 그것이 생체에 미치는 효력으로 나타내는 국제단위.

틀거림을 돕는다. 수컷 시클리드cichlid*를 좋은 아버지로 만든다.[2] 게다가 개가 충직하게 주인의 눈을 바라보고 있을 때도 옥시토신이 작용한다.

이런 연관성이 겉으로만 그럴싸한 게 아니다. 옥시토신이 바소프레신, 엔도르핀, 도파민, 세로토닌 같은 다른 호르몬과 더불어 우리의 사회적 삶과 건강에 중요한 역할을 하면서 이 둘을 함께 연관짓는 데는 타당한 생물학상의 이유가 있다. 이웃에게 베푸는 친절이나 행복한 결혼 생활이 수명을 늘리는 이유는 이런 이른바 사회성 신경펩티드 때문이다. 사회성과 생리 사이의 신경화학적 연결은 우리 인간에게 매우 중요하다. 어떤 연구자들은 우리를 인간이게 하는 것은 사실상 사회성 호르몬이라고 주장하기도 한다. '사람과hominid**의 기원에 관한 신경화학적 가설'이라는 이론에 따르면,[3] 뇌 속 도파민과 세로토닌의 양이 많아지는 쪽으로 선택이 이뤄지면서 우리는 공격성이 덜해지고 협력성이 더해졌다. 그리고 진화의 역사에 걸쳐, 우리는 더 친절하고 평화로우며 친화성을 갖게 되는 동시에 공막***은 흰색, 입술은 분홍색이 됐으며 뇌는 줄어들었다.

---

* 아메리카, 아프리카, 아시아의 열대기후지역에 서식하는 담수어로 종류에 따라 식용도 가능하며 크기가 작은 종류는 관상용으로 인기가 높다.
** 사람, 고릴라, 침팬지, 오랑우탄 등의 대형 유인원을 포함하는 영장류의 한 과.
*** 안구의 대부분을 싸고 있는 막으로 현재 눈의 흰자위에 해당하는 부분.

길들인 몸과 사회화한 마음

유튜브 동영상에서 두 마리 귀여운 반려동물 보리스와 소피가 묘기를 부린다. 시키는 대로 앉고 누운 다음 앞발로 악수를 하고 회전하고는 대가로 간식을 받아먹는다. 털이 복슬복슬한 멋진 꼬리와 별나게 고음으로 짖어대는 소리가 아니라면 딱 개로 오해받기 십상이다. 하지만 사실 보리스와 소피는 여우이다. 정확히 말하자면 길들여진 시베리아산 은색여우.

1959년 러시아 유전학자 드미트리 벨라예프Dmitry Belyaev는 새로운 연구를 시작했다. 야생 은색여우를 사육해 인간에 대한 공격성이나 두려움이 없는 개체를 선택했다. 몇 년 후, 다시 말해 은색여우의 세대가 대략 8~10번 바뀌고 나자 이상한 일이 벌어졌다. 일부 여우가 행동이나 외모 면에서 개를 닮아가기 시작했다. 벨라예프가 죽은 후에도 현재 이 연구는 계속되고 있다. 시베리아의 실험실에서 사육된 은색여우는 대부분 길들여져 인간에게 친화성을 보일뿐더러 야생의 조상과는 상당히 다른 모습이다.

이들은 늘어진 귀, 뭉툭한 주둥이, 그리고 흔히 이마에 흰 점을 가지고 있다. 하지만 여기에 문제가 하나 있다. 이들의 외모는 예기치 못한 부작용이기 때문이다. 아무리 귀엽다고는 해도, 귀가 축 늘어지거나 이마에 점이 있는 은색여우를 벨라예프가 선택한 건 아니었다. 벨라예프는 성격만 보고서 선택했다. 한데도 외모에 이런 변화가 일어났다. 과학자들은 이를 가축화증후군domestication syndrome이라 부르게 됐다. 개, 말, 원숭이, 토끼같이 사육된 다른 종의 동물을 보면 축 늘어진 귀, 뭉툭한 주둥이, 작은 턱, 이마의 별 모양 점, 그리고 야생 조상보다 더 작은 뇌를 가졌음을 알 수 있다. 이는 인간에게도 적용된다.

하버드 대학 영장류 동물학자 리처드 랭엄Richard Wrangham은 우리 조상이 진화를 거치며 스스로를 길들였다고 생각한다. 그 결과 한편으로는 온화한 성격과 친사회적 행동 방식을, 다른 한편으로는 작은 뇌, 작은 턱, 분홍색 입술, 흰색 공막, 반반한 얼굴을 갖게 됐다. 귀가 축 늘어지지는 않았다. 그랬다면 우리가 어떤 모습일지 궁금하기는 하지만.

그렇다. 잘못 읽은 게 아니다. 뇌가 더 작아졌다. 우리가 진화하는 대부분 기간 우리의 뇌가 커진 건 사실이다. 하지만 거의 3만 년 전 홍적세 후기 이래 우리 뇌는 사실 대략 10퍼센트 정도 줄어들었다.[4] 이는 반응성 공격성*이 덜한 성격, 말하자면 좀 더 온화한 성격을 선택하면서 따라온 부작용일지 모른다.

과학자들은 이런 부작용이 생겨난 것은, 다시 말해 뇌가 작아지거나 이마에 흰 점이 생긴 것은 신경능선neural crest 때문이라 생각한다.[5] 신경능선은 포유류, 조류, 어류 등 척추동물의 배아에서 발견되는 한 무리의 줄기세포이다. 이것은 배아가 발달하면서 몸 곳곳으로 이동해 뼈, 연골, 그리고 색소 생성 세포의 한 종류인 멜라닌세포를 포

---

* 목표 대상이 있는 주도성 공격성과 달리 위협, 도발, 불만이 유발하는 공격 행동을 말한다.

함해 다양한 세포와 조직을 만들어낸다. 동시에 신경능선 세포는 신경펩티드 수치에도 영향을 미친다. 진화의 역사에서, 온화한 성격의 선택은 높은 수치의 옥시토신과 세로토닌의 선택을 의미했다. 이것은 차례로 신경능선 세포와 이들이 몸 안에서 이동할 수 있는 거리에 영향을 미쳤다. 예를 들어, 신경능선 세포가 동물의 정수리에 도달하지 못하면 그곳에 멜라닌세포가 발달하지 못하고 그 결과 색소탈실depigmentation이 일어난다. 사육된 동물의 이마와 꼬리 끝에 흰색 부분이 생기는 건 이런 이유에서이다. 인간이 분홍색 입술을 갖게 된 것도 이 때문인데, 보노보원숭이도 마찬가지이다.

얼핏 보기에, 보노보는 침팬지와 매우 닮아 보인다. 이 둘은 모두 침팬지속에 속하며, 따라서 우리의 가장 가까운 사촌이기도 하다. 하지만 이 유인원들 사이에는 아주 중요한 차이점이 있다. 우리가 보노보 무리에 끼는 것은 아무 탈이 없을지 모르지만, 침팬지의 영역에 감히 들어가는 건 위험한 일이다. 보노보는 사근사근하고 친화성이 있지만, 침팬지는 만만히 봐서는 안 된다. 침팬지들은 서로 죽이고, 유아 살해를 저지르며, 어미를 공격하기도 한다. 하지만 보노보는 그러지 않는다. 보노보가 다른 보노보를 살해하는 경우를 본 사람은 아무도 없다.

랭엄은 보노보가 인간과 마찬가지로 스스로를 길들인 게 아닐까 생각한다. 보노보를 자세히 살펴보면 침팬지와 다소 달라 보이는 것도 이런 이유에서이다. 보노보는 가축의 작은 턱, 좀 더 여성스러워 보이는 두개골(더 둥글고 눈 위 뼈가 융기한 부분이 덜 도드라진다), 흰

손바닥, 분홍색 입술을 가지고 있다. 게다가 보노보의 뇌 속 사회성 신경펩티드 가운데 하나인 세로토닌의 수치는 두 배이다.[6] 세로토닌의 증가는 길들여진 시베리아 여우의 뇌에서도 관찰된다.

인간이 보노보처럼 스스로를 길들였을 때는 분명 우리 인간이 친화성을 갖도록 선택하는 러시아 유전학자가 없었다. 우리는 그 모두를 스스로 했다. 보노보의 경우에는, 침팬지에 비해 더 풍요하고 예측 가능한 환경에 살았기 때문에 암컷이 공격성이 강한 수컷을 거부할 수 있었다. 하지만 우리 조상이 관용과 온순한 성격을 스스로 선택하는 데 도움이 된 것은 암컷의 동원 가능성이 아니라 언어였다고 랭엄은 주장한다.[7]

그런데 집단학살과 전쟁을 일으키는 인간이 특별히 유순해 보이지는 않는다고 지적하고 싶을지 모른다. 랭엄은 이에 대한 답도 갖고 있다. 이 모두는 주도성 공격성과 반응성 공격성의 차이로 압축된다. 반응성 공격성은 침팬지 사이에 흔한 유형이다. 누군가가 화나게 만들면 말 그대로 가끔 상대의 머리를 물어뜯는다. 반면 의도적이고 계획적인 주도성 공격성은 다른 나라에 핵폭탄을 떨어뜨리는 일로 이어질 수도 있다. 이 주도성 공격성을 통제하는 건 뇌 속의 또 다른 신경 경로이다.

진화 과정에서 우리의 선택은 이렇게 진행됐을 법하다. 부족 가운데 공격적이면서 신뢰할 수 없는 불량배가 있다고 생각해보자. 다른 남성들이 모여 그를 제거할 계획을 세운다. 때와 장소를 택한다. "늙은 바오밥나무 옆에서? 정오에?" 그리고 아마도 창 한두 개를 써서 불량배를 제거한다. 일부 부족들 사이에서, 이런 극형은 실제로 흔하다. 예를 들어, 파푸아뉴기니의 에토로족은 이런 식으로 남성의 약 9퍼센트를 제거해서 무의식중에 불량배 유전자를 없애 옥시토신과 세로토닌의 수치를 낮춘다.

진화의 역사에서 친화성 있는 사람족hominin(사람속과 침팬지속 및 그 조상을 포함하는 족)을 선택했다는 건 몸속에 순환하는 사회성 호르몬의 수치가 높은 이들을 선택했다는 뜻이다.[8] 우리의 계통이 네안데르탈인으로부터 갈라져나온 후, 더 많은 옥시토신에 대한 이런 요구와 함께 신경능선 관련 색소탈실로 인해 우리 눈 모양이 변화해 동물의 왕국에서 매우 특이해진 것 같다. 일반적인 야생 포유동물, 이를테면 사슴이나 얼룩말을 생각해보라. 이들의 눈은 전부 작은 석탄 조각 같은 검은자위로 돼 있다. 홍채 주변에 흰자위가 있는 인간의 눈은 분명 이채롭다. 수십 종의 영장류 중 인간만이 흰자위를 가지고 있다. 2015년 고릴라 나디아의 사진이 인터넷에서 유명세를 탄 것도 이 때문이었다. 나디아는 대부분 고릴라와 달리 흰자위가 있어서 사람과 매우 비슷했다.

흰자위가 없으면 동물의 시선에서 많은 걸 읽어내기가 어렵다. 감정 면에서 그렇고, 그 동물이 무엇을 보고 있는지도 그렇다. 자기길들이기(자기가축화)로 촉발된 흰자위의 진화는 우리의 사회성에 훨씬 더 도움이 됐다. 이제 우리는 다른 사람들의 눈을 들여다보는 것만으로도 소통할 수 있었다.

오늘날, 스스로 길들인 우리의 몸과 사회화한 마음은 서로 연결돼 있다. 옥시토신, 세로토닌, 바소프레신 등의 사회성 호르몬이 우리의 건강과 행동 방식에 여전히 매우 중요한 역할을 한다. 하지만 과학자들은 한 가지 문제를 안고 있다. 우리가 서로 상호작용할 때 뇌에서 무슨 일이 일어나는지 연구하기란 쉽지 않은 일이다. 뇌를 정확히 갈라볼 수가 없다. 하지만 다행히도 연구자들이 대신 분석할 수 있는 아주 작은 동물종이 있다. 이 동물은 몇 가지 신경펩티드가 친사회성 행동 방식과 건강에 어떻게 작용하는지 들여다보게 해준다. 이 동물은 바로 초원들쥐이다.

초원들쥐는 가장 귀여운 동물 가운데 하나이다. 햄스터와 생쥐를 섞어놓은 듯한 모습으로, 둥그스름하고 솜털에 싸여 있으며 반짝거리는 검은 눈과 작고 깜찍한 귀를 갖고 있다. 초원들쥐가 인간과 그다지 비슷해 보이지 않을지 모르지만, 실은 많은 면에서 닮았다. 초원들쥐가 알코올을 좋아한다는(대부분 동물과 달리 초원들쥐는 물보다 술을 택할 터이다) 점에서만 그런 게 아니다. 일부일처제, 사회성, 양육 방식도 비슷하다. 이 모두가 이들 뇌 속 옥시토신 회로의 연결 방식과 연관된다.

초원들쥐는 보통 북아메리카 중부 초원에 살지만, 적어도 신경과학 관점에서 가장 유명한 초원들쥐는 미국 애틀랜타주 에모리 대학에 있는 래리 영Larry Young의 실험실에 서식하고 있다. 하지만 이곳의 초원들쥐가 살고 있는 대팻밥이 가득 찬 투명한 플라스틱 용기는, 자연에서는 초원들쥐와 멀리 떨어진 곳에 사는 종인 북아메리카 산간 지역의 산악들쥐가 담긴 용기 옆에 놓여 있다.

영과 동료 연구자들은 20년 넘게 이 두 들쥐 종을 비교하고 있다. 이들의 연구는 옥시토신이 들쥐와 인간의 사랑, 양육, 우정에 어떤 역할을 하는지에 대한 이해를 크게 높여줬다. 일부일처제인 초원들쥐와 달리 산악들쥐는 훨씬 더 야성적으로 생활한다. 성관계에 관한 한 그렇다. 초원들쥐는 한 상대와 평생의 결합 관계를 이루는 반면, 산악들쥐는 가능한 한 많은 상대와 성관계를 갖는다. 초원들쥐 부모의 경우 수컷이 암컷과 마찬가지로 새끼를 핥아 털을 다듬어주고 함께 돌보는 반면, 산악들쥐 아빠는 엄마한테 새끼 돌보는 일을 맡겨둔다.[9]

연구자들은 가까운 친척 종이면서도 매우 다른 생활 방식을 보여주는 이 두 들쥐에 매료돼, 이런 상황에서 연구자들이 할 법한 일을 했다. 그 답을 찾으려 이 들쥐들의 뇌를 열어본 것이다. 그 결과, 일부일처제 들쥐에게는 문란한 사촌 들쥐와는 아주 다른 양상을 보이는 옥시토신과 바소프레신 수용체가 있다는 사실을 알아냈다.[10] 수용체는 신경펩티드가 활성화되도록 켜고 끌 수 있는 스위치와 비슷한 것이다. 다시 말해, 이 호르몬들의 회로가 완전히 달랐다.

인간과 비슷한 초원들쥐의 옥시토신 수용체는 중독에 관여하는 뇌 부위에 위치해 있다. 이 수용체를 차단하면, 이 작은 설치류는 평생 사랑에 빠지지도 않고 암수가 똑같이 헌신해 새끼를 돌보지도 않을 터이다. 한편 산악들쥐의 유전자를 조작해 옥시토신 수용체가 초원들쥐의 그것처럼 작동하게 하면 이들은 방종함을 버리고 일부일처제에 충실하게 된다. 연구를 위해 인간의 유전자를 조작한 다음 뇌를 해부하는 건 21세기 과학에서 절대로 해선 안 될 일이다. 대신 특정한 선천병을 통해 우리 뇌 속 옥시토신 회로의 연결 방식이 우리가 다른 사람과 맺는 관계에 영향을 미친다는 것을 알 수 있다.

옥시토신 회로가 연결되는 방식

버네사 코그셜이 새로 태어난 딸 에미에 대해 가장 먼저 알아차린 것은 아이가 함박웃음을 짓는다는 사실이었다. 두 사람이 아직 산부인과 병동에 있을 때도 에미는 입을 쩍 벌리고 활짝 웃곤 했다. 이것은 분명 갓 태어난 신생아에게는 일반적이지 않은 현상이었다. "그렇게 웃는 아기를 본 적이 없었어요." 코그셜이 말한다.

이제 여섯 살이 된 에미는 유난히 발랄하고 상냥한 아이이다. "에미는 누구에게나 다가가 말을 걸어요. '안녕하세요, 내 이름은 에미인데요, 이름이 뭐예요?'라고요. 그러곤 흔히 칭찬하는 말을 하죠. 식료품점에 가면 거기에 있는 아무 여자한테나 '아줌마 셔츠가 마음에 들어요. 아줌마한테 잘 어울리는 색이에요.'라고요." 코그셜이 말한다. 그 나이의 아이들은 낯선 어른을 마주하면 수다를 떨기보다 부모 뒤로 수줍게 숨어버린다. 버네사는 에미의 행동이 사람들을 당황하게 만든다고 털어놓는다. 사람들은 대개 놀라서 에미를 빤히 쳐다본다. 하지만 에미는 그 일을 잊어버리고 다음 사람한테 다가간다.

에미가 가진 질환은 때로 반자폐증anti-autism이라 불리는 윌리엄스 증후군Williams syndrome으로 알려져 있다. 이 질환은 약 27개 유전자의 결실이 원인으로, 그 결과 낯선 사람에게 끌리고 눈에 띄는 사람들을 모두 좋아하며 성격이 태평스럽다. 이 모든 게 좋아 보일지 모르지만, 이 질환에는 어두운 면도 있다. 심장병, 골밀도 저하, 당뇨병이 있고, 무엇보다도 다른 사람들을 너무 잘 믿는다.

윌리엄스증후군은 아주 희귀해서 1만 명당 대략 한 명이 이 질환을 앓는다. 하지만 우리의 사회적 뇌에 유전자가 미치는 영향을 유례없는 방식으로 들여다볼 수 있게 해준다. 에미 같은 사람들은 혈액 속 옥시토신과 바소프레신 수치가 특히 높다. 이것은 이른바 친사회성 유전자인 GTF2I과 관련이 있다.[11] 에미 같은 사람들이 유난히 친화성이 있으면서 다른 사람들을 잘 믿는 건 아마도 이런 이유에서이다.

또 과학자들은 자폐증이 뇌 속 옥시토신 회로와도 연관 있을 거라 생각한다. 옥시토신 수용체 유전자가 없는 쥐는 자폐증 환자와 같은 방식으로 행동하는 경향이 있다.[12] 가령, 이들은 반복 행동을 좋아한다. 또 어떤 실험은 자폐증을 가진 아이의 코에 옥시토신을 뿌려주면 이들의 사회성을 높일 수 있음을 보여준다.[13] 하지만 가족 중에 자폐증을 가진 사람이 있더라도 지금 당장 달려가 옥시루브를 사재기하지는 마라. 이런 치료에 관한 연구는 아직 초기 단계이다.

윌리엄스증후군이나 자폐증을 가진 사람들의 옥시토신 체계가 두드러지기는 하지만, 그 외 모든 사람의 옥시토신 유전자와 사회성이 똑같은 것 같지는 않다. 실제로, 옥시토신 유전자에는 많은 변이형이 존재하고, 이것이 모든 사람의 사회성 기질이 똑같지 않은 이유를 설명해줄 수 있다. 예를 들어 AA 유전자형을 가진 사람이 있을 수 있는데(이를 심혈관계 질환에 걸리는 특성과 관련된 성격 유형의 하나인 A 유형 성격과 혼동하면 안 된다), 이를 가지고 "난 AA 유형 성격이야"라는 식으로 말할 순 없고, 그냥 한 옥시토신 수용체 유전자의 AA 유전자형을 가질 뿐이다.

그런데 AA 유전자형이 특별히 좋은 건 아니다. rs53576이라는 옥시토신 수용체 유전자의 AA 변이형을 가진 사람들은 공감 능력이 떨어지고,[14] 다른 사람들의 표정에서 감정을 읽는 데 어려움을 겪으며, 다른 사람들로부터 친화성이 떨어진다는 말을 듣고, 만약 아이가 있다면 배우자와 갈등이 있을 경우 양육에 소홀해진다는 사실을 연구는 보여준다.[15] 반면 GG 유전자형을 가진 사람들은 보통 더 사회성이 있고 다른 사람들의 감정에 잘 공감한다. 우리가 가진 유전자형이 GG 유전자형일 가능성이 더 높다. AA 유형은 인구의 15퍼센트에 지나지 않기 때문이다.

이런 다양한 유전자형이 존재하는 건 진화의 관점에서 타당하다고 과학자들은 말한다. 우리 조상들에게는 수가 많은 게 안전했기 때문에, 진화는 다른 사람들과의 결속을 갈망하는 사람들을 선호했다. 이런 이유로 GG 유전자형이 살아남았을 수 있다. 한편 AA 유전자형을 가진 사람처럼 혼자라도 덜 당황하는 사람들, 다시 말해 멀리 모험에 나서 환경을 탐색할 수 있는 사람들도 무리에는 필요했다.

하지만 우리가 AA 유형이든 GG 유형이든 상관없이, 옥시토신 관련 유전자가 이야기의 끝은 아니다. 이 유전자가 우리의 사회성 정도를 판가름하지도 않고 우리가 다른 사람들과 상호작용하는 방식을 결정짓지도 않는다. AA 유전자형을 가진 사람 모두가 혼자 있기 좋아하고 오래 못 산다는 뜻은 아니다. 환경이 중요하다. 그게 사회 관계망이든 코에 뿌리는 무언가이든.

사랑할수록 건강해진다

2007년 어느 늦은 오후에 남녀 몇 쌍이 취리히 대학의 한 건물로 들어가 심리학 실험실로 향했다.[16] 이 장면은 이후 6개월 동안 여러 차례 반복된다. 20대, 30대, 40대의 이 남녀들은 옥시토신이 관계에 미치는 영향에 관한 실험에 참여할 예정이었다. 우선, 모두에게 합성 직물로 만들어진 솜방망이를 씹게 했다. 담배 한 개비의 3분의 1 크기인 솜방망이는 침을 빨아들여 스트레스의 지표인 코르티솔 수치를 측정할 수 있었다. 그런 다음에는 돈, 일, 양육 등 갈등을 불러일으킬 수 있는 주제가 적힌 목록을 주고서 그들의 관계에서 가장 긴급하다고 생각하는 문제를 두 가지 고르라고 했다. 그 후에는 모두에게 옥시루브와 비슷한 코 분무기를 주고 콧구멍에 다섯 번 뿌리게 했다. 이때 어떤 사람들은 옥시토신을 받고, 또 어떤 사람들은 모르는 채로 가짜약을 받았다. 약의 효과가 나타나기 시작하자 싸워야 할 시간이었다. 남녀 쌍들은 기록을 위한 비디오카메라가 있는 방에 둘만 들어가 앞서 선택한 쟁점에 대해 '논의'했다.

과학자들이 완곡히 부른 대로 '갈등 논의' 후에 코르티솔 수치 변화를 측정하기 위해 침 표본을 다시 한번 채취했다. 그 후 몇 달 동안 비디오에 기록된 모든 행동을 분석하고 코르티솔 수치를 기록했다. 그 결과는 놀라웠다. 침 속에 코르티솔이 적은 데다 옥시토신을 분무한 커플은 싸울 때도 덜 험악했다. 그들도 다른 사람들과 마찬가지로 서로에게 경멸하는 말을 던지고 눈을 흘기기는 했다. 하지만 눈을 더 마주치고 미소를 지으며 터놓고 이야기해 이런 부정적 행동을 만회했다. 이것은 대단히 중요했다. 부정적 상호작용 대비 긍정적 상호작용의 비율이 높다는 것은 결혼 생활의 안정성을 말해주는 아주 좋은 지표이기 때문이다.

코에 옥시토신을 뿌리면 사회성에 영향을 미친다는 사실을 보여주는 다른 연구도 많다. 그러면 어떤 사람이 슬픈지, 피곤한지, 또는 그저 따분한지 등 얼굴에 나타나는 감정을 더 잘 읽게 된다.[17] 또, 다른 사람들을 더 신뢰하게 된다.[18] 심지어 남편이 예쁜 여성한테서 더 멀찌감치 떨어지게 만들 수도 있다.[19] 열애 중인 남성에게 매우 매력적인 여성 실험자로부터 '가장 편안한' 거리를 찾아보라고 하면, 앞서 코에 옥시토신을 뿌린 이들은 71센티미터의 거리를 택했다. 가짜 옥시토신을 뿌린 남성들은 매우 매력적인 여성과 상당히 가까운 56센티미터의 거리를 택했다. 이는 옥시토신을 분사하지 않은 이들은 충실성이 덜해 초원들쥐보다는 산악들쥐와 더 비슷하게 행동했다는 뜻이다.

옥시토신이 우리를 충실하면서 덜 싸우고 더 공감하게 만들뿐더러 우리의 건강에 영향을 미칠 수도 있다는 사실을 연구는 보여준다. 이는 사회성과 수명의 연관성을 설명하는 데 도움이 된다. 여기서 근본 원인은 자연이 게으르다는 사실이다. 자연은 재활용한다. 우리가 좋아하는 머그잔이 한때는 커피잔으로 쓰이다가 어느 날엔가 연필꽂이로 쓰이는 것처럼, 옥시토신 같은 분자들은 진화의 역사 동안 다양한 기능에 맞춰 그 용도가 바뀌었다. 처음에는 그저 탈수증을 예방하기 위해 수분의 균형을 조절하는 용도였다. 그러다가 면역과 물질대사를 조절했다. 그다음에는 모유 수유 동안 젖 내림 반사를 활성화하는 것과 같은 다른 기능이 추가됐다. 여기서부터 자연은 옥시토신과 관련 호르몬들이 우리의 사회 행동을 조절하도록 용도를 바꿨다. 하지만 그 모두가 여전히 연결돼 있다. 옥시토신 체계의 변화는 모든 용도에 영향을 미친다. 신경능선 세포의 변화가 여우의 친화성에도 영향을 미치고 이마에 흰색 점도 만들 수 있는 것처럼 말이다. 이를테면 과학자가 우리 콧속에 신경펩티드를 분사해 몸속 옥시토신 수치가 높아지면, 우리는 주위 사람들에게 더 애정을 느끼고 또 우리의 건강도 좋아질 수 있다.

여기서 편도체가 핵심 역할을 한다. 편도체는 두려움의 근원으로, 우리가 2장에서 만난 무모한 SM은 편도체가 손상돼 있었다. 편도체는 옥시토신에 적극 반응한다. 옥시토신은 스트레스 상황에 반응해 편도체의 활성화를 완화해서 우리를 진정시킨다. 이는 편도체가 손상된 SM은 코에 옥시토신을 뿌려도 그다지 도움이 되지 않을 수 있다는 뜻이다. 적어도 두려움과 관련해서는 그렇다. 옥시토신은 또 시상하부-뇌하수체-부신 축에 작용해 스트레스를 줄인다. 시상하부-뇌하수체-부신 축의 반응을 개시하는 뇌의 신경세포들이 옥시토신 수용체를 운반하고, 옥시토신 분자가 수용체와 결합하면 시상하부-뇌하수체-부신 축의 활성화와 코르티솔 분비에 제동을 건다. 그러면 우리는 스트레스가 줄고 건강해지게 된다.

이런 옥시토신 수용체는 우리 뇌뿐만이 아니라 몸 전체에서 볼 수 있다. 뼈, 심장, 심지어 장에도 있다. 그렇다면 많은 연구들이 옥시토신 수치와 건강의 연관성을 밝혀낸 게 그리 놀랄 일이 아니다. 옥시토신이 항염증성을 가지고 있고, 성인의 뇌 속 새로운 신경세포의 생성을 촉진하며, 통증을 줄이고, 뼈의 성장을 도와 골다공증을 예방해줌을 보여주는 증거가 있다.[20] 옥시토신의 효과가 강력해서 일부 연구자들은 '젊음의 묘약'이라는 별명을 붙이기도 했다.[21] 만약 후안 폰세 데 레온이 아직 살아 있다면 이것을 찾아 나설지도 모른다.*

옥시토신이 우리의 사회성과 건강에 영향을 미친다는 사실을 보여주는 증거는 들쥐한테서 찾을 수 있다(그렇다, 또 저 귀여운 설치류이다). 이 증거는 윤리상의 이유로 인간한테서 얻기는 힘들다. 플로리다 주립 대학에서 이뤄진 한 연구에서 암컷 들쥐를 몇 주 동안 격

---

* 후안 폰세 데 레온은 에스파냐 탐험가이자 정복자로, 금을 찾아 원정대를 이끌고 항해해 오늘날의 미국 남동부 해안에 도착해 플로리다라 이름 지었다. 그가 플로리다에 갔을 때 젊음의 샘을 찾아 다녔다는 설이 있다.

리했다. 과학자들은 이들이 풀려나 다시 무리에게 돌아간 후 더 공격적이고 심장 상태도 훨씬 나빠진 점에 주목했다. 하지만 이런 결과는 옥시토신 주사 한 방이면 뒤집을 수 있다.[22]

옥시토신이 우리의 건강과 사회적 삶을 연결하는 가장 많이 연구된 신경펩티드이긴 하지만, 유일한 신경펩티드는 아니다. 세로토닌도 있다. 길들여진 시베리아 여우의 뇌에서 특히 다량 발견된 게 바로 이 호르몬이다. 게다가 세로토닌은 가축화한 종의 진화에도 기여했다.

좋은 호르몬을 많이 갖고 싶다면

2014년 여름 마다가스카르의 수도 안타나나리보에 수십억 마리의 메뚜기 떼가 몰아쳤다. 이들은 가옥들 위로 떠오르는 검은 연기 구름처럼 일제히 날아올랐다. 비슷한 곤충 떼가 이집트, 이스라엘, 미국 중서부 지역, 오스트레일리아에서 목격됐다.

일반적으로, 메뚜기는 사회적 동물이 아니다. 혼자 지내길 좋아한다. 메뚜기를, 100억 마리나 되는 무리를 이루어 밀집한 공간에 함께 있게 한 건 세로토닌 호르몬이다.

세로토닌은 메뚜기를 사회적 동물로 만들뿐더러 인간을 친화성 있게 만들 수 있다. 몸속 세로토닌의 수치가 높은 사람들은 더 다정하고 쾌활하다. 즉석만남행사speed dating*에서 성공을 거둘 가능성에도 세로토닌이 영향을 미친다.[23] 과학자들은 각 만남이 3분밖에 이어지지 않는 즉석만남행사에 참가한 100명의 독신 아시아계 미국인 남성을 추적관찰했다. 그 결과 특정한 세로토닌 수용체 유전자의 변이체를 가진 사람들은 이 유전자의 다른 변이형을 가진 사람들보다 두 번째 만남을 가질 가능성이 높았다.

반면 사회적 고립은 이 세로토닌 수치를 곤두박질치게 만든다. 그래서 결국 공격 행동을 촉발할 수 있다.[24] 이런 영향은 바닷가재에서도 관찰된다. 또 세로토닌은 혈압, 알츠하이머병, 통증 지각, 혈관 긴장도, 체온 조절, 구토와 관련이 있다. 세로토닌 수치가 낮으면 심장병 위험을 높이는 요인인 물질대사증후군으로 이어진다. 쥐와 벌레를 포함하는 몇몇 동물의 경우에는 세로토닌이 수명과 직접 연관되기도 한다.[25] 100세까지 장수한 일본인들에 대한 한 연구에 따르면, 인간의 경우에도 그럴지 모른다.[26] 연구자들은 최소 100세까지 장수한 사람들의 세로토닌 운반체 유전자를 젊은 통제 집단의 그것과 비교했다. 그 결과 장수한 사람들 사이에 특정한 한 가지 유형의 대립형질이 나타나는 빈도가 상당히 높다는 사실을 밝혀냈다.

옥시토신과 마찬가지로, 세로토닌이 우리의 건강에 영향을 미치는 한 가지 방법은 시상하부-뇌하수체-부신 축에, 그리고 스트레스 호르몬인 코르티솔의 생성에 작용하는 것이다. 일반적으로 세로

---

* 독신 남녀들이 애인을 찾을 수 있도록 여러 사람들을 돌아가며 잠깐씩 만나보게 하는 행사.

토닌이 많다는 건 코르티솔이 적다는 뜻이다. 게다가 세로토닌은 옥시토신과 상호작용할 수 있다. 각자 상대 호르몬의 분비를 조절해 기본적으로 피드백 고리를 만든다.

또 다른 사회성 신경펩티드인 바소프레신도 옥시토신과 상호작용하며, 이 둘은 우리의 사회적 삶과 건강을 조절한다. 바소프레신은 상처 치유, 신장 기능, 심혈관계 질환 등 다양한 기능에 중요하다. 하지만 옥시토신과 달리 바소프레신은 남성과 더 관계가 있는 것 같다. 또 옥시토신과 다르게 몸속에 바소프레신이 많이 순환하는 게 반드시 좋지는 않다. 바소프레신은 혈압을 높이고 남성의 공격성을 높일 수 있기 때문이다.[27] 바소프레신이 적대적 태도를 자극하는 건 이 호르몬이 우리가 사랑하는 사람들을 외부의 위험으로부터 지키는 일과 연관되기 때문이다. 바소프레신은 어미 쥐가 새끼를 맹렬히 보호하게 만들고 초원들쥐 수컷이 짝에 대해 강한 독점욕을 갖게 할 수 있다.[28] 또 일부 동물이 문란한 성생활을 접고 한 상대하고만 짝짓기를 하게 만들 수도 있다.[29]

밸런타인데이 카드에서 생일 카드까지, 전 세계 문구점에서 사랑에 빠진 쥐 그림을 아주 많이 볼 수 있다. 하지만 생물학의 관점에서 이 이미지는 얼토당토않다. 보통의 집쥐를 포함해 많은 종류의 쥐의 수컷과 암컷이 파트너를 바꾼다.

하지만 쥐를 일부일처제로 바꾸고 싶으면 그렇게 만들 수는 있다. 한 종의 유전자를 다른 종에게 삽입하는 방법을 알고 있다면 말이다. 1990년대 후반 애틀랜타 실험실의 래리 영과 동료들은 죽음이 갈라놓을 때까지 파트너에게 충실한 설치류인 초원들쥐의 바소프레신 수용체 유전자를 채취해 수컷 생쥐의 게놈에 집어넣어 새로운 종류의 동물을 만들어냈다.[30] 이 새로운 쥐는 뇌 속 바소프레신 수용체의 양상이 초원들쥐의 그것과 비슷해 행동 방식도 상당히 비슷했다. 이들은 암컷 파트너에게 붙어서 털을 다듬어주는 데 열중했다.

영과 동료들은 비슷한 식으로, 바소프레신과 관련된 한 가지 유전자를 조작해 산악들쥐만큼이나 문란한 초원들쥐를 일부일처제에 헌신하게 만들었다. 우리의 배우자에게 초원들쥐의 일부일처제 유전자를 정확히 주입할 수는 없지만, 바소프레신이 우리 결혼 생활의 질과도 관련이 있음을 연구는 보여준다. 스웨덴의 쌍둥이 연구는 남성의 경우 특히 바소프레신 유전자의 한 변이체인 AVPR1A가 배우자와 얼마나 잘 지내는지, 다시 말해 얼마나 자주 입맞춤을 하고 같은 취미를 즐기며 얼마나 자주 이혼하고 싶은 생각이 드는지에 영향을 미칠 수 있음을 밝혀냈다.[31] 궁금한 이들을 위해 얘기해두자면, 우리는 이제 유전자 검사를 해서 배우자의 AVPR1A를 확인해볼 수 있다. 배우자의 혈액을 유리병에 소량 담아 실험실로 보내기만 하면 된다(예를 들어 캘리포니아주 템플시티에 있는 한 실험실이 이런 서비스를 제공한다). 이게 좋은 생각인지 아닌지는 또 다른 문제이다. 이것이 '브라이드질라bridezilla'*라는 말을 재정의하게 될지 모른다.

---

* 신부를 뜻하는 'bride', 그리고 일본 영화에 나오는 괴물 'Godzilla'의 합성어로, 결혼 준비 과정에서 점점 이기적이고 욕심 많고 추한 모습을 보이는 예비 신부를 이르는 신조어이다.

우리의 건강과 행동 방식에 영향을 미치는 체내 바소프레신의 수치를 변화시키는 쉬운 방법으로 분사구가 달린 작은 병을 선택할 수도 있다. 바소프레신을 사람들의 코에 뿌리면 수면의 질과 기억력이 좋아지며,[32] 여성은 더 타협적이 되고 남성은 협력을 더 잘하게 된다고 실험에서 밝혀졌다.[33] 여성과 남성이 바소프레신에 다르게 반응하는 경향이 있으며, 때로 옥시토신도 그렇다. 그리고 내가 뿌려본 옥시루브와 마찬가지로, 인터넷으로 코에 뿌리는 바소프레신 제품을 주문할 수 있다. 홍콩의 한 웹사이트에서 파는 바소프로Vaso-Pro 한 병은 69.99달러(약 8만 원)이다. 인터넷에서 옥시루브와 바소프로를 한 병씩 주문해 매일매일 뿌리고 싶은 마음이 굴뚝같을지 모른다. 하지만 참아주시길. 이런 특효약에 마음이 끌릴지 모르지만, 미국식품의약국(FDA)이 인가하지 않은 제품(이렇게 뿌리는 제품은 현재로선 실험실의 실험 용도로만 인가되고 있다)을 나 자신이나 다른 사람에게 투여해 수명을 늘리려 해서는 안 될 이유가 여럿 있다. 우리는 뿌리는 옥시토신과 바소프레신의 부작용에 대해 아는 바가 별로 없다. 그야말로 너무나 위험하다. 하지만 다행히도 사회성 호르몬 수치를 높일 수 있는 훨씬 더 안전한 방법이 있다. 가령 껴안기 같은 방법 말이다.

어미 쥐가 새끼를 많이 안아주면, 새끼의 혈액 속 옥시토신의 농도가 높아진다.[34] 인간이라고 해서 별로 다르지 않다. 입맞춤, 껴안기, 심지어 안마가 옥시토신의 수치를 높인다는 사실을 많은 연구가 보여준다. 게다가 우리 혈액 속에 옥시토신이 많을수록 우리 아이들의 혈액 속에도 옥시토신이 많이 생성된다. 옥시토신 수치가 높은 엄마와 아빠는 아이에게 더 민감하게 반응하고, 더 세심하며, 더 따뜻하다.[35] 예를 들어 아이를 더 많이 안아주고 뽀뽀해준다. 따라서 아이의 옥시토신 수치를 높이고 싶으면 아이만 안아줄 게 아니라 양육 파트너도 함께 안아주라.

서양의학의 아버지인 히포크라테스는 '안마'가 좋은 의사라면 습득해야 할 중요한 기술이라고 주장했다. 안마가 옥시토신 수치를 높여 건강을 좋아지게 하고, 그래서 수명을 늘려준다는 사실을 현대의 연구가 확인시켜준다. 다른 사회성 호르몬도 마찬가지이다. 안마 치료는 세로토닌 수치를 28퍼센트까지, 도파민 수치를 31퍼센트까지 높일 수 있다.[36] '해피엔딩'으로 이어지는 안마도 효과가 좋다. 오르가슴은 혈액 내 옥시토신 수치를 높이는 데 매우 좋기 때문이다.[37]

건강과 장수를 위해 사회성 호르몬이 주는 이득을 훨씬 더 많이 얻으려면 사랑하는 사람을 그냥 안고 안마할 게 아니라 그 눈을 깊이 들여다보면서 하라. 엄마가 아기의 얼굴을 많이 바라볼수록 엄마의 혈액 속으로 더 많은 옥시토신이 쏟아진다는 연구 결과는 별로 놀랍지도 않다.[38] 더 놀라운 건 2015년 〈사이언스〉에 발표된 실험이다. 이 실험은 반려견과 오랫동안 시선을 주고받아도 개와 개의 주인 모두의 옥시토신 수치를 높일 수 있다고 밝혔다.[39]

그냥 다른 사람들과 시간을 보내는 것도 사회성 호르몬을 늘리는 데 효과가 좋다. 어린 생쥐가 보금자리에서 다른 어린 생쥐와 상호작용할 수 있을 때, 성장 후 뇌의 특정한 부위에 옥시토신 수용체가 더 많이 만들어진다.[40] 내가 아는 한, 놀이 시간이 많을수록 아이의 옥시토신 수치가 높아지는지는 아직 연구된 게 없다. 하지만 친구들과 어울린 후 성인의 혈액 내 옥시토신 수치가 높아진다는 증거가 있다.

세로토닌의 경우, 단백질을 구성하는 필수아미노산의 하나인 트립토판이 풍부한 육류 같은 음식을 많이 먹으면 그 수치가 높아져 기분이 좋아지고 수명이 늘어난다는 말을 들었을지 모른다. 하지만 실은 육류의 트립토판과 장수의 연관성은 신화에 지나지 않는다. 실험에서 사람들에게 트립토판 보충제를 주면 체내에서 세로토닌이 많이 생성되고, 그 결과 짜증내고 싸우는 일이 줄어든다는 건 맞는 말이다. 하지만 트립토판이 뇌로 운반되는 방식 때문에, 트립토판을 함유한 음식을 먹어도 뇌 속 세로토닌이 증가하지 않는다.[41]

다행히도, 우리는 트립토판의 섭취에 대해 걱정할 필요가 없다. 다정하게 등을 안마해 세로토닌을 얻는 게 약을 먹는 것보다 훨씬 안전하고 더 자연스럽다. 우리의 조상들은 옥시루브나 트립토판 보충제를 이용할 수 없었지만, 서로 털을 다듬어주는 것만으로도 충분히 효과가 있었다.

흰자위와 분홍색 입술

친화성이 수명과 건강에 영향을 주는 것은 맞다. 결국 우리는 그렇게 진화해왔다. 우리는 다른 사람들에 대해 공격성이 덜하면서 더 신뢰하도록, 다시 말해 더 열려 있도록 우리 자신을 길들여왔다. 그 결과, 우리 몸이 변화했다. 세로토닌, 도파민, 옥시토신 같은 사회성 호르몬의 수치가 높아지는 쪽으로 선택이 이뤄지면서 턱은 작아지고 얼굴은 반반해졌으며 흰자위를 갖게 됐다. 그리고 분홍색 입술은 사회성 호르몬이 인간의 진화에 얼마나 중요하며 우리 몸에 얼마나 많은 영향을 미칠 수 있는지를 상기시킨다.

오늘날 여전히 사회성 호르몬은 우리의 친구 관계와 가정생활의 질, 그리고 건강과 수명을 연결한다. 이것이 왜 만족스러운 결혼 생활이 건강한 동맥을 보장하는지, 왜 친한 친구를 집에 초대하는 일이 스트레스를 줄여주는지 설명해준다.

하지만 우리의 옥시토신, 세로토닌, 또는 바소프레신 관련 회로가 모두 똑같을 수는 없다. 어떤 사람은 옥시토신 수용체 유전자 rs53576의 대립형질 가운데 AA 형질을 가지고 있어서 사회적 관계를 맺기가 더 어려울지 모른다. 또 어떤 사람은 한 바소프레신 수용체 유전자의 AA 형질 격인 대립형질을 갖고 있어서 결혼 생활을 힘든 싸움으로 만들 수 있다. 하지만 그렇다고 해서 반드시 그런 운명을 겪어야 하는 건 아니다. 그냥 친구들과 어울리거나 가족을 껴안기만 해도 사회성 호르몬과 그것이 주는 이득을 많이 얻을 수 있다.

그러나 요즘 많은 사람들이 투쟁-도피 반응, 사회성 호르몬, 미주신경 같은 우리 마음과 몸 사이의 많은 연결성을 무시하고 관계에 시간과 노력을 기울이는 대신 다이어트와 운동에 집착한다. 글루텐

을 피하고, 강황을 많이 먹으며, 어김없이 하루의 걸음 수를 계산한
다. 하지만 이런 노력이 잘못된 것일 수 있음을 연구는 보여준다.

건 강 하 게
나이 드는 습관

옥시토신이나 세로토닌 같은 사회성 호르몬을 늘려 건강을 개
선하려면 다른 사람들과 신체 접촉을 많이 하라. 자주 파트너에
게 입을 맞추고, 아이의 손을 잡으며, 친구들을 껴안아라. 서로의
등을 안마하라. 상대의 눈을 마주보는 일을 잊지 마라. 그러면 두
사람 모두의 옥시토신 수치를 높일 수 있다. 게다가 '상대'가 개
라도 효과가 있다.

제 2 부

외롭지 않고
아프지 않게

4

몸에 좋은 것들의 배신

10월 어느 화창한 날 오후였다. 나는 지중해 연안에 있는 포르투갈의 작은 도시 빌라모라에 있었다. 날이 덥다고 하리만치 따뜻했다. 햇빛에 달궈진 올리브 나무 숲의 달콤한 향이 공기 중에 떠돌았다. 요가 강사가 수강생들에게 고개 숙인 개 자세를 하게 했다. 나는 요가 강사의 지도를 따랐다. 숨을 들이쉬고 내쉬고 들이쉬고 내쉬고.

빌라모라에 있는 롱제비티 세고냐 컨트리클럽Longevity Cegonha Country Club의 일과는 잘 짜여 있다. 특히 이곳에서 운영하는 장수 캠프에 참가한다면 말이다. 요가 강좌 후에는 필라테스가 있고, 그다음에는 '주스와 물 해독' 워크숍과 스트레칭 강좌가 있다. 주간 일정은 태극권에서 조깅에 이르는 운동, 그리고 건강에 좋은 음식에 관한 강좌로 빼곡하다. 각 참가자는 개인 맞춤형 영양 지도를 받고 적외선 사우나, 소금방, 한증막을 이용할 수 있다. 이 건강관리 시설은 아로마

테라피, 안마, 기 치료, 심지어 미심쩍어 보이는 '후성학 검사'까지 제공한다. 이 검사는 '건강을 위해 유전자 발현을 최적화할 식이요법을 실행하는 데 도움이 되도록 확실한 정보를 제공'한다고 한다.

빌라모라에서는 모든 게 수명 연장에 집중돼 있다. 말 그대로 모든 게 그렇다. 내 방에는 (붙어 있는 상표에 따르면) '장수 비누'와 약초를 섞어 만든 '장수 차' 티백이 있었다. 나는 탐사를 위해 이 리조트에 왔기에 충실히 그 차를 마셨다. 차 맛이 끔찍해서, 만약 오래 사는 게 이런 느낌이라면 굳이 장수할 필요가 있을까 싶을 정도였다. 이 리조트의 식당에서 나오는 음식은 소금을 넣지 않았는데도 훨씬 더 마음에 들었다. 아침 식사로는 야자 과즙 죽, 통밀 빵, 멜론 한 조각, 치즈 약간, 루콜라가 들어간 스크램블드에그, 갓 눌러 짜낸 망고-라즈베리 주스 한 잔을 먹었는데, 웨이트리스가 이 주스에 설탕이 들어가지 않았다고 말해줬다. 점심 식사로는 루콜라가 많고 퀴노아와 해바라기 씨가 약간 들어간 '장수 샐러드', 그리고 오이와 박하가 들어간 '장수 음료'를 주문했다. 일부 장수 캠프 참가자들은 주스와 수프만 먹었다. 잘 먹고 열심히 운동하는 게 수명 연장의 열쇠라 믿는다면 빌라모라가 분명 그럴 수 있는 곳이다.

하지만 영양과 신체 단련에 집착하는 건 확실히 빌라모라의 장수 캠프에 온 사람들만이 아니다. 많은 사람들이 비슷한 이론을 따르는 것 같다. 80퍼센트가 넘는 미국인들이 새해 결심으로 식단을 바꾸거나 운동을 해 살을 빼고 싶다고 말한다. 45퍼센트나 되는 사람들이 유기농 식품을 구매하고 70퍼센트가 저지방 우유를 마신다. 절반 이상의 사람들이 건강보조제 섭취를 위해 한 달에 평균 56달러 (약 6~7만 원)를 쓴다. 서양인 가운데 소아지방변증celiac disease*을 앓는 사람은 1퍼센트 미만인데도, 현재 캐나다인의 거의 3분의 1, 영국인의 10퍼센트, 폴란드인의 40퍼센트 이상이 글루텐 프리 음식을 먹으려 한다. 우리는 단백질을 잔뜩 섭취하고, 슈퍼푸드를 찾아다니며, 오메가3에 대해 걱정한다. 물론 몸무게도 그렇고.

수명과 관련해 사람들이 특히 두려워하는 게 있다면, 바로 과체중이다. 한 여론조사에 따르면, 대부분의 미국인은 가장 심각한 건강 문제가 비만이라 생각한다. 그래서 체중을 줄이는 약과 다이어트에다 1년에 600억 달러 넘게 쓴다. 우리는 체중 감량에 집착하는 것 같다. 체중 감량에 관한 온갖 텔레비전 프로그램을 생각해보라.

인정한다. 나 역시 신체 치수에 약간 집착한다. 아침마다 몸무게를 재보고 혹시나 재지 못한 날에는 불안하다. 하지만 여기에 문제가 있다. 많은 사람들에게, 살이 약간 찌는 건 그렇게 큰 문제가 아니다. 과체중보다는 사회적 고립감이 수명을 더 단축시킬뿐더러 어떤 상황에서는 과체중이 전혀 문제가 안 될 수도 있다. 이른바 '비만의 역설'에 관한 연구의 결과가 지난 20년 동안 쌓였다. 사실 많은 연구에서 통통한 사람들이 날씬한 사람들보다 더 건강하다는 결과가 나왔다. 심각한 신장 질환을 예로 들어보자. 두 명의 환자를 A(호리호

---

* 보리, 밀 등 곡류에 존재하는 불용성 단백질로 장내 영양분 흡수를 저해하는 글루텐이 원인이 되어 소장에서 일어나는 알레르기질환.

리한 남성)와 B(약간 과체중)라 하자. 둘 다 심각한 신장 질환이 있고 결국 투석을 하게 된다. 이때 A보다 B가 생존 가능성이 더 높다. 체질량지수의 모든 단위가 증가하기 때문에 혈액 투석을 통한 생존 가능성이 10퍼센트까지 증가하는 까닭이다.[1]

비슷한 비만의 역설이 심혈관계 질환에서도 관찰된다. A와 B가 신장 대신에 심장에 문제가 생겼다고 하자. 이 질환이 완전한 심장 부전으로 진행되면, 호리호리한 A는 B보다 사망할 가능성이 더 높다. B의 사망 위험도는 A보다 12퍼센트나 낮을 수 있다.[2]

비만의 역설은 고혈압, 심방세동(심장 질환의 하나),[3] 폐 제거 수술에서도 발견된다.[4] 게다가 통통한 사람들은 대체로 비쩍 마른 사람들보다 더 오래 산다. 그렇다. 잘못 들은 게 아니다. 이미 최고 학술지에 발표된 상당수 논문이 약간의 과체중이 수명을 몇 년 더 늘려준다고 말한다. 체질량지수가 정상 범위인 18.5~24.9보다 더 높은 30~35 사이로 1등급 비만인 사람들은 호리호리한 사람들보다 사망 위험도가 5퍼센트 낮다. 체질량지수가 최고치인 35일 때라야 장수 가능성이 매우 낮아진다.[5]

직관에 반하는 이런 결과에 대한 한 가지 설명은, 체질량지수가 과체중이 건강에 어떤 영향을 미치는지 말해주는 좋은 척도가 아니라는 것이다.[6] 키와 몸무게의 비율이 같더라도, 비교적 허리는 가늘고 엉덩이가 큰 전형적인 '서양배' 체형이라면 허리둘레에 살이 붙은 '사과' 체형보다 상황이 훨씬 더 낫다. 그 이유는 모든 지방이 똑같이 만들어지지는 않기 때문이다. 좀 더 과학적으로 설명하자면 '복부 지방과다증'이라 알려진 불룩 튀어나온 배는 보통 내장에 지방이 너무 많다는 뜻이고, 이 특정한 종류의 지방은 염증과 인슐린 저항성에 영향을 미친다. 반면 넓적다리나 엉덩이 둘레에 축적되는 불안정한 피하지방은 문제를 일으킬 소지가 적다. 이 피하지방은 도너 일행이 겪었던 것과 같은 굶주림 속에서 여성들이 생존하는 데 도움이 된다.

하지만 서양배 체형 대 사과 체형이라는 쟁점만으로는 여전히 비만의 역설을 설명하기에 충분치 않다. 현재로서는, 과학자들도 왜 그런지 확신하지 못한다. 일부 과학자들은 체중 문제가 있는 사람들은 보통 체중의 사람들보다 더 빨리 의사를 찾아가는 경향이 있기 때문에 비만의 역설이 존재한다고 말한다. 또 어떤 과학자들은 지방 조직 자체의 속성을 지적한다. 우선, 지방은 독소를 빨아들일 수 있다.[7] 둘째, 물질대사 자원을 제공할 수 있다. 예를 들어 말기 암 같은 만성질환에는 특히 물질대사 자원이 필요하다. 또 비만인 사람들은 염증에 관여하는 사이토카인에서 일부 호르몬까지 체내에 순환하는 다양한 물질의 수치가 바뀔 수 있다. 이것이 비만의 역설에 한몫할 수 있다.

나를 포함해 어떤 사람들은 체중을 재는 일에 지나치게 집착하는 것 같다. 더구나 인기를 끄는 많은 체중 감량법이 우리의 수명을 줄일 수도 있다. 고단백 다이어트를 생각해보라. 이 식단이 장기적으로 원치 않는 살을 빼는 데 도움이 될지는 아직 확실하지 않다. 그렇지만 단백질을 너무 많이 섭취하면 신장이 손상돼 수명을 줄일 수 있다. 빌얄무르 스테판손을 포함해 초기 북극 탐험가들은 이런 사실을 아주 잘 알았다.

스테판손은 가냘픈 체격과 약간 긴 머리카락의 소유자로, 총빙 위에서 1년 넘게 지낸 거친 모험가보다는 파티를 좋아하는 멋쟁이처럼 보였다. 하지만 이 아이슬란드계 캐나다인은 북극 탐험으로 명성을 얻었다. 스테판손이 단백질을 과다하게 섭취하는 식단이 위험하다는 사실을 알게 된 것도 북극에서였다. 그는 북극 전역에 '토끼 고기 기아rabbit starvation(단백질 중독)'로 알려진 현상에 대해 썼다. 이것은 다람쥐 고기나 토끼 고기같이 단백질로 가득한 살코기를 너무 많이 먹으면 생기는 병이다. 스테판손은 이렇게 말한다. "기아와 단백질 중독의 징후가 나타난다. 수없이 먹어대도 배고픔을 느낀다. 많은 음식으로 인해 위가 팽창해 불쾌하고 초조함을 느끼기 시작한다. 설사가 일주일에서 10일 안에 시작돼 지방을 섭취하지 않는 한 나아지지 않는다. 그 결과 몇 주 후에는 죽음에 이른다."[8] 요즘에는 다람쥐 고기만 먹는 사람들이 거의 없지만, 만성신부전 환자들(서양인의 약 13퍼센트가 만성신부전 환자이다)이 단백질을 너무 많이 먹으면 이 질환의 진행 속도를 높일 수 있으므로, 과학자들은 이들에게 이런 식사를 하지 않도록 권고한다.[9] 더욱이 고단백 식사가 건강한 사람의 신장에도 해로울 수 있다는 증거가 있다. 한 연구서는 단백질이 풍부한 식사를 하는 젊은 남성들의 신장 기능에 우려할 만한 변화가 나타난다고 밝혔다.[10] 이 연구서의 저자들은 이런 식단을 따르는 사람들은 수시로 신장에 이상이 없는지 검사를 받아봐야 한다고 결론지었다.

단백질 섭취량이 높으면 신장 부전 외에 수명을 단축시킬 수 있다. 탄수화물이 너무 적은 식사는 급사 위험도를 31퍼센트까지도 높일 수 있다.[11] 수명 연장과 관련해 단백질을 잔뜩 먹는 건 좋은 생각이 아니다. 하지만 흔히 서양인들이 많이 섭취하는 건강보조제도 완전히 다른 종류의 것이기는 하지만 위험을 불러올 수 있다. 심지어 걷잡을 수 없는 출혈과 같은 심각한 위험까지도 말이다.

영양제와 슈퍼푸드의 오류

캐나다에 사는 55세의 인도인을 굽타라 부르기로 하자. 그는 관상동맥 우회로 이식술이 필요하다. 굽타는 고국에서 수술을 받고 싶어 인도 편자브 지역으로 갔다. 처음에는 수술이 순조로이 진행되는 것 같았다. 하지만 수술실 상황이 나빠지기 시작했다. 출혈이 멈추지 않았다. 의사들은 혈장을 연이어 수혈했다. 몇 차례 조치 후 마침내 출혈이 진정됐다. 하지만 의사들이 수술 후 환자를 검사해보니 굽타의 흉부에 커다랗게 멍이 들어 있었다. 이를 찍은 충격적인 사진은 2016년 심장병 전문의 세 명이 이 사례를 기록하기 위해 발표한 과학 논문에서 볼 수 있다.[12]

나중에, 의사들은 굽타에게 알 수 없는 출혈을 일으켰음직한 원인을 찾아냈다. 굽타가 복용하던 건강보조제가 문제였다. 수술 전, 그는 오메가3와 올레산 정제를 하루 세 알씩, 마늘과 백리향 보충제를 하루에 두 번씩 복용했다. 의사들은 이 제품들이 혈소판에 미친 영향이 함께 뒤엉켜 혈전을 형성했다고 결론지었다. 굽타는 마침내 회복됐으나 담당 의사들은 나중에 쓴 학술지 논문에 이 사례가 "일부 건강보조제의 위험성을 잘 보여준다."고 썼다.

건강보조제 섭취와 관련한 심각한 부작용이 미국만 해도 매년 5만 건씩 발생한다고 추정된다.[13] 2013년 약물로 인한 간 손상 사례의 20퍼센트가 약초 및 건강보조제 때문이었는데, 2004년에는 7퍼센트에 불과했다.[14] 게다가 불행히도 약초로 만든 약을 복용한 후 간 부전이 온 환자들은 의사의 처방전이 필요한 약을 복용해 간이 손상된 환자들보다 간 이식이 필요할 가능성이 훨씬 높다.

현재 인터넷에서 기적의 만병통치약으로 소문이 난 한 건강보조제는 태평양 섬에서 자라는 식물인 카바kava의 추출물이다. 이것은 천연 항불안제로 효과가 있고, 유방암을 억제하며, 우울증을 치유하고, 알츠하이머병을 예방해준다고 한다. 이런 주장은 터무니없고, 무엇보다 이를 뒷받침할 과학적 증거가 없다.

하지만 카바가 간을 손상시킬 수 있다는 증거는 있다. 캐나다, 영국, 프랑스를 포함한 몇몇 국가의 보건 당국은 카바를 섭취한 후 간 부전을 포함해 독성 간 손상이 발생한 사례를 적어도 25건 발표했다. 영국 같은 일부 국가에서는 카바를 함유한 제품이 금지됐고, 미국의 비영리단체인 소비자협회Consumer Union가 발행하는 잡지 〈소비자보고서 Consumer Reports〉는 '피해야 할 15가지 건강보조제 성분' 목록에 카바를 포함시켰다. 일부 건강 중독자 사이에서는 여전히 카바의 인기가 높다. 최근 몇 년 사이에 미국 전역에서 100군데가 넘는 카바 전문점이 문을 열었는데, 플로리다에만 50군데가 넘는다. 이들은 주스 또는 코코넛워터를 기본으로 한 카바 음료수를 내놓는다.

그렇다면 무해해 보이는 약초 또는 건강보조제가 어째서 그렇듯 위험할 수 있을까? 우선 이런 보충제의 약 4분의 1이 생산 과정에서 오염 물질이 끼어들 수 있다.[15] 예를 들자면 납 또는 수은 같은 중금속이나 의약품 말이다. 2014년 현재 500개 이상의 건강보조제가 암페타민 유사체 또는 알프라졸람(신경안정제 자낙스)을 포함한 의약품에 오염된 것으로 밝혀졌다.[16]

둘째, 우리는 건강보조제가 우리 몸에 정확히 어떻게 작용할지 그야말로 알 수가 없다. 의사의 처방전이 필요한 약은 오랜 시간에 걸쳐 안전성 시험을 거친다. 하지만 건강보조제는 그렇지가 않다. 게다가 사실상 규제도 받지 않는다. 미국식품의약국은 영양제가 시장에 나와 팔리기 전에는 그 안정성을 검토하지 않는다. 유럽연합에서는 건강보조제가 '식품'으로 여겨져 규제하기가 매우 어렵다. 많은 건강보조제가 온라인에서 팔린다는 점을 감안하면 특히 그렇다. 캐나다에서 '자연 건강 제품'인 비타민, 미네랄, 약초 치료제 등은 캐나다 보건부Health Canada의 안전성 평가를 받아야 한다. 하지만 그 과정이 주로 서류상으로 이뤄진다는 허점이 있다.

또 다른 문제는 약물 간 상호작용과 부작용이다. 건강보조제는 활성 물질이어서 일반 의약품과 마찬가지로 의사의 처방전이 필요한 약과 상호작용할 수 있다. 그런데도 처방약을 복용하는 여섯 명 가운데 한 명이 적어도 한 가지 건강보조제를 섭취하고 있다. 문제를 일으키는 데는, 수명 연장을 위해 메트포르민을 먹는 미래학자 레이 커즈와일만큼 많이 먹을 필요도 없다. 커즈와일은 하루에 대략 90개의 알약을 먹는다. 여기에는 녹차 추출물, 에키네이셔,* 겐티아나 뿌리가 포함돼 있다. 부적절한 두 가지 물질이 섞이면 충분히 문제를 일으킬 수 있다. 예를 들어 세인트존스워트St. John's wort**는 고혈압 약 그리고 경구 피임약과 상호작용을 일으킬 수 있다.

위험하리만치 많은 양도 문제를 일으킨다. 약초 보충제와 비타민이 모두 그렇다. 일부 독성 물질은 기본적으로 많은 양을 복용하면 독이지만 적은 양은 건강에 유익하다. 이 효과는 호르메시스hormesis로 알려져 있는데, 예를 들어 식물이 해충을 죽이거나 물리치기 위해 만들어내는 화학물질인 많은 식물성영양소가 그렇다. 많은 건강보조제 애호가들에게 알려져 있을 법한 식물성영양소로는 브로콜리가 건강에 좋다는 주장을 뒷받침해주는 글루코시놀레이트와 적포도주에 들어 있는 타닌이 있다. 위가 가진 물리적 한계 때문에 브로콜리를 과다하게 먹는 일은 기본적으로 불가능하지만(브로콜리 두세 송이를 먹어보라), 건강보조제에 든 식물성영양소라면 이야기가

---

* 데이지 비슷하게 생긴 꽃으로 인체에 치유력과 면역력을 주는 것으로 여겨진다.
** 주로 유럽에서 중앙아시아에 걸쳐 분포하는 여러해살이 약초로, 약한 SSRI(선택적 세로토닌 재흡수 억제제) 작용을 하는 성분이 있어서 유럽과 미국에서는 이를 주성분으로 하는 제품이 많이 나와 있다.

달라진다. 예를 들어 미국 온라인에서 팔고 있는 일부 녹차 정제에는 카테킨이라는 식물성영양소가 한 알당 최소 274밀리그램이 함유돼 있다. 이 제품의 상표에는 하루에 세 알 복용하도록 돼 있는데 과도한 양이다. 유럽식품안전청은 이 정도 양이면 간 손상 위험이 있다고 본다.

비타민 정제도 마찬가지이다. 비타민C를 너무 많이 복용하면 신장 부전증으로 이어지고, 비타민E를 너무 많이 복용하면 암으로 이어진다. 연구들에 대한 후속 분석에 따르면, 하루에 비타민E를 400IU 이상 섭취하면 실제로 수명이 단축될 수 있고,[17] 베타카로틴 보충제와 비타민A도 마찬가지이다.[18] 종합비타민도 별로 나을 게 없다. 8만 명 이상의 미국 의사를 대상으로 한 연구에서 종합비타민을 복용하는 사람들은 이런 보충제를 좋아하지 않는 사람들보다 심혈관계 질환으로 사망할 위험도가 7퍼센트 높았다.[19]

비타민이 손상을 일으키는 한 가지 이유는 인체 내 항산화제의 까다로운 작용에 있을 터이다. 항산화제는 흔히 위험한 활성산소를 소탕하고 노화를 예방하는 기적의 물질로 홍보된다. 하지만 사실 우리가 보충제 형태로 삼키는 항산화제는 우리 세포에 장밋빛 효과를 가져오지 못한다. 많은 연구들이 활성산소가 몸의 복구 기제를 이루는 중요한 부분임을 말해준다. 이것이 운동이 좋은 이유이다. 즉, 운동을 하면 활성산소가 생성된다. 정제한 형태의 항산화제를 세포에 너무 많이 퍼부으면, 결국 이 중요한 복구 과정에 지장을 줄 수 있다. 게다가 실은 암세포를 제거하려는 활성산소로부터 이 불청객을 보호할 수 있다. 분명히 하자면, 그렇다고 자연식품에 든 항산화제가 나쁘다는 뜻은 아니다. 그 반대이다. 그 이유는 또다시 당근에 든 것과 같은 자연 발생한 다양한 화학물질의 혼합물 대 비타민제 같은 정제 성분 간의 차이로 설명할 수 있다.

자연식품이 보충제보다 수명 연장에 훨씬 더 좋다면, 슈퍼푸드가 건강에 최고로 좋은 걸까? 나는 슈퍼푸드로 광고되는 제품들의 긴 목록을 작성했다. 이 목록을 가지고 집에서 자동차로 20분 거리에 있는 유기농 식품 판매점인 나투랄리아Naturalia로 갔다. 그리고 온갖 슈퍼푸드로 가득한 장바구니를 들고 집으로 돌아왔다. 다음 날은 슈퍼푸드의 날이었다. 나는 나 자신을 채찍질하며 아침 식사로 산딸기류 열매, 귀리를 넣고 구기자 열매를 넉넉히 뿌려 섞은 그리스식 유기농 요거트에 더해 말차 한 잔과 발효차인 콤부차kombucha 한 잔을 마셨다. 점심 식사는 갓 짠 오렌지 주스, 생강, 강황, 바오밥 나무 열매 분말을 넣은 케일과 시금치 스무디였다. 또 치아시드chia seed와 간 아마씨를 넣은 통밀빵에 아보카도와 노란 토종 토마토를 얹어 샌드위치를 만들었다. 그리고 말차를 조금 더 마셨다. 간식으로는 아사이베리 주스*를 넣은 비트 당근 스무디에다가 가공되지 않은 다크 초콜릿을 두 조각 먹었다. 저녁 식사는 유기농 통밀 파스타와 토스카나식 흰 강낭콩 수프였다. 거기다 콤부차를 더 마셨다. 나는 슈퍼

---

* 아사이베리는 브라질 북부 아마존 열대우림 근처에서 자라는 야자수 열매로 항산화 성분이 있어 암 예방과 당뇨에 좋고 안토시아닌 성분이 함유돼 피부 건강, 신장, 간에 도 좋다고 알려져 있으며 브라질에서는 '생명의 열매'라 불린다.

우먼으로 변신하거나 심한 배탈이 날 것만 같았다.

인정하지 않을 수 없다. 처음에 나는 꽤 흥분했다. 이 모든 슈퍼푸드가 내 몸속에 퍼져 세포가 활력을 되찾게 해준다는 생각만으로도 에너지가 넘치는 것 같았다. 하지만 하루가 지나자 쿠키와 튀김을 먹고 싶은 마음이 간절해졌다. 다른 음식은 떠오르지도 않았다. 게다가 밤이 되자 평소와 다를 바 없이 피곤했다. 그것참.

물론 나의 실험은 극히 짧고 분명 과학적이라 할 수 없다. 그 근처에도 못 간다. 음식에 든 활성 물질이 우리 몸속에서 제대로 작용하려면 시간이 필요하며, 하루만으로는 너무 부족하다. 또 내가 이용한 슈퍼푸드가 충분하지 않다고 주장하는 사람도 있을 수 있다. 분명 프랑스 시골은 미국 대도시에 비해 이용할 수 있는 슈퍼푸드가 부족하다. 미국 대도시에서는 모링가 잎, 두리안 열매 분말, 마누카 꿀, 아슈와간다 분말, 실라지트 분말, 진두발,* 영지버섯을 이용할 수 있다. 내가 처음에 에너지가 솟는 느낌이 든 건 가짜약 효과일 가능성이 상당히 높다. 나는 또 슈퍼푸드를 찾아다니는 일에는 많은 노력과 시간, 그리고 돈이 든다는 사실을 알게 됐다. 그래서 나는 바오밥 열매 분말을 넣은 스무디를 만드는 일을 그만두고, 조사 연구 논문들을 읽고 과학자들과 이야기를 나누기 시작했다. 나는 슈퍼푸드의 날을 슈퍼푸드의 주 또는 심지어 슈퍼푸드의 달로 확대해도 변화가 없을 가능성이 아주 크다는 사실을 알게 됐다. 값비싼 대부분의

---

* 홍조식물 돌가사리과의 바닷말.

슈퍼푸드가 실은 효과가 없기 때문이다.

수명과 건강 뉴스에 관심이 많은 사람이라면, 슈퍼푸드의 발견에 관한 온갖 대서특필을 따라가기가 어렵다는 사실을 알 수 있다. 어느 날은 구기자, 그다음 날은 말차가 대서특필된다. 예를 들어 지금 대유행하고 있는 건 모링가라는 인도산 나무의 잎 분말이다. 이것은 단백질과 철분을 아주 많이 함유하고 있으며, 콜레스테롤을 낮추고 심혈관계를 보호하며 염증을 줄인다고 한다. 이런 이유로 영양 바bar와 단백질 분말에서 주스와 칩chip까지 온갖 것에 모링가 잎 분말이 첨가되고 있다. 하지만 모링가 잎이 건강에 유익하다고 밝힌 어떤 신뢰할 만한 연구도 찾을 수가 없었다. 한 캐나다 연구자는 이렇게 썼다. "모링가 올레이페라(모링가의 학명)가 건강에 좋다며 열광하지만, 이런 열광과는 지극히 대조되게도 그것을 뒷받침하는 실험상, 임상상의 증거는 부족하다."[20] '히말라야의 장수 열매'로 알려진 구기자도 마찬가지이다. 구기자는 당뇨병을 치료하고 암을 예방하며 체중 감량에 도움이 된다고 한다. 하지만 구기자에 관한 연구는 그냥 부족하다고 말할 수 있는 정도 이상이다. 게다가 그 대부분 실험이 동일 인물, 다시 말해 구기자 주스를 생산하는 회사가 고용한 인물에 의해 이뤄졌다. 이해가 상충한다는 말이다.

또 다른 기적의 음식이라고들 하는 노란 향신료 강황도 상황은 비슷하다. 상당수 실험이 강황의 화학 성분인 쿠르쿠민(커큐민)의 유익함을 알리고 있지만, 그 대부분이 거짓 신호이다. 쿠르쿠민은 '범분석 간섭 화합물pan-assay interference compounds, PAINS'이라는 화합물군에 속하는 것으로 분류된다. 과학자들이 신약을 찾아 화합물을 가려낼 때 범분석 간섭 화합물은 대단히 다양한 생물학적 표적과 반응하는 경향이 있기 때문에 거짓 양성 결과를 내기 쉽다. 2017년 〈의화학저널 Journal of Medicinal Chemistry〉에 발표된 한 논평은 이른바 쿠르쿠민이 가진 기적 같은 특성은 '헛소동'에 지나지 않는다고 요약하며 이 화합물이 "준비되지 않은 연구자를 속여 연구 결과를 잘못 해석하"게 할 수 있다고 경고했다.[21] 쿠르쿠민은 기본적으로 화학계의 '사기꾼'이어서 잘못 설계된 연구에서 거짓 활성을 보여준다. 지금까지 이중맹검법*으로 가짜약 효과를 통제한 쿠르쿠민 관련 임상 실험은 성공한 적이 없다.[22]

식단에 값비싼 슈퍼푸드를 포함시키는 게 수명을 늘리는 데 최선의 방법이 아닐 수 있지만, 식단에서 무언가를 빼는 것도 마찬가지로 바람직한 방법은 아니다. 미국의 소아지방변증 유병률은 1퍼센트 미만이지만 미국인의 4분의 1이 글루텐 섭취를 피한다고 말한다. 이 가운데 35퍼센트는 글루텐 프리 음식이 더 건강하다는 믿음 외에 별다른 '이유 없이' 그렇게 한다. 그러나 글루텐 프리 음식이 더 건강하지는 않다. 영국 시장에서 구매할 수 있는 1700개가 넘는 제품에 대한 조사에서, 연구자들은 글루텐을 함유하지 않은 아침 식사용 시리얼, 빵, 파스타 등의 제품이 글루텐을 함유한 보통의 제품보

---

* 환자와 의사 모두에게 어느 쪽이 치료제이고 어느 쪽이 가짜약인지 알리지 않고 약효를 검증하는 방법.

다 지방, 당분, 나트륨 함유량이 더 많다는 사실을 밝혀냈다.[23]

또 다른 연구는 글루텐 프리 제품의 일부 비타민 함유량이 더 적다는 사실을 밝혀냈다.[24] 글루텐 프리 제품은 대신에 중금속이 더 많은 경향이 있었다. 글루텐을 뺀 식사를 하는 사람들의 혈액과 소변 표본을 분석한 결과 이들의 체내 수은 양이 47퍼센트, 비소 양이 80퍼센트 더 많았다.[25] 글루텐은 훌륭한 식감 개선제인데, 이것이 들어 있지 않은 식품을 만들려면 가공이 필요해 흔히 첨가제를 넣어야 한다. 그 결과 글루텐을 적게 먹어 버릇하는 사람들은 당뇨병과 관동맥성심장병에 더 잘 걸리는 경향이 있음을 역학 연구는 보여준다.[26]

대체로 과일, 채소 등 전통적으로 영양분이 풍부하다고 여기는 많은 음식을 배제한다면, 이것은 유행하는 다이어트일 가능성이 크다. 미리 말해두자면, 채식주의는 유행 다이어트가 아니다. 우선, 채식주의는 단 한 가지 음식, 즉 육류만 먹지 않기 때문이다. 게다가 많은 연구가 육류를 먹지 않으면 수명이 크게 늘어남을 보여준다. 캘리포니아에서 이뤄진 한 연구에 따르면, 채식주의자가 그렇지 않은 사람들보다 남성은 평균 9.5년, 여성은 평균 6.1년 더 오래 산다.[27] 매일 식단에 붉은 살 육류를 보통 먹는 양보다 85그램 더 추가해 넣으면 심혈관계 질환으로 사망할 위험도가 이후 20~30년 동안 16퍼센트까지 높아진다.[28] 심장의 건강을 위해 매일 20분 동안 운동하더라도 베이컨이나 스테이크 85그램이 우리의 노력을 전부 무효로 되돌릴 수 있다.

글루텐을 뺀 식사가 소아지방변증이 아닌 대부분 사람들에게 타당하지 않다면, 그리고 슈퍼푸드가 결국에는 그렇게 특별히 좋지 않고 고단백 식사가 수명 연장에 해를 끼칠 수 있다면, 건강을 유지하기 위해 뭘 먹어야 할까? 그 답은 빤한 것 같다. 과일과 채소를 많이 먹는 것. 그런데 그 과일과 채소가 이국의 것일 필요는 없다. 우리가 동남아시아에 살고 있지 않은 한, 람부탄이나 용과일 필요가 없다. 그냥 양배추, 토마토, 브로콜리, 시금치, 사과면 된다. 값싸고 평범한 것이면 된다. 게다가 유기농일 필요도 없다.

유기농 식품은 얼마나 몸에 좋을까

2014년 한 인터뷰에서 패션디자이너 비비안 웨스트우드는 유기농 식품을 먹을 여유가 없는 사람들은 타협해서 재래농 음식을 먹기보다 '적게 먹'더라도 유기농 식품을 먹어야 한다고 말했다.[29] 아니나 다를까 웨스트우드의 이 말은 엄청난 논란을 불러일으켰다. 사람들은 웨스트우드의 엘리트주의를 비난했다. 대부분 사람들이 비비안 웨스트우드만큼 유기농 식품을 고집하지는 않지만, 현재 절반이 넘는 미국인이 유기농 식품이 재래농 식품보다 건강에 좋다고 믿는다. 과학자들은 그렇다고 확신하지 않는다. 유기농 식품과 재래농 식품의 영양 함유량에 관한 연구 결과는 엇갈리는데, 많은 연구가 전혀 차이가 없음을 보여준다.

예를 들어, 여러 여성이 3주 동안 매일 유기농 또는 재래농 토마토로 만든 퓌레를 96그램씩 먹으면서 혈액을 추적관찰해 리코펜, 베타카로틴, 비타민C 같은 토마토에 든 일반적인 영양소의 혈액 내 농도를 알아본 실험을 보자. 그 결과는 어떨까? 저자들의 말을 인용하자면 "유기농 식품과 재래농 식품의 차이가 크지 않다."[30] 어쩌면 먹는 양이 충분치 않은 걸까? 거의 한 달 동안 날마다 사과 500그램씩 먹게 한 또 다른 연구에서도 유기농 식품과 재래농 식품의 영양 함유량은 무승부였다.[31] 한 가지 식품으로는 충분치 않을까? 덴마크에서 이뤄진 한 실험에서 16명의 사람들이 한 번에 몇 주 동안 엄격히 통제한 유기농 식단 또는 재래농 식단에 따라 식사를 했다. 혈액과 소변검사 결과, 어느 쪽도 항산화 효과가 없었다.[32] 물론 유기농 식단에 유리한 작은 차이를 보여주는 연구가 몇몇 있기는 하다. 하지만 그것을 근거로 유기농 식품을 널리 권장할 만큼 확실하지는 않다.

물론 사람들이 유기농 식품을 선택하는 이유가 풍부한 영양분 때문만은 아니다. 내 경우에는 분명 그렇지 않다. 또 다른 중요한 이유는 농약인데, 더 정확히 말하자면 유기농 식품에는 농약이 없을 거라 추정하기 때문이다.

'추정'이라고 말하는 건 유기농 식품에도 농약이 들어 있어서이다. 황산구리나 제충국분* 같은, 유기농업에 사용할 수 있도록 허가받은 유기농 농약이 많다. 하지만 자연이 만들었다고 해서(제충국분은 식물 추출물이다) 실험실에서 만든 물질보다 반드시 독성이 덜한

---

* 국화과 식물인 제충국의 꽃을 말려 만든 가루로 강력한 살충제.

건 아니다. 사실 유기농 농약이 장기간에 걸쳐 미치는 독성에 대해서는 알려진 바가 거의 없다. 하지만 연구가 진행되면서, 유기 농업에 사용하는 이런 성분에 관한 나쁜 소식이 일부 표면화되기 시작했다. 황산구리에 만성으로 노출되면 간 질환에 걸릴 수 있다. 실험에 따르면, 제충국분은 적어도 악명 높은 합성 살충제인 클로르피리포스만큼이나 독성이 강하다.[33] 한편 또 다른 유기농 농약인 로테논은 파킨슨병에 걸릴 위험을 11배나 높인다.[34]

엎친 데 덮친 격으로, 우리는 흔히 유기농 식품에 농약이 얼마나 잔류하는지 전혀 알지 못한다. 이는 미국농무부 같은 당국이 대개 잔류 농약을 검사하지 않기 때문이다. 더욱이 일부 합성 살충제도 유기 농업에 사용할 수 있다. 이 책을 쓰고 있는 현재, 미국에서 이런 제품 25개가 인가를 받았다. 유기농업협회 농가 정책 책임자인 네이트 루이스는 〈워싱턴포스트〉와의 인터뷰에서 유기농식에 대해 이렇게 말했다. "중요한 건 그게 건강에 더 좋을 거라고까지는 말할 수 없다는 겁니다. 알 수가 없거든요."[35]

농약 허용 기준이 느슨한 나라에 살고 있다면, 유기농 식품을 먹는 게 좋을 수 있다. 하지만 미국, 캐나다, 일본, 유럽연합 같은 곳에서는 기준이 워낙 엄격해서 기준을 초과하는 수치의 농약도 큰 의미가 없다. 과학자들은 농약 안전 기준을 만들기 위해, 실험 대상 동물에게서 해로운 영향을 찾을 수 없는 농약의 최대 용량을 가지고 인간에게 해가 되지 않을 양을 찾아 계속해서 나눠 나간다. 미국환경보호국 웹사이트에 "과일이나 채소에서 잔류 농약이 검출된다고 해

서 안전하지 않다는 뜻은 아니다."라고 쓰여 있는 건 이런 이유에서이다.[36]

농약의 위험성에 관한 많은 보고서가 농장 노동자와 원예사에 관한 연구에서. 나오는 경향이 있다. 그렇다. 농장에서 일하거나 정원 가꾸는 일을 집중적으로 하는 사람이라면, 농약에 대해 염려해야 한다. 음식으로만 노출될 수 있는 양보다 훨씬, 훨씬 더 많은 양의 농약에 노출되기 때문이다. 아이오와와 캘리포니아 북부 지역에서 농약을 살포하는 사람들은 수시로 화학물질을 다루게 되는데 간암에 걸릴 위험도가 곱절이다.[37] 집 안에서 살충제를 사용하는 일도 조심해야 한다. 개미, 바퀴벌레 등 다양한 벌레를 제거하기 위해 뿌리는 온갖 살충제 말이다. 이런 제품을 매년 네 차례 이상 사용하면 흑색종* 위험도가 44퍼센트까지 높아질 수 있다.[38]

다시 한번, 먹는 양이 중요하다. 일부 과학자들은 포도주 속 타닌, 브로콜리에 들어 있는 글루코시놀레이트같이 과일과 채소를 통해 먹는 천연 살충제와 마찬가지로, 합성 살충제가 우리 몸의 건강에 좋은 영향을 미칠 수도 있다고까지 주장한다.[39] 즉 많은 양은 유독하지만 적은 양은 건강을 증진한다는 말이다. 음식에서 검출되는 아주 적은 양의 잔류 농약은 해롭지 않을뿐더러 심지어 이로울 수도 있다는 뜻이다. 이 논란 많은 주장은 인간을 대상으로 검증돼야 하지만, 동물을 대상으로 한 일부 연구가 농약을 포함해 유독하다고 여겨지

---

* 멜라닌 색소를 생성하는 멜라닌 세포로 말미암아 생기는 피부암의 일종.

는 많은 화학물질을 소량만 섭취하면 수명을 연장하거나 암 발생 정도를 줄일 수 있음을 보여준다.[40]

여기에 우리가 얻을 수 있는 교훈이 있다. 경제력이 있으면 때때로 유기농 식품을 먹어라. 나는 종종 그러고 싶다. 나중에 후회하기보다 조심하는 편이 낫지 않을까? 하지만 유기농 식품이 이롭다는 추정이 지금 우리가 보이는 유기농에 대한 집착을 정당화해주지는 않는다. 미국암협회의 표현을 따르자면 "재래농이건 유기농이건 상관없이 채소, 과일, 통곡물 중심의 식단을 지속해야 한다."[41]

해야 할 일이 있다면, 농약 검사를 엄격히 하는 유럽연합, 미국, 또는 캐나다 같은 곳에서 생산한 식품을 구매하는 것이다. 과일과 채소는 그냥 씻어 먹어라. 흐르는 물에 15초 동안 문질러 씻으면 토마토에 잔류한 농약의 70퍼센트가 제거된다. 물에 레몬즙이나 베이킹소다를 넣어 씻어라. 그러면 효과가 더 확실하다. 하지만 수명 연장의 관점에서는, 오염되지 않은 가장 깨끗한 식품을 찾아다니는 일이 전혀 타당치 않다. 유기농 식품보다는, 그리고 슈퍼푸드, 유행하는 다이어트, 영양제, 심각하지 않은 과체중에 대한 우려, 또는 매일의 걸음 수 확인보다는, 우리의 사회적 삶과 마음에 시간과 노력을 쏟는 게 더 타당하다.

로제토 마을에서 생긴 일

1960년 펜실베이니아 중부에 있는 작은 마을 로제토는 특별할 게 없는 곳 같았다. 평범한 자연환경에 둘러싸인 딱히 예쁘지도 매력적이지도 않은 곳이었다. 하지만 로제토에서 17년 동안 일한 지역 의사 벤저민 팰컨 박사는 65세 미만의 지역 주민 가운데 심장병을 앓는 사람을 본 적이 없었다.[42] 이는 대단히 특이한 일이었다. 연구자들이 수돗물과 의료 시설까지 공유하는 주변 지역사회와 로제토를 비교해보니 로제토 주민의 사망률이 다른 지역보다 35퍼센트 낮았다.

과학자들은 곧 그 원인이 유전자 때문은 아니라고 결론지었다. 식단 때문도 아니었다. 로제토 주민들은 설탕이 든 간식거리를 무척 좋아하고 고깃기름으로 요리를 하며 소시지를 즐겼다. 이들은 칼로리의 41퍼센트를 지방에서 섭취했다. 직접 포도주를 담가 즐겨 마셨으며 독한 술도 마다하지 않았다. 게다가 흡연도 하고 채석장이나 지역 공장에서 오랜 시간 녹초가 되도록 일했다. 비만도 흔했다.

여러 해 동안 연구한 결과 수수께끼가 풀렸고, 많은 사람들이 그 해답에 깜짝 놀랐다. 로제토 주민들이 유별나게 건강한 건 이 마을의 역사에 뿌리를 둔 남다른 사회성 덕분이었다. 19세기 말 이탈리아의 로제토 발포르토레 출신 이민자들이 이곳에 정착했다. 이들은 정착 후 곧 건강에 좋은 지중해식 식단은 잊어버렸으나 쾌활한 태도를 버리지는 않았다. 비우호적인 이웃 지역사회에 둘러싸인 로제타 주민들은 함께 뭉쳐야 한다고 생각했고, 또 그렇게 했다.

이들은 이탈리아 전통에 따라 서로 보살피며 여러 세대가 함께 살았다. 가족 사이는 끈끈하고 연장자들은 존경받았다. 틈날 때마다 뒷마당에 진수성찬을 차려놓고 가족 경조사를 기념했다. 로제토 주민들은 개인이 더 큰 무언가, 즉 공동체의 일부라 생각했다. 주민이 2000명 미만인 마을에 낚시와 사냥 클럽, 스포츠 클럽, 기독교 청소년 단체부터 도서관까지 22개나 되는 시민 단체가 있었다.

로제토 남성의 81퍼센트가 이런 단체 가운데 적어도 하나에 소속돼 있었다. 여성들의 클럽은 많지 않았지만, 이들은 교회 모임과 요리를 통해 마을의 사회적 삶에 적극 참여했다. 여성들은 행사와 기념일에 쓸 음식을 준비하느라 자주 함께 모였다. 또 지역 주민들은 마을의 외관을 돌봐 깨끗하고 예쁘게 유지했다. 수시로 거리의 쓰레기를 줍고 마을 중심가 여기저기에 꽃을 심었다. 마지막으로 덧붙일 중요한 사항은 로제토 주민들이 이웃 간에 사이좋게 어울렸다는 점이다. 로제토의 한 주부는 이렇게 말했다. "이웃들이 늘 내 부엌에 오고 나는 항상 이웃의 부엌에 갔어요. 수다를 떨었죠. 우린 마을에서 무슨 일이 일어나고 있는지 알았고 우리를 도와주고 외롭지 않게 해줄 사람이 언제나 주위에 있었어요."[43]

하지만 1963년 이른바 '로제토 효과'를 광범위하게 연구한 스튜어트 울프라는 의사는 불길한 예측을 했다. 로제토 주민들이 자신의 가치관과 사회성을 포기하게 되면 건강 상태가 곤두박질쳐 사망률이 미국의 다른 마을들과 비슷해지리라는 거였다. 불행하게도, 그런 일이 일어났다. 현대화가 시작되면서 로제토는 다른 지역 사람들에게 개방됐고, 공동체 정신이 사라지고 말았다.

젊은 사람들은 '아메리칸드림'을, 다시 말해 큰 집과 멋진 자동차와 호화로운 생활을 꿈꾸기 시작했다. 1960년대에 로제토의 주택들은 작고 오밀조밀 모여 있었으며 부를 과시하는 법이 없었다. 실제로 부를 과시하는 건 불운을 불러들인다고 여겨 금기시했다. 하지만 이제 새 주택들은 교외 지역의 목장 스타일로 지어지면서 규모가 커지고 서로 멀찍이 떨어졌다. 그래서 걸어 다니는 대신에 자동차를 타고 다니게 됐다. 서로가 이웃을 앞지르려 애쓰면서 지역사회 단체를 버리고 컨트리클럽에 가입했다. 1971년 이 마을에서 55세 미만인 사람이 심장마비를 일으키는 일이 처음 발생했다. 곧이어 더 많은 사람들이 심장마비를 일으켰다. 고혈압 환자가 크게 늘고 사망률도 높아졌다. 1970년대 말 로제토는 미국의 다른 지역과 비슷해졌다.

로제토 효과를 경험하기 위해 로제토와 같은 곳에 살아야 할 필요는 없다. 20세기와 21세기에 전 세계에 걸쳐 진행된 많은 연구에 따르면, 마음가짐과 사회성이 수명에 강력한 영향을 미친다. 우리 삶에서 딱 한 가지만 변화시키고 싶다면 과일과 채소를 많이 먹는 게 최우선순위가 아닐 수 있음을 이들 연구는 보여준다. 그보다는 다른 사람과의 관계를 개선하고 마음가짐을 바꾸는 데 노력을 기울여야 한다.

여기 몇 가지 통계가 있다. 하루에 과일과 채소를 6인분 이상 먹으면 하나도 먹지 않는 경우에 비해 사망 위험도가 26퍼센트까지 낮아진다. 유명한 지중해식 식단을 고수하면 몇 년 내에 사망할 위험도가 20~21퍼센트 낮아진다. 많은 사회적 요인과 관련해서는 그 수치가 훨씬 더 커진다. 행복한 결혼 생활은 사망 위험도가 49퍼센트 낮아지는 것과 같다.[44] 심지어 그냥 룸메이트일지라도 누군가와 함께 살면 사망 위험도가 19~32퍼센트까지 낮아지며,[45] 폭넓은 교우 관계를 맺으면 45퍼센트까지 낮아진다.[46] 그 밖의 마음가짐과 사회지표는 건강에 대단히 좋은 식생활과 비슷한 효과를 갖는다. 자원봉사는 약 22퍼센트까지 사망 위험도를 낮추는데, 지중해식 식단을 따르는 경우와 비슷하다. 행복한 결혼 생활, 튼튼한 친구 관계, 소속감 등 모든 걸 합치면, 그래서 사회적 통합 또는 이른바 로제토 효과의 정수라 할 수 있을 것을 이뤄낸다면 사망률이 무려 65퍼센트 줄어든다.[47] 그렇다. 이 수치들은 다양한 방식으로 이뤄진 서로 다른 연구에서 나왔기에 비교하기가 어렵다. 하지만 그렇더라도 어떤 중요한 것을 말해준다.

이제, 운동은 어떨까? 우리는 확실히 건강을 위해 운동에 집착하는 것 같다. 다양한 건강 측정기가 팔리고 있는 것을 보라. 핏비트Fitbit라는 하나의 회사가 2017년 1530만 달러 어치의 제품을 판매했고, 20퍼센트나 되는 영국인들이 웨어러블 기술wearable technology을 이용해 하루의 걸음 수를 센다. 미국에서는 여섯 명 가운데 한 명이 건강 밴드와 스마트워치를 사용한다. 이런 건강 측정기가 모두 효과가 있는지는 알 수 없다. 싱가포르에서 이뤄진 연구에 따르면, 핏비트의 이용이 건강이나 체력의 개선으로 이어지지는 않는다.[48] 또 다른 실험의 결과는 훨씬 더 곤혹스럽다. 실은 건강 측정기를 착용하는 게 오히려 체중 감량을 더디게 한다는 거다.[49]

내 말을 오해하지 말길 바란다. 운동은 수명을 늘리는 좋은 방법이다. 이에 대해서는 의심의 여지가 없다. 내 가족에게 물어보라. 나는 가족에게 유산소 운동을 하라고 들볶는다. 신체 단련이 사망률을 23~33퍼센트 낮춰주기 때문이다. 여기에 영양가 높은 음식을 먹고 일주일에 몇 번 헬스장에 가며 술을 적당히 마시고 금연하는 등 건강에 좋은 몇 가지 생활 습관을 더하면 사망 위험도를 66퍼센트까지 낮출 수 있다.[50] 엄청 큰 수치이다. 이는 로제토 효과에서, 또는 사회에 참여하며 만족스러운 삶에서 얻을 수 있는 수명 연장 수준과 거의 비슷하다.

A라는 여성이 있다고 하자. 건강 중독자인 A는 트램펄린과 필라테스 교실에 꼬박꼬박 다닌다. 하루에 과일과 채소를 5인분 이상 먹고, 포화 지방을 조심하며, 가급적 설탕 섭취를 피하고, 담배를 피우지 않는다. 이제 B라는 여성이 있다고 하자. 오랫동안 가만히 앉아 텔레비전만 보는 과체중의 B는 쿠키와 감자칩을 무척 좋아하고 때때로 테킬라를 많이 마신다.

A는 살짝 신경과민한 일중독자로, 자신이 항상 이리저리 뛰어다니고 있다고 느낀다. A는 미혼에, 독립해 혼자 살며, 이웃과는 교류가 없다. 또 친구를 만날 시간이 없어 자주 외롭다고 느낀다. 자원봉사는 하지 않고, 만약 삶의 목적을 물으면 말문이 막힐 터이다. 다른 한편, 쿠키를 무척 좋아하는 B는 아주 많은 사회적 관계를 맺으며 살고 있다. B는 절친한 친구 둘과 사랑하는 남편이 있으며 자주 이웃집에 들러 수다를 떤다. 지역의 자선단체에서 열성적으로 자원봉

사를 한다. 합창단에서 노래를 부르고 연로한 숙모를 위해 일주일에 한 번 쇼핑을 대신 해주며 문간에 앉아 저녁노을을 보길 좋아한다.

누가 더 오래 살까? 물론 특정한 사람의 수명을 예측할 수는 없다. 하지만 건강에 좋은 식사와 운동이 가져오는 수명 연장 효과와 건강한 사회적 생활 방식이 가져오는 수명 연장 효과를 비교한 연구에 따르면, 고독한 운동 중독자 A와 정크푸드를 좋아하지만 매우 사회성 있는 B가 100세까지 장수할 가능성은 비슷하다. 로제토 효과가 작동하는 까닭이다.

진짜 신경 써야 할 것은 따로 있다

슈퍼푸드, 유기농 식품, 비타민, 영양제에 집착하고 있다면, 이제 그만해도 된다. 건강 측정기로 매일 걸음 수를 세고 이런저런 운동 강좌로 뛰어다닌다면, 쉬어도 좋다. 부디 체중이 조금 늘었다고 기겁하지는 마라. 건강과 수명 연장의 관점에서 이런 것들은 사회적 삶과 마음가짐보다 훨씬 중요성이 덜하고, 일부는 사실 100세까지 장수할 가능성을 높이는 게 아니라 해칠 수 있다.

나는 슈퍼푸드의 날을 보내면서 최상의 구기자를 찾아다니고 그때그때 유행하는 기능 식품을 좇느라 얼마나 많은 시간을 들여야 하는지 깨달았다. 그런데 연구에 따르면, 나는 딸과 모노폴리를 하거나 남편과 커피를 마시면서 그 시간을 보내는 게 훨씬 더 나았다. 포르투갈에서 장수 캠프에 참가하느라 가족과 함께할 수 있었을 소중한 날들을 놓쳤을 뿐 아니라 자선단체에 기부하거나 친구들과 외출하는 데 쓸 수 있었을 돈을 썼다. 나는 살 빼는 데 들인 시간을 인생에서 내게 중요한 게 무엇인지 생각하거나 그냥 좀 더 마음을 챙기는 데 쓸 수 있었다. 110세가 넘게 살았던 잔 칼망은 글루텐 프리 식품이나 슈퍼푸드에 집착하지 않았다. 삶을 최대한 즐기길, 삶을 만끽하길 바랐다. 나는 잔 칼망을 닮으려, 낙천성을 가지려 노력할 수 있다. 그 결과, 건강하게 오래 살 가능성을 높일 수 있다. 122세는 안 될지 모르지만, 아마도 90세나 95세는 가능하지 않을까?

채소와 과일을 하루에 5인분씩 먹고 일주일에 2시간 30분씩 적당한 유산소 운동을 한다면 정말로 좋을 터이다. 하지만 마음가짐, 친구 관계, 공동체에 더 많은 시간과 노력을 기울여 다른 방향에서 건강 문제를 다룰 수도 있다. 그 효과는 최고 건강 중독자의 생활 방식보다 더 확실할 수 있다. 더욱이 사회성과 마음챙김을 위해 영양과 운동에 대한 집착을 줄이는 건 건강에 좋을뿐더러 더 만족스러운 삶을 의미한다. 아무리 많은 케일 또는 구기자라도 우리에게 살 만한 가치가 있는 삶을 주지는 못한다.

다양한 건강 행동이 사망률에 미치는 영향을 보여주는 연구 결과를 담은 표가 다음 페이지에 있다(표1, 2). 여기서 수명 연장에 얼마나 다양한 것들이 중요한지(또는 중요하지 않은지) 알 수 있다. 데이터는 주로 미국의 대규모 표본에서 나왔으나 미국인들에게만 해당되지 않는다. 게다가 여기에 포함된 많은 연구가 (연구의 표준인) 후

표1. 사망 위험도를 낮추는 요인(연구 사례)

음식/운동 개입	사망 위험도 변화	사회성/마음 개입	사망 위험도 변화
운동	-23 ~ -33%	행복한 결혼 생활	-49%
하루 6인분 이상의 과일과 채소 섭취	-26%	폭넓은 사회 관계망	-45%
하루 3인분 통곡물 섭취	-23%[51]	다른 사람에게 도움을 기대할 수 있다는 느낌	-35%[53]
지중해식 식단	-21%	누군가와 함께 사는 것	-19 ~ -32%
십자화과 채소 섭취 하루 164.4그램	-20%[52]	외향성	-24%[54]
과체중	-6%	자원봉사	-22%
오메가3 섭취	효과 없음	상냥함	-20%[55]
비타민C 섭취	효과 없음	삶의 목적을 갖는 것	-17%[56]
건강에 좋은 생활 습관 요인을 적어도 네 가지 합칠 경우(금주, 금연, 식단, 신체 활동)	-66%	복합적으로 측정한 사회적 통합 정도	-65%

표2. 사망 위험도를 높이는 요인(연구 사례)

음식/운동 개입	사망 위험도 변화	사회성/마음 개입	사망 위험도 변화
붉은 살 육류 섭취	+29%[57]	고독감	+26%
비만 2, 3등급	+29%[58]	비관주의	+14%[61]
비타민A 보충제	+16%[59]	불행감	+14%[62]
베타카로틴 보충제	+7%[60]	신경과민	+14%[63]

속 분석이다. 이런저런 식단이 사망률에 큰 영향을 미친다거나 사회적 요인이 사망 위험도에 미치는 영향은 약하다거나 하는 결과를 내놓은 연구가 언제나 한둘 발견되기는 한다. 하지만 이런 연구는 소규모이거나 설계가 잘못된 경향이 있다는 점을 명심하길 바란다. 통틀어볼 때, 대다수 증거가 사회적 관계와 마음가짐이 식단 또는 운동에만 신경 쓰는 것보다 수명 연장에 더 중요하다고 말해준다. 이런 이유로, 현재 세계보건기구는 '균형 잡힌 식사, 활동적인 생활', '안전한 물과 깨끗한 공기'와 더불어 '사회 지원망'을 '건강 결정 요인'에 포함시키고 있다.

하지만 이 장에서 제시하는 사망 위험도 데이터가 수명 연장에 무엇이 더 중요한지에 대한 엄밀한 지표로 이용될 수 있는 건 아니다. 일주일에 브로콜리 5인분을 먹는 게 두 시간 자원봉사를 하는 것보다 더 중요한지 어떤지 평가하려 하지는 말길 바란다. 중요한 건 전반적 태도이다. 사회성을 갖고 마음을 챙기는 것은 적어도 전통적으로 건강에 좋다고 여기는 생활 방식 요인을 모두 합친 만큼이나 건강에 영향을 미친다.

하지만 문제는 21세기를 살아가는 우리는 다른 사람들과 친밀한 접촉을 충분히 하지 못하는 경우가 흔하다는 점이다. 고독하다고 느끼는 사람들의 비율이 높아지면서, 어떤 사람들은 수명을 늘려줄 수 있는 옥시토신 수치를 높이기 위해 시간당 52달러(약 6만 원)를 내고 껴안아주는 일을 전문으로 하는 사람을 찾아가야 하는 지경에 이르렀다.

건 강 하 게
나이 드는 습관

단백질 분말, 값비싼 유기농 식품, 기적의 식품(기적은 없다)은 잊어버려라. 종합비타민 섭취를 멈춰라. 로제토 마을 사람들처럼 이웃과 함께 수다를 떠는 게 부작용도 없으면서 건강에 더 좋다. 건강 측정기는 떼버려라. 공동체 텃밭에 참여하는 게 더 낫다. 좀 과체중이더라도 체중 감량에 대한 집착을 멈춰라. 사회성을 기르고 마음을 챙기는 일이 수명 연장에 훨씬 더 중요하다.

5

외로우면 아프다

내가 들어선 '껴안기 방'은 아담한 크기의 침실과 심리 치료사의 진료실을 뒤섞어놓은 것 같았다. 청소한 바닥에서 나는 냄새, 누군가의 향수 냄새가 났다. 베개가 놓인 물방울무늬의 접이식 침상에 곧바로 눈이 갔다. 나는 그 가장자리에 걸터앉아 방을 둘러봤다. 손수건 한 상자가 놓인 작은 탁자, 이케아 스타일의 그림 몇 점, 책이 가득한 책장, 불교를 주제로 한 장식품.

나를 담당한 '껴안기 치료사hugger' 카타르지나가 편안한 태도를 보여줬음에도, 나는 다소 긴장하고 불편했다. "걱정 마세요. 모두가 처음에는 약간 미심쩍어 하거든요." 카타르지나가 나를 안심시키며 생각해둔 자세가 있는지 물었다. 이곳에 오기 전, 나는 선택할 수 있는 껴안기 자세 '메뉴'를 받았다. '고양이' 자세라 불리기도 하는 전형적인 '포개진 숟가락' 자세spooning position*는 안는 사람이 침상에 앉고 고객이 안는 사람의 무릎에 머리를 두고 눕는 것이고, '요트' 자세는 두 사람이 모두 누운 채로 고객이 치료사의 가슴에 머리를 두고 치료사의 넓적다리에 두 다리를 걸치는 것이다. 간단한 자세도 있지만, 어떤 자세는 고난도 요가만큼이나 복잡해 보였다. 한 시간에 52달러를 내고 마음 내키는 어떤 순서로든 원하는 만큼 껴안는 자세를 선택할 수 있었다.

"시작할까요?" 카타르지나가 부드러운 목소리로 물었다. 카타르지나가 내 옆에 앉아 손으로 내 머리카락을 매만지며 정수리에서 어깨로 쓸어내렸다. 무척이나 어색했다. "침상에 나란히 누워볼까요." 카타르지나가 제안했다. 나는 일단 옆으로 누워 카타르지나를 뒤에 두고 얼굴을 창 쪽으로 향했다. 그러자 아주 조금 나아지기는 했으나 그래도 어색하기는 마찬가지였다. 카타르지나는 계속해서 다정하게 내 팔을 쓰다듬은 다음 다시 머리카락으로 돌아갔다. 나는 무척 겸연쩍었다. 이곳의 웹사이트는 분명 여기서 제공하는 서비스가 성적인 것과는 무관하다고 밝혀놓았으나, 나는 내가 오해했을지도 모른다는 걱정이 들었다. 하지만 카타르지나는 전문 안마 치료사이자 심리학자였다. 우리는 계속 이야기를 나눴는데, 그게 상황을 좀 더 편안하게 만들었다. 나는 서서히 긴장을 풀기 시작했다. 잠시 후에는 미용실에서 머리를 감겨줄 때처럼 정말로 기분이 좋아졌다는 사실을 인정하지 않을 수 없었다. 몸이 따뜻해지고 심장박동은 느려

---

* 숟가락이 포개진 모양처럼 한 사람이 다른 사람을 뒤에서 포개 안은 모양의 자세.

졌다. 옥시토신과 세로토닌이 작용해 나는 더 평온하며 건강해지고, 그래서 바라건대 수명이 늘어나고 있음에 틀림없었다.

바르샤바의 살롱 프로페시오날네고 프시툴라니아Salon Profesjonalnego Przytulania는 폴란드 최초이자 전 세계에서 몇 안 되는 껴안기 전문점 이다. 오리건주 포틀랜드와 텍사스주 오스틴에 껴안기 전문 센터가 하나씩 있고, 캐나다 밴쿠버에 '껴안기점cuddlery'이 하나 있다. 캘리 포니아에는 이미 전문 껴안기 치료사들이 많다. 발상은 간단하다. 일상생활에서 충분히 껴안을 수가 없으면 해결책으로 껴안기 전문 점에 갈 수 있다. 이런 껴안기 전문점은 신중하고, 성적 서비스와는 완전히 거리가 멀면서, 건강이 좋아지게 하는 옥시토신 수치를 높이 는 데 꽤 효과적일 것 같다. 카타르지나는 온갖 계층의 사람들이 찾 아온다고 말한다. 젊은 사람, 나이 든 사람, 중년의 아빠, 20대 전문 직 여성 등. 어떤 사람들은 일이 바빠 사람들과 어울릴 시간이 없어 서 오는데, 대도시에서 느끼는 고독감을 덜고 싶어 한다. 또 어떤 사 람들은 엄마한테서 받아본 적 없는 포옹을 받고 싶어서 온다. 많은 사람들이 한번 오고 나면 계속해서 온다.

껴안기 전문점이 아주 괴상해 보일지 모르지만, 사회적 고립감 관 련 통계를 보고 판단하건대 껴안기 수요가 있는 것 같다. 친구와 가 족의 수가 줄어드는 걸 감안하면 현대인은 껴안을 일이 매우 부족하 다고 추측할 수 있다. 캐나다의 1인 가구 비율은 1951년 7퍼센트에 서 2016년 28퍼센트로 치솟았다. 미국에서는 4분의 1이 넘는 인구 가 혼자 살고 있다. 이것은 유럽의 고독한 수도인 노르웨이의 오슬로에 비하면 아무것도 아니다. 오슬로의 1인 가구 비율은 52.9퍼센트에 달한다.

물론 혼자 산다고 해서 반드시 충분히 껴안지 못하거나 사회 지원망이 부족한 건 아니다. 하지만 그럴 수도 있다. 껴안기 전문가가 미래에 유망한 직업이 될 수 있으리라는 생각을 뒷받침하는 통계 자료들이 있다(더욱이 이 직업은 로봇이 훔쳐 갈 수 없다. 요즘에는 이게 특전이다). 2004년 미국인의 4분의 1이 마음을 털어놓을 수 있는 친구가 단 한 명도 없다고 답했다. 최근에는 친구와 가족을 포함해 친밀한 관계에 있는 지인의 수가 평균 세 명에서 두 명으로 줄어들었다.

건강과 수명 연장의 관점에서, 이는 손해가 막심하다. 캘리포니아 주 앨러미다 카운티에서 이뤄진 대규모 연구는 사회적 통합 정도가 낮은 사람들이 긴밀한 관계를 누리는 사람들보다 이후 7년 동안 사망할 가능성이 세 배나 높음을 보여줬다.[1] 여기서 사회적 통합 정도가 낮다는 건 친구와 친척이 별로 없고 결혼하지 않았으며 지역사회 단체에 소속돼 있지 않다는 뜻이다. 친구와 가족이 수명 연장에 미치는 영향이 나이 많은 사람들에게만 해당한다고 생각할지 모른다. 곁에 누군가가 있어서 계단에서 굴러 다치지 않게 하면 되는 간단한 일이라 생각할 수 있다. 하지만 그렇지가 않다. 어떤 연령이든 사회적 관계가 부족한 사람들이 심장마비, 뇌졸중, 당뇨병, 심지어 임신 합병증에 더 많이 걸린다는 사실이 증명되고 있다.[2] 이것은 수시로 가족을 방문한다고 해서 예방할 수 있는 일이 아니다.

사회자본이 수명에 긍정적 효과를 미치는 이유는 사랑하는 사람들이 수시로 우리의 건강을 챙겨주기 때문만도 아니다. 엄마, 형제, 친한 친구들이 우리에게 잘 챙겨 먹으라거나 운동을 하라거나 담배를 끊으라는 말을 수시로 해주기 때문만이 아니라는 말이다. 다른 사람과 함께 사는 이들은 더 다양한 과일과 채소를 먹게 되는 경향이 있기는 하지만, 대체로 외로운 사람들의 식단과 크게 다르지 않다. 게다가 흡연은 사람들과 어울릴 때 더 잦아지기 마련이다.

물론 친구와 가족이 건강을 챙겨주는 게 분명 수명 연장에 도움이 되기도 한다. 걱정해주는 이들로 둘러싸인 사람들은 고독한 사람들에 비해 의사의 말을 듣고 약을 복용할 가능성이 세 배 이상이다.[3] 하지만 이것도 인간관계가 건강에 미치는 믿기 어려울 정도의 영향을 설명하기에는 충분치 않다. 역학 연구에서는 환자의 치료 순응도*를 통제하는 게 일반적이지만, 그런데도 그 영향은 지속된다. 게다가 대단히 흥미로운 한 연구가 그 연관성이 문화나 행동뿐 아니라 생리에도 있음을 보여주는 증거를 내놓고 있다.

300명의 사람들이 연구소에 와서 콧구멍에 감기 바이러스를 뿌려 감염된다고 생각해보자(그 동기는 이 실험에 참여하는 대가로 각자 받기로 한 800달러임에 틀림없다). 자원자들은 감염되기 전 연구자들로부터 6일 간격으로 여섯 차례 전화를 받아, 그날 자신이 한 사회적 상호작용에 관한 질문을 받았다. 누구와 시간을 보냈는가? 얼마나 오랫동안 시간을 보냈는가? 즐거웠는가? 그런 다음, 이 용감한 자원

---

* 환자가 의학 처방을 정확히 따르는 정도.

자들은 콧구멍에 바이러스를 뿌려 노출된 후 5일 동안 격리된 채 여러 차례 감기 증상을 점검받았다. 예를 들어 콧물을 확인하기 위해 이들이 사용한 손수건의 무게를 달았다.

그 결과가 나왔을 때, 분명한 그림이 드러났다. 혼자 있기 좋아하는 사람들은 남과 어울리기 좋아하는 사람들보다 감기에 걸릴 위험도가 45퍼센트 높았다.[4] 모두가 정확히 같은 양의 바이러스에 노출되었는데도 말이다. 다시 말해, 친구들과 시간을 보내면 코감기를 막을 수가 있다.

사회적 관계와 건강이 생물학적으로 연결되는 건 또다시 주로 옥시토신, 도파민, 엔도르핀, 세로토닌 같은 신경펩티드의 상호작용과 시상하부-뇌하수체-부신 축 때문이다. 하지만 때로는 사회적 관계와 건강이 훨씬 더 직접적으로 연결된다. 야생 개코원숭이의 장내 미생물을 비교한 과학자들은 가장 절친한 단짝들이 가장 비슷한 장내 미생물을 갖는다는 사실을 발견했다. 옥스퍼드셔의 숲에 있는 롤로의 쥐들처럼 말이다. 게다가 건강에 좋은 장내 미생물이 암, 심장병, 당뇨병 등의 발병도를 낮추기 때문에, 친구 사이에 미생물군을 주고받아 다양화하면 수명을 연장할 수 있다. 물론 사회적 접촉을 통해 기생충과 치명적인 병원균이 옮을 수도 있다. 롤로의 말대로, 건강에 좋은 미생물을 다양화하는 전염과 위험해서 피해야 하는 전염 사이에 균형을 찾는 일은 사회적 동물이라면 언제나 해결해야 하는 난제이다.

다른 사람들과 신체 접촉을 하는 데 더해 친구를 만나고 결혼을 하고 동호회에 참여하는 등 공동체에 통합되는 일이 건강과 수명에 매우 중요하기는 하지만, 객관적인 관계의 질은 이야기의 일부분에 지나지 않는다. 그것만큼이나 중요한 건 우리가 사회적 삶을 어떻게 생각하고 인식하느냐이다. 남들이 보기에는 친구 관계와 가정생활을 잘해나가고 있는 것 같지만, 그렇더라도 본인이 외롭다고 느낀다면 100세까지 살기 어렵다.

잠 못 드는 고독한 사람들

30세인 린지는 엄마가 됐을 때 고독하다고 느꼈다. "창 앞에 서서 건너편 이웃집을 내다보곤 했어요…… 모든 사람들이 어떻게 잠을 자고 있을까 생각하곤 했답니다…… 나 혼자만 비참한 기분을 느끼면서 깨어 있다고 느꼈죠." 32세인 대니는 고독하다는 건 인간을 느끼지 못한다는 뜻이라고 말한다. "나는 영구 동면에 빠진 작은 동물처럼 풀이 죽어 몸을 움츠렸죠. 헤어날 수가 없고 모든 게 차갑기만 합니다." 18세인 대니얼에게 고독감은 기생충 같다. "그게 내 속에 계속 살고 있어요. 그것들이 내 장기를 모두 갉아먹는 걸 느낀답니다."

앞서 인용한 말들은 고독 프로젝트Loneliness Project라는 웹사이트에서 나왔다.[5] 이 웹사이트는 토론토에 사는 25세의 그래픽디자이너 마리셔 코다가 만들었다. 첫 화면은 캄캄한 밤인데도 깨어 있는 아파트 단지처럼 꾸며져 있다. 저 아래 보이지 않는 거리에서 들려오는 분주한 도시의 소음. 건물의 창들에서 사람들의 검은 윤곽을 볼 수 있다. 아파트마다 한 사람씩, 책을 읽거나 컴퓨터 작업을 하거나 그냥 바깥세상을 쳐다보고 있다. 창을 클릭하면 그 사람의 이름, 나이, 그가 고독감에 대해 하는 이야기가 뜬다. 이미지는 만들어진 것이지만 이야기는 진짜이다. 다른 사람들과 어울리지 못하고 고립돼 어느 누구에게도 이해받지 못하는 사람들의 이야기. 이 이야기들은 웹사이트의 독자들이 보내오는데, 이야기 내용은 서로 다르지만 모두가 가슴 아프다.

과학자들은 고독감과 사회적 고립감이 뚜렷이 다른 개념이라고 말한다. 전자는 주관적이다. 우리는 우리 옆에 아무도 없다고 느낀다. 친구도, 가족도, 사랑하는 사람도, 돌봐주는 이웃도. 후자는 객관적이다. 실제로 우리 옆에는 아무도 없다. 가족과 친구들에 둘러싸여 있지만 고독하다고 느낄 수 있다. 반면 정말로 혼자여서(알래스카 황무지의 오두막집을 생각해보라) 기생충 같은 고독감을 경험하지 못할 수도 있다. 하지만 사회적 고립감과 마찬가지로, 고독감은 현대인들에게 널리 퍼져 있다. 캐나다인 다섯 명 중 한 명이 고독감을 호소하고, 미국에서 고독감을 호소하는 사람들의 수는 17퍼센트 정도이다. 서유럽은 상황이 좀 나아 보인다. 고독감을 느끼는 비율이 10퍼센트를 맴돈다. 나이가 들수록 고독감을 느끼는 비율이 거의 전 세계 모든 곳에서 높아진다. 캐나다에서는 80세 이상 고령자 가운데 거의 50퍼센트가 고독하다고 말한다.

이 모두가 나쁜 소식이다. 객관적인 사회적 고립감만이 건강과 수명에 중요한 건 아니기 때문이다. 주관적인 고독감도 중요하다. 2015년 이뤄진 연구들에 대한 후속 분석에 따르면, 객관적인 사회적 고립감은 사망 위험도를 29퍼센트까지, 주관적인 고독감은 26퍼센트까지 높인다.[6] 그리고 객관적으로나 주관적으로나 모두 고독감을 느낀다면 100세까지 장수할 가능성은 곤두박질친다. 고립감과 고독감의 영향이 누적되기 때문이다. 만약 객관적으로나 주관적으로나 도와줄 사람들이 많아지면 우리의 장수 가능성은 무려 91퍼센트까지 높아진다.[7] 유기농 구기자를 먹고 팔굽혀펴기를 해도 이런 정도의 효과에는 얼씬도 못 한다. 고독감이 건강에 미치는 구체적인 영향에 대해 말해보자면 심혈관계 질환, 뇌졸중, 심지어 요실금의 위험도를 높이는 것으로 보인다. 그리고 고독감은 자살이라는 아주 극적인 방법으로 수명을 줄일 수도 있다.

하지만 고독감에 대해 얘기해둘 게 하나 있다. 고독감이 우리에게 도움이 되기도 한다는 사실 말이다. 실제로 우리는 가끔 고독감을 느끼도록 진화했을 가능성이 크다. 시카고 대학의 신경과학자 존 카치오포John Cacioppo는 고독감에 중점을 둔 연구 경력으로 '고독 박사'라는 별명이 붙었다. 카치오포는 고독감을 배고픔과 갈증에 즐겨 비교했다. 배고픔이나 갈증과 마찬가지로, 고독감은 삶에서 뭔가 잘못되고 있다고, 빨리 뭔가를 바꿔야 한다고 말해주는 신호이다. 배가 고프면 먹을 걸 찾아야 하고, 고독하면 다른 사람들과의 연결을 꾀해야 한다.

우리 조상들에게, 고독감이 불러오는 특정한 생물학적 변화는 실제로 수명 연장에 도움이 됐을지 모른다. 나는 지금 당뇨병이 아니라 날카로운 송곳니를 가진 고양잇과 동물이 우리의 생명을 위협하던 시대에 대해 이야기하고 있다. 우리 조상들이 부족과 떨어져 혼자 남겨지면, 고독감이 생존을 목표로 한 일련의 생리 변화를 가져왔다. 우리가 5만 년 전 아프리카의 초원 어딘가에 살고 있다고 생각해보라. 부족민들과 불화가 있어서 추방당했다고 해보자. 이제 우리는 혼자다. 갈등은 끝났을지 모르지만, 이제 사자의 먹이가 될 위험에 처해 있다. 우리는 이리저리 숨을 곳을 찾아다닌다. 그러면서 여기저기 몸이 긁힌다. 포식자와 한바탕 난투극을 벌여 어떻게 해서든 목숨을 건지더라도, 할퀸 자국과 상처에 세균이 바글거리기 시작할 터이다. 우리 몸은 생존을 위해 이 감염과 싸워야 한다. 그리고 그게 더 효율적이다.

우리가 고독하다고 느낄 때 면역 체계는 바이러스와의 전투에서 그 상황에 더 유리한 항균 반응으로 전환한다고, 카치오포가 인터뷰에서 내게 말했다. 부족 안에 있을 때는 바이러스가 쉽게 퍼져서 몸이 그것과 싸울 준비를 해야 한다. 하지만 일단 고립되면, 전염의 위험성은 낮아지는 반면 사자로 인해 생긴 상처에 세균이 바글거릴 위험성이 높아져, 우리 몸은 여기에 주력한다. 허기진 느낌이 먹을 걸 찾게 하고 몸을 에너지 절약 모드에 들어가게 하듯, 고독감은 '초원에서 혼자 생존해야 하는 모드'로 전환시킨다. 이렇듯 항바이러스 반응에서 항균 반응으로 전환된다는 건 우리가 고독감을 느낄 때 체내에 염증이 증가한다는 뜻이다. 기원전 5만 년쯤에는 이것이 괴저로 팔다리나 목숨을 잃는 일을 방지할 수 있었으나, 2020년에는 대사증후군 위험도를 높일 뿐이다.

고독감이 낳는 또 다른 생물학적 결과는 수면 장애이다. 우리가 초원에 혼자 있다면, 깊은 잠에 빠지는 건 좋은 생각이 아니다. 그러면 사자가 몰래 다가오기 쉽다. 카치오포는 실험실 연구에서 고독한 사람들은 토막잠을 자고 편안히 자지 못하는 경우가 많음을 밝혀냈다.[8] 물론 이것은 건강에 안 좋은 소식이다. 수면 부족은 심장병, 당뇨병, 암을 의미할 수 있고, 결국 수명 단축으로 이어진다.

영국은 세계에서 가장 잠을 적게 자는 나라다. 영국인의 37퍼센트가 잠을 충분히 자지 못한다고 호소한다. 그리고 아일랜드가 2위, 캐나다와 미국이 3위를 차지하고 있다. 이 안타까운 현상의 주범으로 무리한 업무 일정과 스마트폰을 지목한다. 하지만 우리가 잠을 충분히 자지 못한다고 느끼는 이유는 사실 전염병처럼 퍼지는 고독감 탓일 수도 있다. 우리가 잠든 곳에 배고픈 사자가 몰래 다가올 경우에 대비해, 고독감은 밤에 사람의 몸을 예민하게 만든다. 우리의 고독한 몸이 초원에서 그랬듯 생존 모드가 되기 때문에, 잠을 잘 자지 못한다.

하지만 고독감이 수면 장애나 염증의 증가하고만 관련이 있는 건 아니다. 단순한 스트레스와도 관련이 있다. 내가 '초원에 홀로'라는 시나리오에 가장 가까운 상황에 처했던 건 현지 안내원과 함께 탄자니아의 한 국립공원을 가로지를 때였다. 나, 안내원, 남편, 딱 셋이서 말이다. 안내원이 엽총을 가지고 있었는데도 내 심장이 빠르게 뛰어내 정맥 속에 코르티솔이 출렁거렸다. 길을 잃어 거기에 버려진다면? 밤에? 아니, 사양하겠다. 나는 내 '부족'(가족과 친구들)으로부터 매우 멀리 떨어져 나온 것 같았고, 단 세 명인 우리 무리의 규모가 더 컸으면 싶었다. 진화가 어째서 우리가 홀로 고립되는 것을 못 견디게 만들었는지 바짝 긴장한 내 몸으로 분명하게 느낄 수 있었다. 고독한 사람들의 시상하부-뇌하수체-부신 축의 활동이 증가하고 코르티솔 수치가 높아지는 건 놀라운 일이 아니다. 이런 생리 변화는 침에서 알 수 있다. 외로움으로 가득한 하루가 지나고 바로 그다음 날 아침, 잠에서 막 깨어난 사람들의 침에는 코르티솔이 더 많이 들어 있다. 투쟁-도피할 준비가 된 것인데, 이는 눈을 떴을 때 아침 식사를 준비하는 육식동물이 우리를 내려다보고 있을 경우에 최적인 상태다.

진화의 역사에서, 고독감의 고통이 생명을 구하는 데 도움이 됐을 수 있다. 상처와 포식자를 막는 데 도움이 되는 생물학적 반응을 유발하고 다른 사람들과 연결되기를 갈망하게 만들어서, 무리로 되돌아가 용서와 포용을 간청했을 터이다. 과거에는 고독감이 오래가지 않았다. 다른 사람들과 다시 연결되거나 아니면 무언가에 잡아먹혔다. 하지만 오늘날에는 더 이상 고독감이 우리의 생존에 도움이 되지 않는다. "현대사회에서는 오랜 기간 고독하면, 그 비용이 이득보다 커지기 시작하죠." 카치오포가 내게 말했다. 수면 부족은 비만, 심장병, 당뇨병으로 이어지고 종양을 키워 수명을 줄인다. 염증은 조직을 손상시키고 암의 원인이 된다. 높아진 코르티솔 수치는 면역 체계와 혈압을 망가뜨린다.

하지만 유감스럽게도 이게 전부가 아니다. 만성 고독감이 현대인의 몸에 무슨 일을 일으키는지 좀 더 알아보고자, 과학자들은 이른바 배척ostracism에 대해 연구하고 있다.

소외된 사람들의 유전자

로빈 톰슨은 공동체로부터 배척되거나 배제될지 모른다는 두려움이 매우 커서 자살을 생각하고 광장공포증이 생겼다. "집을 나서기가 너무 힘들었어요. 식료품 가게에 가는데도 자동차를 타고 가야 했고, 거리 끝까지 갔다가 차를 돌려 그냥 돌아와야 했죠." 톰슨은 공황 발작이 심해져 결국 입원했다. 톰슨은 자신이 심장마비로 어떻게 될 거라 확신했다.

톰슨은 여호와의증인이 모태 신앙이고 장로의 딸이기도 했으나 10대가 되면서 종교에 대해 의심을 품기 시작했다. "하지만 어떤 의문도 허용되지 않아요. 그게 위험할 수 있거든요. 이런 의심을 억눌러야 하고, 다른 여호와의증인과는 그것에 대해 이야기를 나눌 수가 없어요." 톰슨의 말이다. 위험하다고 한 이유는, 이 종교를 떠나 '관계를 끊'으면 거의 자동적으로 공동체의 나머지 사람들로부터 외면당하기 때문이다. 사람들은 '관계를 끊'은 이와 더 이상 이야기를 나누려 하지 않는다. '관계를 끊'은 이가 더 이상 존재하지 않는 체한다.

세월이 흘러 톰슨은 결혼을 했다. 하지만 의심은 가라앉지 않았다. 2006년 톰슨과 남편은 완전히 이 종교를 포기했다. 하지만 관계를 끊은 사실을 공식적으로 알릴 준비가 돼 있지 않았다. 2년 전에야 두 사람은 이 종교 내 문제를 고발하는 동영상을 유튜브에 올리기 시작했다. 그러자 사람들은 둘을 피하기 시작했다. "부모님한테 다가가서 말을 건넸어요. 그런데 부모님은 마치 다른 사람들 같았죠. 로봇 같은 말투로 이렇게 말씀하시더군요. '우린 널 사랑한단다. 그리고 네가 그리울 거다. 하지만 우린 더 이상 너와 아무런 상관이 없다.'" 공동체로부터 배제된다는 건 친구와 사회적 지원망을 잃는다는 뜻이었다. "가족이 모두 끔찍한 사고로 죽은 것 같은 느낌이에요. 하지만 여전히 살아 있다는 걸 알고 있는 거죠. 그 슬픔과 고독감은 말로 다 하기 어려워요." 다른 사람들의 외면이 자신의 건강에도 타격을 주는 것 같다고 톰슨은 말한다. 예전에는 몇 년이 가도 감기에 걸리는 일이 없었으나, 사람들이 자신을 따돌린 지 몇 달이 안 돼 톰슨은 무려 다섯 차례나 독감을 비롯한 감염병에 걸렸다. 톰슨은 자신이 45세밖에 되지 않았는데도 '많은 고통과 통증'에 시달린다고 한다.

이런 일이 일어나는 종교가 분명 여호와의증인만은 아니다. 사이언톨로지교, 정통 유대교, 가톨릭교에서도 일어난다고 알려져 있다. 고대 그리스인들은 도편추방제ostracism라는 이름 아래, 공동체로부터의 추방을 처벌로 흔히 이용했다. 시민들은 환영받지 못하는 사람의 이름을 오스트라카ostraka, 즉 깨진 도자기 조각에 써 투표해 그를 도시에서 쫓아냈다. 하지만 다행히도 현대 과학자들은 도편추방제의 효과를 연구하기 위해 연구 대상의 이름을 깨진 머그컵에 적을 필요가 없다. 간단한 컴퓨터게임으로 충분하다.

컴퓨터게임의 이름은 사이버볼Syberball인데, 게임 방식은 이렇다. 우리는 온라인 게임을 할 거라는 말을 듣는다. 우리가 보지 못하는 다른 두 참가자와 함께 가상의 공을 던지고 받는 게 할 일이다. 다른 두 사람은 아마 자기 컴퓨터 화면 앞에 붙어 앉아 있을 것이다. 우리는 다른 두 사람을 알지 못하고 그 둘은 우리를 모른다. 여기서 비밀은 다른 두 게임자는 진짜가 아니라는 사실이다. 이 둘은 프로그램의 일부로, 우리가 이 무리에 포함되거나 배척되고 있다고 느끼게 만들도록 설계됐다. 과학자들이 우리가 배제되는 경험을 하게 만들 때는, 다른 '게임자들'이 우리에게 몇 차례 공을 패스한 다음 둘이서만 플레이를 하면서 거기에 우리는 있지도 않은 듯이 행동한다. 우리가 이 무리에 포함돼 있다고 느끼도록 하는 시나리오에서는, 이두 사람이 게임 내내 우리에게 공을 던져준다.

지금까지 5000명 이상의 사람들이 사이버볼 게임을 하면서 자신이 사회적으로 배척되거나 소속된다는 느낌을 받았다. 이들의 심리적, 생리적 반응을 수십 가지 방법으로 측정했다. 이때 드러나는 대단히 흥미로운 한 가지 결론은 고독감의 고통이 단지 비유가 아니라 실재하는 것이라는 점이다. 연구자들은 한 실험에서 자원자들이 자기공명영상장치 안에서 사이버볼 게임을 하게 했다. 공을 던지는 가상의 동료들로부터 소외당하면 자원자들의 뇌에서 뜻밖의 부위에 계속 불이 켜진다는 사실에 과학자들은 주목했다.[9] 이 뇌 부위는 누군가의 주먹에 복부를 맞으면 불이 켜지는 곳과 같았다. 다시 말해, 사회적 고통은 신체적 고통에 반응하는 신경망을 활성화했다. 사랑이 깨지고 친구와 말다툼을 벌였을 때 생겨나는 상처는 치통만큼이나 실재하는 것일 수 있다.

더욱이 어떤 사람들은 다른 사람들보다 고독감의 고통과 사회적 배제에 더 예민하다는 사실을 사이버볼 연구가 보여줬다. 옥시토신 수용체 유전자인 rs53576의 GG 변이형을 가진 사람들은 배척받을 경우 AA 유전자형을 가진 사람들보다 더 우울해한다. 이는 놀랄 일이 아니다. 결국 GG 변이형을 가진 사람들은 대개 공감을 더 잘하고 사회적으로 예민한 유형이다.[10]

유전자가 우리의 성향에 영향을 미쳐 우리가 기생충 같은 고독감을 경험하기도 하지만, 반드시 그런 것만은 아니다. 이 영향 관계는 반대 방향으로도 작용해 고독감이 유전자를 변화시키기도 한다. 가장 영향을 받는 유전자 가운데에는 염증을 유발하는 유전자가 있다. 이 유전자는 자신이 특히 배제된다고 여기는 사람들에게 과도하게 발현된다. 이들의 유전자는 평균보다 더 열심히 작동해, DNA에서 나오는 지시를 사이토카인처럼 염증을 유발하는 생성물로 전환할 터이다. 과학자들은 흥미롭고도 충격적인 한 연구에서 181명의 사람들로부터 고독감에 관한 보고를 수집했다. 수년 후 이들이 모두 사망하자, 연구를 위해 기증된 이들의 사체를 연구했다. 그 결과, 무려 380개의 유전자가 이 고독한 사람들에게는 다르게 작동한 사실이 드러났다. 그 대부분이 과도하게 작동했는데 면역 반응, 알츠하이머병, 암과 관련된 유전자들이었다.[11]

분명 고독감이 우리 영혼만 갉아먹는 건 아니다. 또한 우리 몸을, 유전자까지도 손상시킨다. 오래 살려면 이런 불쾌한 감정은 없는 게 더 낫다. 그리고 때로 필요한 건 따뜻한 샤워뿐이다.

따뜻한 차 한 잔의 중요성

1981년 11월 5일 오후 5시 21분, 목욕 가운을 입은 19세의 리자 다마토는 뉴욕 주립 대학의 기숙사 방에서 샤워기를 틀고 그 아래에 섰다. 다마토는 열 시간 후에도 여전히 샤워기 아래에 있었고 물에 흠뻑 젖은 채 고무 매트리스 위에서 잠들었다. 11월 9일 다마토의 발은 온통 쪼글쪼글한 주름투성이였다. 하지만 샤워를 멈출 뜻은 없었다. 11월 10일 마침내 샤워기를 껐는데, 다마토의 샤워 시간은 121시간 1분으로 세계기록을 세웠다.

다마토는 자선 목적으로 이렇게 오랜 시간 샤워를 했지만(다마토는 미국암협회를 위해 기금을 모으고 있었다), 연구에 따르면 사람들은 자선을 베풀 때보다는 외로움을 느낄 때 샤워를 더 오래한다. 이런 결과를 보여주는 첫 번째 보고서가 2012년에 나왔다. 두 명의 예일 대학 연구자는 자신이 사회적으로 고립돼 있다고 생각하는 사람들이 더 오래 온욕과 샤워를 한다고 추정했다.[12] 게다가 현재 다른 많은 데이터가 고독감과 체온이 연관된다는 사실을 보여준다. 예를 들어 주방에서 저녁 식사를 하고 있다고 생각해보자. 방의 온도가 몇 도일까? 신기하게도, 우리의 답은 저녁 식사를 혼자 하는지 아니면 친구나 가족에 둘러싸여 하는지에 달려 있을 가능성이 높다. 연구자들은 한 실험에서 푸드코트에서 점심 식사를 하고 있는 수십 명의 사람들에게 다가가 건물 내 온도를 추정해달라고 부탁했다. 혼자 점심 식사를 하는 사람들은 평균 20.21도라고 말한 반면 다른 사람들과 함께 식사를 하는 사람들은 22.57도로 추정했다. 실제 건물 내 온도는 중간인 21.5도였다.[13] 다른 연구들에서도 비슷한 결과가 나왔다. 온도 인식에서 크지는 않아도 분명한 차이가 있다.

난방비를 절약하고 싶다면 사랑하는 사람을 자주 떠올려라. 그러면 방 온도를 실제보다 2도나 더 높게 느끼게 된다.[14] 심지어 따뜻한 차나 커피 한 잔도 우리의 온도 인식을 바꿀 수 있다. 김이 모락모락 나는 마실 것을 손에 들고 있을 때 우리는 동료나 친구를 더 신뢰하고 '따뜻하게' 대하게 된다.[15]

우리가 사회에 속해 있다는 느낌과 체온의 연관성이 우연의 일치로 보일지 모르지만, 생물학적으로 설명이 된다. 이는 결국 동물은 에너지 절약을 최우선순위에 두는 경제적 생물이라는 사실로 요약된다. 황제펭귄을 생각해보라. 기온이 영하 45도 아래로 떨어져 남극이 가장 추워지는 7월, 수컷 황제펭귄은 소중한 알을 부화시키기 위해 끈기 있게 서서 버틴다. 아무데도 가지 않고, 사냥도 하지 않으며, 먹지도 않는다. 115일 동안이나 아무것도 먹지 않으면서 알을 따뜻하고 안전하게 지켜야 한다. 게다가 혹독한 추위에도 살아남아야 한다. 그러기 위해, 이들은 옹기종기 모여 선다. 이 커다란 조류 수만 마리가 축구장 크기의 눈 쌓인 땅 위에 함께 비집고 들어서서 무리 내 온도를 37.5도까지 올린다. 황제펭귄들이 서로 바싹 붙지 않으면 추위가 뼛속까지 스며드는 남극의 겨울 동안 살아남아 알을 부화시킬 수가 없다. 그래서 모두가 굶어죽고 말 터이다.

많은 동물의 경우, 서로 바싹 다가붙으면 소중한 에너지를 절약할 수 있다.[16] 어떤 종의 경우에는, 개체의 기초대사율을 50퍼센트 이상 낮출 수 있다. 이는 결국 생존 가능성을 높인다. 필요한 먹이의 양이 적고 차가운 기온을 견딜 수가 있기 때문이다. 우리 조상들도 그다지 다르지 않았다. 추운 날에는 바싹 다가붙어 노출되는 체표면을 최소화해 서로의 몸을 데웠다. 하지만 추운 밤에 체온을 따뜻하게 유지하기 위해 신뢰할 만한 사람이 누군지 아는 게 중요했다. 좋은 '친구'일수록 믿고 끌어안을 수 있을 터였다.

진화 과정에서, 사회적 관계와 체온 사이의 이런 연관성이 우리의 뇌에 각인됐다. 오늘날 체온을 조절하는 기제와 우리가 다른 사람에 대해 느끼는 온도를 결정하는 기제는 서로 겹치는 경향이 있다. 열쇠는 대뇌피질 깊숙이에 있는 피라미드 모양의 작은 조직인 섬엽 insula에 있다. 섬엽은 우리가 온도를 어떻게 느끼는지, 그리고 다른 사람을 어떻게 인식하는지에 중요하다. 동물 연구에 따르면, 옥시토신도 여기에 한몫할지 모른다. 옥시토신 수용체를 가지고 있지 않은 쥐는 체온 조절에 어려움을 겪는다.

이 모든 게 현대인에게 의미하는 바는 우리의 체온 조절 장치가 우리가 사회적으로 얼마나 잘 연결돼 있는지 말해주는 단서로 쓰일 수 있다는 점이다. 뜨거운 샤워가 몹시 하고 싶은가? 방 온도가 실제로 높은데도 문득 썰렁하다고 느끼는가? 어쩌면 우리 몸이 가까운 사람들과 접촉해 옥시토신 수치를 높이라고 말하고 있는 것일지 모른다.

한편으로, 기온을 활용하면 고독하고 소외됐다는 느낌을 물리치는 데 도움이 된다. 애거사 크리스티의 추리소설 《스타일스 저택의 괴사건》에서, 부자 할머니인 잉글소프 부인은 남편과 말다툼을 벌인다. "당신은 나한테 거짓말을 하고 속여왔죠." 잉글소프 부인이 소리친다. 말다툼 후, 잉글소프 부인은 안방으로 와 가정부에게 '엄청난 충격'과 '배반당한 신뢰'에 대해 불평한다. 가정부는 간단한 해결책을 제시한다. "좋은 차를 한 잔 따끈하게 마시고 나면 기분이 좋아지실 거예요, 부인."

속상할 때 따뜻한 음료가 기분을 좋아지게 할 수 있다고 말한 가정부는 뭘 좀 아는 사람이다. 따뜻한 초콜릿도 좋고 차도 좋다. 손을 따뜻이 데워주기만 한다면 뭘 마시는지는 중요하지 않다. 비슷하게, 난로 옆에 앉아 있거나 뜨거운 물에 실컷 샤워하는 게 고독감을 줄여줄 수 있다.

이렇게 따뜻한 초콜릿이나 목욕이 혼자라는 느낌이 주는 고통을 덜어줄 수는 있다. 하지만 문제는 이것이 임시방편에 지나지 않아서 근본적인 의학적 원인을 해결하지 않고 타이레놀로 두통을 없애는 것과 다소 비슷하다는 점이다. 만성 고독감을 느낀다면, 이를 완전히 없애는 게 진정 건강을 개선하고 수명을 연장하기 위해 필요하다. 그러려면 121시간 동안 뜨거운 물로 샤워하는 걸로 충분치 않다. 고독감을 없애려면 훨씬 더 많은 노력이 필요하고, 유감스럽게도 이는 힘든 싸움이다. 고립감은 행동하고 생각하는 방식을 바꿔놓아 우리를 궁지에 몰아넣기 때문이다.

외로움이 보내는 신호

영국 센트럴랭커셔 대학의 실험실에 18세의 한 학생이 노트북 앞에 앉아 있었다. 이상한 장치가 학생의 머리에 부착돼 있었는데, 〈스타 트렉〉에 나오는 보타족*이 명령을 받기 위해 착용한 헤드폰과 비슷했다. 이것은 눈동자 추적 장치로, 심리학자와 신경과학자들은 이를 이용해 우리의 주의를 끄는 게 무엇인지 연구한다. 연구자들은 눈 주위에 설치한 카메라와 거울을 통해 얻은 데이터로 시선 방향과 눈동자의 움직임을 분석해, 다양한 상황에서 다양한 사람들이 시각 정보를 처리하는 방식을 더 잘 이해할 수 있다.

바로 이날, 센트럴랭커셔 대학에서 눈동자 추적기를 이용해 고독감을 느끼는 사람들이 사회적으로 불쾌한 상황에 맞닥뜨리면 무슨

---

* 〈스타 트렉〉에서 파운더라는 지배 종족을 섬기도록 유전자가 조작돼 만들어진 종족.

일이 일어나는지 알아보는 연구가 진행되고 있었다. 이 연구 계획에 자원한 수십 명의 학생들은 각자 노트북 앞에 앉은 후 여덟 편의 동영상을 받았는데, 각 동영상의 길이는 20초였다. 두 개의 동영상을 동시에 틀어 서로 다른 사회적 상황을 보여주었다. 서로 미소를 짓거나 고개를 끄덕이는 긍정적인 상황 또는 서로 등지고 무시하는 험악한 상황이었다. 연구자들은 또 각 참여자가 느끼는 고독감의 정도를 측정해 눈동자 추적기로 얻은 측정치와 비교 검토했다. 연구자들이 밝혀낸 결과는 다음과 같았다. 특히 고독감을 느끼는 사람들은 관계에 만족하는 사람들보다 위협을 느끼는 사회적 상황에 훨씬 더 주목했다. 고독감을 느끼는 실험 대상자들의 눈동자는 무의식적으로 기피와 무시를 보여주는 이미지로 쏠렸다.[17]

기능적 자기공명영상장치를 이용한 연구를 포함해 다른 연구들에서도 비슷한 그림이 나왔다. 즉, 고독감은 우리가 사회적 위협에 집착하게 만든다. 이 남자가 날 비웃는 걸까? 저 여자가 나한테 쌀쌀맞게 구는 건가? 카치오포의 연구에서, 고독감을 느끼는 사람들은 120밀리초(1밀리초는 1000분의 1초) 안에 부정적인 사회적 신호를 알아차릴 수 있었다. 이는 눈을 한 번 깜박이는 데 걸리는 시간의 절반에 못 미친다. 사회적 위협에 대한 이런 강박은 사회적 관계를 끊고 다른 사람들을 불신하는 고독한 사람들이 관계를 힘겨운 싸움으로 여기게 만든다. 이들은 다른 사람들과 연결되길 열렬히 바란다. 하지만 이 열망이 오랫동안 충족되지 못하면 자신을 상처로부터 보호하기 위해 두껍고 가시 돋친 보호막으로 감싼다.

"120밀리초 안에 의도적으로 그렇게 하진 못할 거예요. 이런 사람들의 뇌는 그냥 앉아 쉴 때도 과도한 경계 상태에 있는 거죠." 카치오포가 내게 말했다. 다시 한번 말하자면, 아프리카 초원에서는 이런 행동이 타당하다. 우리 조상들은 다른 부족의 일원들이 해코지를 할 경우에 대비해 항상 조심했다. 고독감은 뇌가 낯선 사람들과 잘 아는 사람들에게 다르게 반응하게 한다. 아는 사람들을 보면 다시 연결되고픈 '갈망'의 스위치를 켜지만 외부인과 마주치면 그렇지 않다. '낯선 사람은 위험하다'는 고착된 생각은 우리가 작은 무리 속에 살았을 때는 타당하지만 새로운 친구가 고독감을 극복하는 데 도움이 될 수 있는 거대한 현대사회에서는 그렇지가 않다.

만성 고독감을 느끼는 수많은 현대인 가운데 한 사람이라면 이 말이 절망스럽게 들리겠지만, 좋은 소식은 그 기제를 이해하면 고독감에서 벗어나 우리의 건강을 지킬 수 있다는 점이다. 카치오포에 따르면, 고독감에 대한 생각을 바꾸는 일이 다른 무엇보다 중요하다. "고독감이 우리에게 안 좋을 건 없고, 오히려 우리를 돕기 위해 설계된 생물학적 반응임을 알아야 해요. 우리가 사랑스럽지 못한 게 아니라 혼자인 상태에서 자기 보호를 하려는 것뿐인 거죠."

고독감을 줄이려고 연이은 파티와 사회 관계망 만들기에 뛰어들 필요는 없다. 데이트를 주선해주는 수십 군데 포털과 친구를 만들어주는 앱에 가입할 필요도 없다. 그것 말고 우리가 할 수 있는 일이 있다. 첫째, 자기 비난을 멈춰라. 고독감은 자연스러우면서 정상인 상태이다. 인간은 항상 고독감을 느끼고 언제나 그럴 것이다. 고독감이 유전자로 인한 형벌이나 나를 괴롭히는 세상살이의 결과가 아님을 인정하기만 해도, 많은 사람들이 고독감에서 벗어날 수 있다. 그 다음 단계로, 다른 사람을 보는 방식을 바꾸려 노력해야 한다. 다시 말해 우리가 느끼는 불신과 적의가, 아프리카 초원에서 진화한 우리 몸이 적대적인 부족의 공격에 대비하기 위한 것에 지나지 않을 수 있음을 알아야 한다.

적대적인 부족의 공격이 곧 실제로 닥칠 위협이 아닌 한, 인지 행동 치료를 받는 게 좋다. 전문 치료사를 찾아가는 게 좋을 수 있지만 스스로 노력해 자신에 대한 생각을 변화시킬 수 있다. 카치오포는 《인간은 왜 외로움을 느끼는가》에서 부정적 생각을 의식적으로 멈추는 방법에 대해 이야기한다. "모든 사람이 나를 싫어하는 게 정말로 사실일까? 아니라고? 그렇다면 왜 나 자신에게 계속 그렇게 말하는 걸까? 그게 습관이라는 사실을, 해를 끼친다는 사실을 인정하고, 멈추자." 그런 다음에는 좀 더 긍정적인 방향으로 돌려 말한다. "그래, 나는 원하는 만큼 사회성을 갖고 있지는 않지만 모두가 날 미워하는 건 아니야. 사실 날 좋아하는 사람들도 많이 있거든."[18]

더 근본적인 접근을 위해, 최면을 시도해볼 수 있다. 최면에 걸려 자신이 사회적으로 연결돼 있다는 생각이 들면 고독감이 줄어든다.[19] 그런데 이 방법도 효과가 없으면 마법의 버섯magic mushroom*도

---

* 실로시빈이라는 환각 성분을 다량 함유하고 있는 버섯의 총칭으로 환각버섯이라고도 불린다.

있다. 그렇다. 과학이 실제로 마법의 버섯이 지닌 효과를 검증했다. 스위스에서 이뤄진 한 실험에서, 자원자들은 마법의 버섯의 활성 합성물인 실로시빈을 복용한 후 사회적으로 소외돼 있다는 느낌이 줄었다고 보고했다. 게다가 이 효과는 이들의 뇌를 기능적 자기공명영상장치로 찍었을 때도 확인됐다.[20] 이 연구 논문의 한 저자에 따르면, 실로시빈이 정말로 극심한 외로움을 치료할 가능성이 있을 수있다. 환각성 행복감을 즐기고, 고립감을 덜면서, 100세까지 장수할가능성을 높이는 일을 한꺼번에 할 수가 있다. 다만 현재로서는 실로시빈 복용이 미국, 캐나다, 영국을 포함해 많은 나라에서 불법임을 기억하라. 그래서 고독감을 없애주는 효과를 얻으려면, 또 다른과학 실험에 자원해야 한다. 아니면, 그냥 좀 기다려라. 마법의 버섯이 곧 합법화될 테니 말이다. 미국의 두 도시, 오클랜드와 덴버는 최근 마법의 버섯 소지를 처벌 대상에서 제외했다. 하지만 상업 판매는 여전히 불법이다.

주관적 고립, 객관적 고립

고독감은 사람을 죽인다. 사람을 자살로 몰아갈 수 있기 때문만은아니다. 스트레스 반응을 망가뜨리고 유전자의 기능을 바꿔놓아 서서히 죽인다. 세상에 완전히 혼자라는 느낌은 친구가 몇 명인지 또는 우리를 걱정해주는 사람들이 얼마나 되는지와 무관할 수 있다.

하지만 고독감은 암과 심장병에 걸릴 위험도를 높이고, 비만이나 소파에 널브러져 지내는 생활 방식 이상으로 수명을 줄일 수 있다.

서양에서는 다섯 명 가운데 한 명이 고독감을 느낀다. 고독감은 벌어진 상처 같은 육체의 고통만큼이나 아프다. 이들은 너무 외로워 옥시토신 수치를 높이려 껴안기 전문점을 찾아갈지도 모른다. 뜨거운 물로 오래오래 샤워를 해서 뇌를 속여 사회적으로 연결돼 있다고 느끼게 할 수도 있다. 이런 대책이 효과가 있기는 하지만 잠시일 뿐이다. 고독감이 건강에 미치는 악영향을 피하려면, 이 감정이 자연스러우며 우리가 고독감을 느끼도록 진화해왔다는 점을 알아야 한다. 과거에는 고독감이 우리를 보호해줬으나, 이제는 흔히 부정적 사고방식에 우리를 가둬버린다. 노력, 행동 치료, 또는 최면으로 이런 사고방식을 바꿀 수 있다. 새로운 친구를 사귀지 않더라도 고독감을 줄일 수 있다.

그러나 주관적인 고립감이 중요하기는 해도 이는 일부분에 지나지 않는다. 객관적인 부분(친밀하고 애정 어린 관계를 얼마나 갖고 있는지)이 적어도 주관적인 고독감만큼 수명과 건강에 중요하다. 과학자들이 '튼튼한 사회 지원망'이라고 말하는, 우리가 필요할 때 의지할 수 있는 친구, 가족, 이웃으로 이뤄진 관계망이 필요하다. 하지만 우리가 충분한 사회 지원망을 갖고 있다고 어떻게 확신할 수 있을까? 사회 지원망을 충분히 갖고 있지 않다면, 우리가 '사회적으로 고립된' 사람들의 범주에 속하는지 여부를 어떻게 알 수 있을까? 절친한 친구가 한 명만 있어도 충분할까? 또는 정말로 100세까지 장수할 가능성을 높이고 싶다면 반드시 친구가 셋 이상은 돼야 할까? 수명 연장을 위해 결혼을 해야만 할까? 다행히 수십 년 동안 연구가 이뤄져 일부 의문에 대한 답을 내놓고 있는데, 간단한 조언부터 시작해 보자. 날씬함을 유지하고 싶다면 눈을 치켜뜨지 마라.

건 강 하 게
나이 드는 습관

고독감을 느낀다면, 첫 단계는 이 감정이 생물학적 적응이지 나한테 뭔가 문제가 있다는 뜻이 아니라는 사실을 알아야 한다. 자기 탓을 멈춰라. 사고방식을 바꾸려 노력하라. '모두가 날 싫어해'라고 생각하지 말고 '그래, 내가 원하는 만큼 사회성이 있는 건 아니야'라고 생각하라. 몸을 따뜻하게 유지하라. 따뜻한 물로 샤워를 하고 따뜻한 차를 마셔라. 사회적 위협에, 또는 다른 사람들이 어떻게 '나를 괴롭히는'지에 집착하지 마라.

6

단짝 효과

"안 돼! 날 잡아먹지 말아줘요! 내게는 아내와 아이들이 있어요. 아내와 아이들을 잡아먹어요!" 〈심슨 가족〉의 한 에피소드에서 호머가 부르짖는다. 배우자를 곰 같은 맹수에게 던져주는 게 분명 결혼이 수명을 늘려줄 수 있는 한 가지 방법이기는 하지만, 유일한 방법은 아니다. 결혼한 사람들은 심장 문제, 암, 알츠하이머병의 위험도가 낮다.[1] 잠도 더 깊이 자고[2] 독감 예방 백신에도 더 잘 반응한다.[3] 결혼한 사람이 심장마비를 일으켜 관상동맥 우회로 이식술을 받더라도, 결혼하지 않은 사람보다 15년을 더 살 가능성이 2.5배 높다.[4] 게다가 암에 관한 한, 결혼이 화학요법보다 효과가 좋을 수 있다. 몇 가지 다른 종류의 암을 앓는 70만 명 이상의 환자를 추적한 연구자들은 결혼한 사람들이 결혼하지 않은 사람들보다 생존 가능성이 12~33퍼센트 높다는 사실에 주목했다.[5] 이는 보통 화학요법으로 얻을 수 있는 효과보다 더 높다.

　대체로, 결혼 생활이 수명 연장에 미치는 영향은 흔히 건강에 좋은 식사나 운동이 미치는 영향을 훨씬 넘어선다. 한 대규모 표본에서, 결혼하지 않은 경우 남성의 사망 위험도는 세 배까지, 여성은 20퍼센트가 높아졌다.[6] 이 연구를 진행한 연구자들은 그 영향력이 '엄청나다'고 말했다. 현재 많은 연구가 건강과 수명의 관점에서 가장 유익한 관계가 결혼임을 보여주고 있다. 결혼은 운동과 식단보다 더 유익할뿐더러 우정보다도 그렇다. 특히 남자의 경우에는 말이다.

　1882년 〈댈러스 위클리 해럴드Dallas Weekly Herald〉에 실린 한 기사는 "어디서나 여자들이 '결혼하려 필사적'인 건 유명한 사실이다."라고 언급했다. 요즘도 대중문화에는 이러한 여성의 이미지가 일부 남아 있지만, 현실에서는 여성보다는 남성에게 결혼이 특히 간절할 터이다. 결혼으로 가장 큰 이득을 얻고 배우자가 사망하면 몹시도 괴로워하는 건 남편이다. 이른바 '홀아비 효과'라 불리는 이 효과는 수세기 동안 알려져 있었다. 1657년 영국 런던시티의 사망 통계에는 '상심'과 같은 것이 공식 사망 원인으로 올라와 있었다. 아내나 남편이 사망한 직후에 배우자도 뒤따라 죽은 이야기는 많다. 알츠하이머병을 앓는 90세의 루트 크레치머가 12월의 어느 날 아침 10시가 되기 바로 전에 숨을 거두자, 71세인 남편 보브는 15분이 채 안 돼 사망했다. 두 사람은 집에서 1미터 남짓 떨어진 병상에 나란히 누워 있었다. 루트가 알츠하이머병과 싸우는 동안 보브는 암과 싸웠다. 루트가 죽었다는 말을 들었을 때 보브의 몸은 마치 싸움을 포기한 듯했다.

배우자를 잃고 홀몸이 된 사람들에게 가장 위험한 시기는 배우자가 죽은 후 첫 주이다. 이 기간에 이들이 자연적 원인으로 사망할 위험도는 두 배이다.[7] 심지어 반려동물도 '홀아비 효과'를 겪을 가능성이 있다. 2018년 8월 사랑스러운 반려견 에비타가 죽은 후, 에비타의 오랜 동반자인 우리의 두 번째 개 로저는 단 3주 만에 악성 암 진단을 받았다. 수의사는 놀라지 않았다. 진료를 하다 보면 이런 일이 흔하다고 했다.

그렇다면 결혼의 어떤 점이 수명에 이런 엄청난 이득을 가져다주는 걸까? 어쩌면 건강한 사람들이 먼저 결혼을 하는 반면 몸이 튼튼하지 못한 사람들은 독신녀, 독신남으로 남기 때문인 건 아닐까? 하지만 연구에 따르면, 결혼에 대한 사전 선택을 통제해도 결혼이 건강에 미치는 영향은 여전하다. 분명 다른 무슨 일인가가 일어나고 있다. 어쩌면 경제적 요인 때문일지 모른다. 결국 결혼과 함께 자원의 통합이 이뤄져 주머니 사정이 더욱 좋아지기 때문이다. 이는 더 나은 의료 서비스에 접근할 기회, 더 나은 식생활로 바꿔놓고 볼 수 있다. 하지만 경제적 풍요가 결혼이 가져다주는 수명 연장의 특전을 모두 설명하지는 못한다.

지금쯤, 수명 연장의 열쇠가 상앗빛 드레스와 퍼스트댄스first dance*가 함께 하는 제도로서의 결혼인지, 아니면 그냥 함께 사는 것, 말하

---

* 결혼식을 축복하기 위해 온 하객들에게 신랑과 신부가 첫 번째로 선보이는 춤으로 '서약'의 의미가 담겨 있다.

자면 '동거'만으로도 충분한지 궁금할지 모른다. 그럴 수도 있고 아닐 수도 있다. 다시 말해, 그야말로 어떻게 하느냐에 달려 있다. 많은 증거가 헌신이 중요하다고 말해준다.

결혼반지가 심장마비를 막는다

서부 아프리카 토고 공화국 수도 로메의 변두리에 있는, 세계에서 가장 큰 옥외 부두교 관련 시장인 마르셰 데페티쇠Marché des Féticheurs*에서는 먼지 냄새, 햇빛에 꾸덕꾸덕 말라가는 짐승 가죽의 들큼한 냄새가 났다. 지역 주민들은 이곳을 '약방'이라 부르며 온갖 병의 치료제를 사러 간다. 천식에 복용하는 호저의 가시털에서 기억력이 안 좋을 때 먹는 마호가니 나무 씨까지. 시장 좌판에는 말린 악어, 개의 잘린 머리, 눈이 뽑혀나간 새가 널려 있었다. 나의 반쪽 마치에크가 내 옆에서 걷고 있었는데 당황한 기색이 역력했다. 우리는 짐승 머리에다 돈을 쓰지는 않기로 했다. 대신 한 부두교 주술사를 따라 먼지투성이인 부적 가게 안으로 들어갔다. 그가 몇 가지 부두교 주문으로 우리의 결혼 서약을 굳건히 해주겠노라 말했을 때, 우리는 서로를 쳐다보다가 침을 삼키고서 동의했다. 해될 건 없지 않을까?

의식은 짧고 매우 당황스러웠다. 제르맹이라는 이 주술사는 노래

---

* '주술사들의 장터'라는 뜻.

를 부르고 부적을 짤그락거리며 커다란 부두교 신의 점토상에 기도를 올리고서 우리에게 손을 잡게 하고는 일정한 간격을 두고 고개를 끄덕였다. 그런 다음 죽은 뱀이 든 병의 액체를 따라 마시고는 몇 번 더 부적을 짤그락거렸다.

인정해야겠다. 저 부두교 의식 후 나는 사랑하는 남편에게 예전보다 더 충실해진 느낌이었다. 지극히 헌신적인 아내가 되지 않으면 어떤 사악한 영혼에 얽혀들지도 모른다는 걱정에서가 아니었다. 그보다는 다른 문화 안에서 다시 한번 우리의 관계를 굳게 지키기로 결심한 까닭이었다. 또 하나의 방법으로 우리의 관계에 동의한 것이었다. 과학에 따르면, 저 부두교 의식이 내 수명을 늘렸을지 모른다.

두 사람이 결혼하지 않고 함께 사는 경우는 건강에 큰 이득이 없음을 많은 연구가 밝혀냈다. 2015년 발표된 핀란드의 한 연구에서, '결혼반지를 끼'지 않고 동거하는 사람들은 결혼한 사람들보다 심장마비의 위험도가 높았다. 여성의 경우에는 결혼하지 않고 동거하는 게 독신으로 사는 것보다 더 나쁘다. 동거는 결혼 생활보다 심장마비의 위험도가 69퍼센트 높은 반면 혼자 사는 경우는 8퍼센트밖에 높지 않았다.[8]

세계적으로 유명한 결혼 전문가이자 워싱턴 대학 심리학과 명예교수인 존 가트맨John Gottman은 결혼이 건강과 수명에 유익한 원인이 헌신의 힘이라고 생각한다. 이것이 동거가 결혼 생활과 같은 이득을 가져다주지 않는 이유라고 믿는다. 가트맨은 대단히 흥미로운 실험에 대해 말해줬다. 남성 동성애자 커플이 손을 잡으면 이들의 편도체 활동이 줄어들기는 하지만 자신들이 결혼했다고 생각하는 경우에만 그렇다고 했다(이 실험은 미국에서 동성 간 결혼이 합법화되기 전에 이뤄졌다). "믿음과 헌신하는 마음이 든다면 어떤 관계에서든 건강과 수명에 도움이 될 거예요." 연구자들은 보통 두 가지 유형의 동거 커플을 구분한다. '죽음이 둘을 갈라놓을 때까지' 함께하려는 이들과 그렇지 않은 이들. 전자만이 애정 관계가 건강에 가져다주는 이득을 얻을 수 있다.

애정 어린 결혼이 옥시토신과 도파민 수치를 높이고 시상하부-뇌하수체-부신 축을 진정시킨다고 하면 매우 간단해 보인다. 하지만 결혼 생활이 불행하다면 어떨까? 온종일 싸우기만 한다면? 더 심각한 폭행이 있다면? 여기서 증거는 갈라진다. 어떤 연구에서는 어떤 경우라도 부부가 독신자보다 건강 면에서 결국 이득을 본다. 심지어 온갖 문제 있는 관계에서도 그렇다.

완벽하지 않은 결혼 생활도 여전히 신체 건강에 어떤 이점을 가져다준다고 일부 연구자들은 주장한다. 결혼 제도 안에 들어오는 것이 대체로 사회에 속하는 느낌, 다시 말해 뿌리를 내리는 것과 비슷한 느낌을 더 주기 때문이다. 그렇긴 해도 결혼 생활의 질이 중요하다는 사실을 더 많은 연구가 보여준다. 특히 여성의 경우에 그렇다. 양쪽 배우자 모두에게, 만족도가 낮은 결혼 생활은 당뇨병, 염증 증가, 부실한 바이러스 반응, 동맥 상태의 악화, 심지어 치아 상태의 악화로 이어질 수 있다.[9] 한편 결혼 생활이 행복한 여성은 애정 없는 관계에 매달리는 여성에 비해 대사증후군을 일으킬 가능성이 3분의 1

수준으로 낮다.[10] 그렇다. 여기서 열쇠는 사랑이다. 중국에서 이뤄진 두 가지 연구는, 중매결혼은 이른바 '연애결혼'과 같은 정도의 행복감을 가져다주지 않는다는 사실을 밝혀냈다.[11] 진정 헌신하려면 마음이 있어야 하는 것 같다.

애정 어린 결혼 생활이 건강에 좋은 한 가지 이유는 옥시토신이다. 한 실험에서, 연구자들은 수십 쌍의 부부들을 실험실로 불러 옥시토신 수치를 확인하기 위해 혈액 표본을 채취하고 작은 진공 펌프를 이용해 이들의 팔에 물집이 생기게 했다. 그런 다음 각 부부는 카메라가 지켜보는 가운데 중요한 개인 문제에 대해 대화를 나누라는 요청을 받았다. 나중에 대화 내용의 순위를 매겨보니 반감, 유머, 지지 순이었다. 다음 12일 동안, 부부들은 여러 차례 실험실에 와서 물집이 치유되는 속도를 평가받았다. 아마도 추측하는 대로, 대화를 나누는 동안 유머, 수용, 자기노출* 같은 긍정적인 행동을 보인 부부들은 옥시토신 수치가 높았으며 물집도 빠르게 치유됐다.[12]

중요한 건 '인연을 맺을' 때, 속담대로 인연만 맺는 게 아니라는 점이다. 문자 그대로 두 사람의 생리 현상도 함께 엮인다. 과학자들은 이를 '생리적 연관physiological linkage'이라 한다. 이런 상황에서는 두 사람의 신체 상태가 동기화同期化된다. 서로 사랑하는 커플은 혈압, 코르티솔 수치, 맥박, 심장박동수, 손의 체온, 흉부 내 전기 활동이 동기화되는 경향이 있다.[13] 애매해 보이는 이런 연관(둘이 동시에 무서운

---

* 자신의 생각이나 감정 등을 드러내는 것을 말한다.

영화를 보며 함께 무서워한다)의 한 가지 이유는 의태mimicry와 거울 뉴런 때문이다. 이에 대해서는 다음 장에서 좀 더 다룬다.

결혼 생활과 마찬가지로, 생리적 연관은 더 좋아지거나 나빠질 수 있다. 두 사람이 싸우고 있건 말건, 배우자의 혈액 내 스트레스 호르몬 수치가 온종일 높으면 우리도 비슷한 수치가 될 가능성이 있다. 대개 서로에 대해 수용적인 반려자들의 스트레스 호르몬을 분석해 보면 더 건강한 경향이 있다. 이는 면역 체계도 잘 작동하게 한다. 한편 이런 반려자들이 서로 떨어져 있으면 수면의 질과 시상하부-뇌하수체-부신 축의 기능이 혼란에 빠질 수 있다. 떨어져 있는 기간이 4~7일처럼 짧아도 그렇다. 게다가 이들 부부의 생리 기능만이 아니라 정서적 관계도 악화된다. 이미 관계가 불안했던 사람들이 가장 영향을 받는다. 연구자들은 긴 통화가 이런 상황에 도움이 된다는 사실을 밝혀냈다. 짧고 잦은 연락이 아니라 긴 대화 말이다. 이메일이나 문자메시지도 아니다.

반면 이혼은 100세까지 장수하는 데 문제를 일으킬 수 있다. 이혼은 사망 위험도가 약 30퍼센트 높아진다는 뜻이다.[14] 배우자를 단념하는 일은 신선한 과일과 채소를 먹는 걸 포기하는 일에 비할 만하다. 한 후속 분석에서, 하루에 과일과 채소를 전혀 먹지 않는 경우는 하루에 6인분을 먹는 경우보다 사망 위험도가 26퍼센트 높았다. 궁금할지 몰라 이야기하자면, 불행한 결혼 생활을 유지하는 게 이혼보다 건강에 더 나쁜지는 지금까지 연구된 바 없다. 우리가 알고 있는 건, 문화권에 관계없이 미국이든 스칸디나비아이든 방글라데시

이든 브라질이든 레바논이든 전 세계에 걸쳐 이혼의 영향이 매우 비슷하다는 점이다. 그리고 이혼율이 가장 높은 국민은 미국인이 아니다. 몰디브인들이다. 미국인의 이혼율은 한 해 1000쌍당 2.9쌍이고 몰디브는 10.97쌍으로 굉장히 높다. 밀월 같은 풍경만으로는 결혼 생활을 유지하기에 충분치 않은 모양이다. 결혼 생활을 유지하는 데 더 중요한 건 긍정성, 고마워하는 마음, 놀이공원 가기이다.

부부싸움과 허리둘레

여자는 레이스 면사포를 썼다. 면사포 자락이 발아래에까지 흘러내려 있다. 남자는 흰색 나비넥타이를 하고 살짝 겁먹은 표정이었다. 존 베타와 앤 베타가 흑백 결혼사진 속에서 불멸하게 된 지 86년이 됐다. 때는 1932년, 장소는 뉴욕 맨해튼 북동쪽에 있는 작은 마을이었다. 존과 앤은 만난 지 단 며칠 만에 사랑에 빠졌다. 앤은 열일곱 살, 시리아 피난민인 존은 스물한 살이었다. 사람들은 둘이 오래가지 못할 거라 말했지만 앤과 존은 평생을 함께했다. 내가 이 책을 쓰고 있을 때, 두 사람은 모두 100세를 넘겼고 함께 부러우리만치 행복해 보였다.

'미국 최장수 부부'라 일컬어지는 베타 부부는 분명 만족스러운 결혼 생활이 건강에 도움이 된 것 같았다. 두 사람은 100세가 넘었으나 2018년에도 여전히 기운이 넘쳐 남에게 의지하는 법이 없었다. 둘의 힘만으로 살면서 함께 요리를 하고 책을 읽었다.[15] 이들이 오랫동안 행복하게 함께 살 수 있었던 비밀은 무엇일까? "우린 나쁜 마음을 품지 않아요. 대부분 말다툼은 음식을 놓고 벌어진다오." 존이 말했다. 여기에 앤이 대답했다. "맞아요, 이런 식이에요. '오이를 잘못 사왔구랴!'"[16] 좀 더 진지한 순간에 앤은 자신들이 이토록 오랫동안 함께할 수 있었던 열쇠가 서로에 대한 존중이라고 털어놓았다. "우린 주장하지 않고 듣고 있어요. 늘 그랬지요."[17]

베타 부부는 뭘 좀 알았는지 모른다. 존 가트맨은 수십 년에 걸친 연구를 통해 슬기로운 말싸움이 결혼 생활의 질에, 따라서 건강에 필수임을 거듭 보여주었다. 유명한 가트맨의 한 실험에 따르면, 남편과 아내가 돈, 자녀, 집안일같이 갈등을 불러오는 주제를 놓고 이야기를 나누는 동안 서로에게 반응하는 방식을 15분 동안 관찰하기만 해도 이 부부가 앞으로 14년 동안 결혼 생활을 유지할 것인지 93퍼센트 정확하게 예측할 수 있었다.[18] "우선 15분 대화를 나누는 동안 긍정적 감정과 부정적 감정의 비율을 살펴봅니다. 안정되고 행복한 관계에서 그 비율은 평균 5 대 1인 반면 불안정한 관계에서는 0.8 대 1이에요. 상당히 큰 차이죠." 가트맨이 내게 말했다.

실제로 관계의 끝이 예측되는 네 가지 반응은 비난, 방어적 태도, 경멸, 의사방해이다. 가트맨은 이를 '《요한 묵시록》의 네 기사'라 부르길 좋아한다. 이 가운데 경멸이 가장 세다. 좋은 관계에서는 근본적으로 경멸이 없다. 어떻게 경멸을 감지할까? "이런 말을 하는 거죠. '정말 말도 안 돼. 당신은 그런 사람이야. 게으름뱅이지.'" 가트맨의 설명이다. 한편 비난은 우리가 가진 불만을 반려자의 성격상 결함처럼 얘기하는 것이다. "아내를 비난하려면 이렇게 말할 수 있죠. '당신은 너무 이기적이야. 자기만 생각해! 난 신경도 안 쓰잖아.'라고요. 이게 비난이에요. 좋은 관계에선 이렇게 말하겠죠. '당신이 저녁 식사 중에 휴대전화를 들여다보며 이메일을 하면 난 외로워. 휴대전화를 꺼놓으면 정말 좋겠어.' 훨씬 더 구체적이고 분명하면서 아내의 성격을 공격하진 않잖아요."

그다음은 방어적 태도다. 피해자 행세를 하면서 결혼 생활의 문제에 대해 어떤 책임도 지려 하지 않는다. 마지막으로 중요한 건 의사 방해다. 이는 반려자를 완전히 무시하는 것이다. 싸우면서 텔레비전을 켜거나 문자메시지를 보낼지 모른다. 그러면 안 된다고 가트맨은 말한다. 그러지 말고 베타 부부처럼 상대의 말을 들어라. 언제나 들어보라. 상대에게 주의를 집중하면 싸우는 동안 차분함을 유지하고 소통하는 데 도움이 될 수 있다. 이 두 가지가 싸움의 비결이다.

심하게 싸우면 결혼 생활을 지속할 수 없을뿐더러…… 비만이 될 수도 있다. 2016년에 발표된 한 가지 실험이 있다. 이 실험은 가트맨이 진행한 실험과 아주 비슷한 방식으로 시작됐다. 연구에 자원한 부부들이 갈등을 불러일으킬 수 있는 주제를 가지고 20분 동안 대화를 나눴다. 연구자들은 이들이 이야기를 나누는 동안 보인 행동을 기록한 다음 반감, 비난, 눈 치켜뜨기 등에 대해 평가했다. 하지만 여기서 목표는 어느 부부가 앞으로 수년간 헤어지지 않고 함께할지 예측하는 게 아니었다. 부부들의 소화기 계통의 반응을 살피는 것이었다.

부부가 옥신각신 다투는 시간이 끝난 후, 남편과 아내들은 모두 거의 1000칼로리는 되는, 지방이 풍부한 식사를 대접받았다. 자원자들은 다음 일곱 시간 동안 계속 실험실에 있으면서 신체 기능을 반복 측정했다. 그 결과 밝혀진 바는 다음과 같다. 가장 불쾌하게 싸우고 또 우울증 이력이 있는 남성과 여성은 기초대사량이 낮고 인슐린 수치가 높으며 기름진 식사 후 트라이글리세라이드* 반응 최고 수치가 높았다. 이들의 몸은 그 모든 지방을 잘 처리하지 못했다. 불쾌하게 싸우는 부부와 좀 더 다정한 부부 간에 음식에서 흡수하는 에너지의 차이는 128칼로리였다. 그러면 1년 동안 체중이 거의 3.6킬로그램 불어날 수 있다. 다시 말해, 배우자에게 눈을 치켜뜨면 뚱뚱해질 수 있다.[19]

반려자에게 눈을 흘기는가? 반려자와 말이 안 통하는가? 결혼 또는 동거를 해도 언제나 좋은 날만 있는 건 아니다. 다행인 것은, 관계를 개선할 수가 있고, 그래서 여전히 애정 어린 관계가 건강과 수명에 가져다주는 이점을 얻을 수 있다는 사실이다. 그리고 반려자의 코에 옥시루브를 뿌리는 게 유일한 해결책은 아니다. 대부분 사람들이 잘 싸우는 방법을 배울 수 있다고 가트맨은 말했다. 대부분 부부가 이혼을 피할 수 있다고 생각하는지 물었더니, 가트맨은 분명히 그렇다고 대답했다. 가트맨은 상담을 요청하는 부부들에게, 감정적으로 연결되려는 반려자의 노력을 받아들이고 애정과 존중하는 마

---

* 콜레스테롤과 함께 동맥경화를 일으키는 혈중 지방 성분.

음을 전하라고 조언한다. "반려자와 의견이 다를 때 차분해지려 노력하세요. 그러면 반려자의 말을 듣고 소통할 수가 있지요."

사랑하는 사람과 좋은 소식을 나누는 일이 불행한 문제에 직면한 사랑하는 사람을 위로하는 일보다 더 중요하다는 사실을 보여주는 연구도 있다. 좋은 일을 함께하면 서로가 기분 좋아지고 행복해진다. 기회를 봐서 그날그날 있었던 기분 좋은 일을 소중한 사람에게 말해주라. 차가 막히는 상황에서 누군가 친절을 베풀었다거나 상사에게 칭찬을 들었던 일들 말이다. 그런 일을 반려자와 공유하라. 그러면 두 사람이 더 가까워지고 서로의 건강에도 좋다. 결국 두 사람의 감정과 건강이 시상하부-뇌하수체-부신 축과 미주신경과 장내 미생물을 통해 강력히 연결되면, 행복한 결혼 생활이 우리의 수명을 늘려줄 수 있다.

결혼 생활에 긍정성을 더하는, 과학적으로 검증된 방법이 있다. 심리학자들이 말하는 이른바 '긍정성 목록'을 만드는 방법이다. 배우자의 좋은 점 목록을 만들어라. 집 여기저기에 두 사람의 행복한 사진을 놓아두라. 가끔 두 사람에게 특별한 의미가 있는 노래를 들어라. 맨 처음에 두 사람을 연결해준 것이 무엇인지 떠올려보라. 고마운 마음을 표현하라. 반려자가 친절을 베푸는 순간에 주의를 기울여 고마움을 표하라.

오스트레일리아 뉴잉글랜드 대학의 인지과학자 존 맬라우프John Malouff는 관계를 북돋우는 또 다른 방법을 추천한다. 맬라우프는 이를 '흥분 프로젝트'라 부른다. 이 개입 방법을 남녀 수십 쌍에게 4주 동안 시도했더니 관계가 상당히 좋아졌다. 함께 도전 의식을 북돋우는 새로운 일을 시도하는 것이다. 더 많이 놀아라. 모험을 시작하라. 매주 예전에 해보지 않은 일을, 두 사람이 함께 즐길 수 있는 일을 시도하라. 암벽 등반? 스케이트 타기? 어둠 속의 식사?*

이것이 효과를 갖는 몇 가지 이유가 있다. 판에 박은 일상과 지루함이 애정 어린 관계를 끝내버릴 수 있다(이는 꽤 확실하다). 또 누군가와 흥분되는 일을 하면 이때 일어나는 생리 반응에 우리 몸이 속아 그 사람에게 마음이 끌릴 수 있음을 연구는 보여준다.[20] 아드레날린 수치가 높아지면 우리는 이를 성적 매력이 주는 흥분으로 오해한다. 사랑이 시작될 때 느끼지만 시간이 갈수록 희미해지는 두근거림 같은 것 말이다. 반려자와 함께 흔들다리를 건너라. 그러면 마치 두 사람이 방금 만난 듯이 두근거림을 느낄 수 있다.

맬라우프의 제안들은 모두가 유용해 보이지만, 아이들과 함께 살면서 그러기란 쉽지 않은 일이다. 내가 이런 문제를 제기하자, 맬라우프는 간단한 것들도 효과가 좋을 거라고 말했다(이 책 관련 웹사이트에, 맬라우프가 내게 보내준 몇 가지 아이디어를 연결해놓은 링크가 있다).

남편과 나는 맬라우프의 조언에 따라 매주 '반전이 있는 집 데이트'를 시작했다. 지금까지 우리는 소파에 앉아 이야기를 하면서 저녁 시간을 보내곤 했다. 그것도 좋지만, 충분히 좋지는 않았다. 이제

---

* 손님이 자신이 먹는 음식을 볼 수 없는 어두운 식당에서 식사를 하는 걸 말하는데, 시각을 차단하면 다른 감각이 강화돼 미식의 즐거움을 드높인다는 게 기본 생각이다.

우리는 매주 다른 무언가를 하려 노력한다. 한번은 몇 년 전부터 우리가 좋아해온 음악에 맞춰 춤을 췄다. 또 어느 날 저녁에는 거실에서 함께 요가를 했다. 또 다른 날 저녁에는 만난 지 얼마 안 된 사람들처럼 가장 좋아하는 것과 싫어하는 것에 대해 서로에게 퀴즈를 냈다. 그런데 내가 18년 동안 함께해온 남편에 대해 아직도 모르는 게 있다는 사실을 알고서 놀라고 말았다. 가령 남편이 나를 보면서 떠올리는 만화 캐릭터가 리사 심슨이라는 사실 말이다. 오호라.

함께 스카이다이빙을 하러 가든 그냥 서로 눈을 흘기지 않는 방법과 고마움을 표현하는 방법을 배우든, 노력을 기울인다면 결혼 생활이 우리를 건강하게 해줄 수 있다. 하지만 좋은 우정도 결혼 생활에 못지않다. 초파리조차 절친한 평생의 친구가 없으면 수명이 줄어든다.[21]

우정이 수명에 미치는 영향

하나. "한 친구가 좀비에게 물리면 다른 친구는 그를 죽일 수 없다."

둘. "만약 한 친구가 초능력을 갖게 되면 다른 친구를 조수라 부른다."

셋. "한 친구가 빌 게이츠의 저택에 초대받아 수영을 하러 가면 다른 친구를 함께 데려간다."

미국 CBS에서 방송된 시트콤 드라마 〈빅뱅이론〉의 괴짜 천재 과학자 셸던 쿠퍼는 이 '룸메이트 합의 사항' 조항을 써서 단짝 친구 레너드에게 서명을 받을 때 우정을 매우 진지하게 받아들였다. 우리는 대부분 몰려드는 좀비가 우리의 사회적 유대 관계에 미칠 영향을 걱정할 일이 없지만, 모두가 우정을 더 깊이 살펴봐야 한다. 우리의 건강과 수명이 우정에 달려 있을 수 있다.

인간만이 우정을 맺는 건 아니다. 말도 그렇고, 원숭이도 그렇고, 기린, 침팬지, 얼룩점박이하이에나, 당나귀, 코끼리, 심지어 구피도 그렇다. 수컷 돌고래는 친구들과 함께 헤엄치길 즐기고, 말 '여자 친구들'은 닿기 힘든 목 부위를 서로 살짝 깨물어 각질을 제거해주고 엉킨 털을 풀어준다. 암소들은 친구들에게 다가서서 서로 핥아준다. 게다가 무리로 어울리기 좋아하는 동물들에게서 친구들을 떼어놓는 것은 매우 좋지 않은 결과를 낳는다. 이런 동물들은 고립되면 빨리 죽는다. 외로운 말은 수명이 더 짧고 외로운 초파리도 그렇다. 쥐도 고립을 잘 받아들이지 못한다. 비만해지고 제2형 당뇨병이 생기며 잠도 잘 자지 못한다.

비슷한 일이 인간에게도 일어난다. 한 해 동안 친구들을 몇 번 만나지 않는 일본 노인들은 매달 적어도 한 번 친구들과 어울리는 이들보다 사망 위험도가 30퍼센트 높다.[22] 이는 하루에 과일과 채소를 6인분씩 먹다가 하나도 먹지 않는 경우보다 더 큰 타격이다. 기억하다시피 과일과 채소를 전혀 먹지 않으면 사망 위험도가 26퍼센트까지 높아진다. 여성의 경우에는 친구를 거의 만나지 않는 경우 조기 사망 위험도가 거의 2.5배였다. 흡연이 주는 악영향도 이에는 미치지 못한다. 흡연은 하루에 열 개비 이상 피우는 경우 사망 위험도가 약 80퍼센트까지 높아진다.

연구 하나만으로, 여성에게는 친구를 거의 만나지 않는 게 담배를 피우는 것보다 더 나쁘다고 주장하기에 무리일지 모른다. 하지만 우정이 미치는 영향이 얼마나 큰지 시사한다. 게다가 그 영향은 여러 연구에서 찾아볼 수 있다. 덴마크의 쌍둥이 노인을 연구한 과학자들은 친구들과 자주 만나면 사망 위험도가 낮아진다는 사실을 발견했다. 그리고 그 영향은 여성에게 특히 컸다.[23] 그 이유는 남성의 우정과 여성의 우정 사이에 차이가 있기 때문일지 모른다. 여성에게 우정은 감정을 나누는 것이다. 반면 남성에게 우정은 감정을 나누기보다는 수영장에서 수영을 하는 것처럼 뭔가를 함께하는 것이다. 더욱이 여성은 대체로 우정에 더 가치를 두고 그로부터 많은 의미를 이끌어내는 경향이 있다. 9장과 11장에서 보겠지만 인생의 의미가 또한 건강에 중요하다.

많은 연구에서 우정이 수명에 미치는 영향은 너무나 커서 친척(배우자나 쌍둥이는 제외)을 만나는 빈도가 미치는 영향을 볼품없어 보이게 만든다. 심리학자들은 그 이유를 우리가 때때로 그저 의무감에서 시가나 처가 사람들 또는 이모, 고모, 삼촌을 만나기 때문일 거라고 주장한다.[24] 의무감은 우리가 이런 만남에서 얻을 수 있는 정서상의 이점을 반감시킨다.

하지만 여기에는 문제가 하나 있다. 누가 우리의 배우자 또는 가족인지 알기는 쉽지만, 누가 친구인지는 어떻게 알까? 3000여 년 전

고대 인도에서 쓰인 종교 경전 모음집인 《베다》는 진정한 친구는 무엇을 해야 하는지에 대해 나열했다. 친구는 먹을 걸 내주고, 서로의 명예를 지켜주며, 필요한 때에 서로를 버리지 말아야 한다. 21세기 연구자들에 따르면, 오늘날 사람들은 친구를 그날그날 도움을 주는 사람, 그리고 우리의 활동과 비밀을 공유하는 사람으로 한정하는 경향이 있다. 물론 페이스북과 스냅챗의 디지털 시대에, 우리가 우정을 바라보는 방식은 바뀌고 있으며 꼭 더 좋은 쪽으로 바뀌지는 않는다.

건강하게 오래 살려면 친구가 얼마나 많아야 하는지에 대한 기준은 없다. 하지만 자주 만나는 든든한 사회적 관계가 많이 필요하다는 건 분명하다. 과학자들은 '얼마나 많아야 충분한지' 답을 찾으려 다양한 기준을 만들어냈다. 대체로 친구 수와 친구를 만나는 횟수가 모두 건강에 중요한 것 같다. 어떤 연구에서는 최소 횟수가 2주에 한 번이라고 하는 반면, 또 어떤 연구에서는 많으면 많을수록(적어도 매주 한 번) 좋다고 한다.

친구 수에 관해서는, 절친한 친구 두 명 또는 세 명 또는 네 명 식으로 어떤 기준에 매달리기보다는 우리의 특정한 요구를 충족시키는 게 더 중요한 것 같다. 초대를 받고 나가서 다른 사람들과 함께 뭔가를 하는가? 필요할 때 차를 태워줄 사람을 구할 수 있는가? 아파서 누워 있을 때 도와줄 사람이 있는가? 이야기를 해야 할 때 들어줄 친구가 있는가? 이 모두가 연인으로도 충분하다고 볼지 모르지만, 연인이나 배우자 그리고 친구를 모두 갖는 게 최상의 시나리오임을 많은 연구가 보여준다. 예를 들어 네덜란드의 한 연구에 따르면, 배우자이건 자녀이건 형제자매이건 부모이건 절친한 친구이건 이웃이건 자주 교류하는 이들과의 관계망 속에서 접촉 횟수가 한 번 추가될 때마다 이후 5년 내에 사망할 위험도가 2퍼센트까지 낮아졌다.[25] 가족과 친구는 어느 정도 서로 대체할 수 있다. 예를 들어, 자녀와 만남이 잦은 할머니의 행복도는 자녀가 없지만 친구들에 둘러싸인 할머니의 행복도와 비슷하다. 한편 형제자매와 사촌의 수가 적은 사람들은 친구를 더 많이 둬 그 결핍을 보충하는 경향이 있다.

하지만 이 모두가 가능한 한 많은 친구를 두려 노력해야 한다는 뜻은 아니다. 옥스퍼드 대학의 인류학자 로빈 던바Robin Dunbar는 인간이 특별한 친구 한두 명, 친한 친구 대략 다섯 명, '약간 친한' 친구 150명밖에 유지하지 못한다고 추산한 것으로 유명하다. 특별한 친구는 다시 말해 가장 절친한 평생의 친구다. 친한 친구 다섯 명은 우리가 '기대 울 수 있는 어깨를 내주는' 이들로 생각해야 한다고 던바는 내게 말했다. "이들은 우리가 감정적 지지, 사회적 지원, 경제적 후원을 구하러 찾아가거나 위기가 발생할 때 찾아가는 사람들이죠. 그 수는 사람마다 약 세 명에서 일곱 명까지 다양해요. 왜 그렇게 다양한지는 알 수 없지만, 그 정도 범위예요. 평균 다섯 명이죠." 던바가 말했다. 수렵-채집 부족에 대한 연구가 이를 뒷받침해준다. 예를 들어 보츠와나의 산San족 여성은 '머리 손질' 관계망 안에 평균 3.8명의 친구를 둔다.[26] '머리 손질' 관계망이란 서로 머리를 다듬어주고 이를 잡아주는 관계에 있는 한 무리의 여성들을 뜻한다.

한편 '약간 친한' 친구 150명은 의미 있는 관계를 유지할 수 있는 사람들이다. 던바는 영장류의 신피질 크기와 무리의 크기 사이 상관관계에 기초해 이 수치를 계산해냈다. 기본적으로, 각 뇌의 크기가 얼마나 많은 수의 '친구들'을 유지할 수 있는지 확인했다. 인간의 경우 약 150명까지는 원활하다. 이것은 현재 '던바의 수'로 알려져 있다. 우리 안의 컴퓨터는 더 많은 친구들을 버거워한다.

그렇다면 페이스북 '친구' 수가 150~250명 사이인 경우가 가장 흔하다는 사실은 놀라울 게 없다. 하지만 페이스북의 친구 관계에 신중해야 한다고 많은 심리학자들은 경고한다. 2017년 1000여 명을 대상으로 이뤄진 두 가지 대규모 연구가 발표됐다. 이때 실험 대상자들에게 본인의 건강 상태를 스스로 보고하게 했는데, 연구 결과 실제의 친구 관계는 건강이 더 좋아지게 하는 것으로 나타나지만 페이스북의 친구 관계는 그렇지 않았다.[27] 또 다른 연구에 따르면, 오프라인 친구에 비해 페이스북 친구의 비율이 높으면 사회적 고립감과 고독감의 정도가 더 높았다.[28]

이러한 결과는 앱과 웹사이트에서 소통하다 보면 깊은 정서적 교감이 부족한 탓일 수 있다. 친구들끼리 메시지로 이야기를 나눈 사람들의 정서적 유대감이 가장 낮았다. 다른 연구에 따르면, 엄마에게 전화로 격려의 말을 듣는 경우 문자메시지로 받을 때보다 옥시토신이 더 많이 분비된다.[29]

페이스북 등의 소셜 미디어가 일부 사람들, 특히 광장공포증 같은 질환이나 신체장애가 있는 사람들이 고독감을 극복하는 데 도움을 줄 수는 있다. 하지만 전반적 사회 동향은 우리가 온라인 관계에 의지할수록 행복한 삶에는 도움이 되지 않음을 말해준다. 생각해보라. 미국에서 2000~2015년 사이에 거의 매일 친구들을 만나러 나가는 10대의 수가 40퍼센트 급락한 반면 자살한 10대의 비율은 치솟았고 이 비율이 2011년 이래 한 해 평균 6퍼센트까지 증가하고 있다. 과도한 소셜 미디어의 이용이 이런 변화의 원인으로 흔히 지탄받는다. 결국 대부분 시간을 스마트폰에 빠져 보내는 젊은 사람들은 자살 충동을 느끼고 우울증과 불행감에 시달릴 가능성이 크다.

이는 사회적 배제 또는 요즘에 흔히 이르는 말로 포모FOMO*와 관련이 있을지 모른다. 사람들이 페이스북, 인스타그램, 스냅챗에 올리는 걸 생각해보라. 행복, 파티, 근사한 휴가, '힙'한 식당에서 친구들과 먹는 맛있는 음식의 이미지들. 우리는 그것을 보고, 거기에 우리가 없으면 소외감을 느낀다. 기억하다시피, 그냥 컴퓨터게임인 사이버볼에서 배제되기만 해도 사람들은 외로움을 느끼고 신체의 고통에 반응하는 신경망이 활성화된다. 곧 우리의 뇌가 인스타그램이나 스냅챗을 통해 경험하는 포모에 어떻게 반응하는지 살피는 연구를 보게 될지 모른다. 그 반응은 적어도 사이버볼에서 보이는 기피에 대한 반응만큼이나 강렬할 것이다.

더욱이 온라인상의 연결은 신뢰감을 높여주는 체온을 느끼게 해

---

* 'fear of missing out'의 줄임말로 직역하면 '누락에 대한 두려움'인데 다른 사람들이 나를 빼고 즐거운 시간을 보낼지 모른다는 생각에서 생겨나는 사회적 불안을 말한다.

주지도 못하고, 친구의 손을 잡거나 껴안을 때처럼 사회성 신경펩티드의 분비를 촉진하지도 못한다. 디지털 소통 기술을 연구하는 일부 사람들은 이것이 심각한 문제임을 알아차리고 기술적 해결책을 개발하고 있다. 예를 들어 '허기 파자마Huggy Pajama(껴안기 파자마)'는 우리를 인터넷에 연결해주는 윗옷으로, 원격으로 껴안아주기를 재현할 수 있다. 한 사람이 압력 감지 회로가 내장된 인형을 껴안으면, 다른 쪽에 있는 사람은 허기 파자마가 재현하는 압박감과 온기로 그 감촉을 느낄 수 있다. 비슷한 발명품인 핫 핸드HotHands(따뜻한 손)는 우리의 손과 반려자의 손을 개인 맞춤한 주조물을 기본으로 한다. 스카이프Skype나 페이스타임FaceTime을 이용해 이야기를 나눌 때 손바닥을 모형 손 위에 올려놓으면 상대의 손 모형도 따뜻하게 데워진다. 핫 핸드나 허기 파자마를 사용하는 사람들이 정말로 연결돼 있다고 느낄지, 이런 도구가 오프라인의 실제 접촉이 갖는 힘을 조금이라도 대체할 수 있을지 지켜볼 일이다. 솔직히, 나는 의문스럽다.

스마트폰과 소셜 미디어가 낳은, 관계에 대한 또 다른 흔한 불만인 퍼빙phubbing 또한 기술이 해결할 수 있을 것 같지는 않다. '퍼빙'이란 말을 아직 들어본 적은 없어도 이 현상을 경험했음 직하다. 스마트폰에 빠져들어 주변 사람들을 외면하고 무시하는 현상 말이다. 퍼빙은 '무시하기snubbing'와 '전화기phone'의 합성어인데 이미 피퍼빙p-phubbing('반려자'를 뜻하는 '파트너'와 '퍼빙'의 합성어) 같은 하위 변종이 생겨났다. 우리 모두가 실제로 이런 현상을 목격하고 있다. 식당에 앉은 가족 모두가 이야기를 나누는 대신 스마트폰을 들여다보고 있다. 놀이터에서 엄마나 아빠는 인스타그램에 사진을 올리느라 아이가 칭얼대는데도 무시한다. 친구는 이야기를 나누는 도중인데도 방금 도착한 문자에 답하려고 스마트폰을 집어 든다.

나부터가 의식하지 못한 채 퍼빙하는 경우도 많다. 대개 남성보다는 여성이 더 자주 그런다. 이것이 단순한 골칫거리로 보일지 모르지만, 사실 퍼빙은 일종의 배척으로 관계와 건강에 해를 끼친다. 최근의 연구 결과에 따르면, 퍼빙은 오프라인의 대화가 만족스럽지 못한 것처럼 보이게 한다. 그 해로운 영향이 넘쳐나, 전체 관계에 대한 우리의 인식을 퍼빙하는 사람 또는 퍼빙당하는 사람으로 오염시킨다. 다시 말해, 우리가 문자메시지를 많이 하고 인스타그램을 많이 들여다볼수록 관계에 대한 만족도는 낮아진다.

퍼빙, 스마트폰 중독, 소셜 미디어가 소중한 관계에 대한 우리의 인식에 악영향을 미친다면, 결과적으로 우리의 건강을 해치고 심지어 수명을 줄일 수도 있다. 그 이유가 단지 스마트폰이 폭발할 수 있기 때문만은 아니다. 심장병, 당뇨병, 심지어 암까지 피하려면, 스마트폰을 멀리하며 오프라인에서 우정을 키울 필요가 있다.

오래 살게 해줄 친구를 만나는 법

세 살이었을 때 딸은 놀이터에서 90초 정도만 놀아도 가장 절친한 평생의 친구를 찾을 수 있었다. 이게 어른에게도 이렇듯 쉬운 일이기만 하다면 얼마나 좋을까. 화제가 된 2012년 〈뉴욕타임스〉의 한 기사에서, 앨릭스 윌리엄스는 서른 살이 넘으면 친구를 사귀기가 어렵다고 말한다. "일정은 빡빡하고 우선순위가 달라지며 친구한테 원하는 바가 더 까다로워진다. 아무리 친구를 많이 사귀어도, 체념이 슬금슬금 생겨날 수 있다. 우리가 10대나 20대 초에 그랬던 방식으로 가장 절친한 평생의 친구를 만드는 시대는 거의 끝났다. 현재로서는 체념하고 상황에 따른 친구, 즉 약간 친한 친구에 만족할 때다."[30]

윌리엄스는 기사에서 자기 이야기를 예로 든다. 그의 이야기는 이렇게 시작한다. "'연애 감정'은 없었지만, 할리우드의 로맨틱코미디에 나오는 저 마법 같은 소개팅의 한 장면 같았다." 윌리엄스는 일 때문에 시나리오작가 브라이언을 만나 식사를 하다가 곧바로 '친구로서 케미가 좋다'는 사실을 알아차렸다. 하지만 이들의 이야기는 해피엔딩이 아니다. 두 사람은 바쁜 일정으로 인해 몇 년 동안 네 차례 만났을 뿐이어서 새로 싹튼 이 우정은 꽃을 피우지 못했다.

하지만 이런 즉각적인 친구 '케미'가 실제로 존재한다는 사실을 연구가 확인시켜준다. 우리는 새로운 사람을 만나고 100밀리초 안에 빠르게 첫인상을 형성한다. 이는 보통 눈을 한 번 깜박이는 데 걸리는 정도의 시간이다. 우리는 이 시간에 이미 상대가 얼마나 호감이 가는지 또는 얼마나 신뢰할 만한지 판단하고, 이후 그 판단을 고수한다. 열려 있으면서 진지한 성격을 가진 젊은 여성들, 젊은 사람들은 이런 즉각적 연결을 즐길 가능성이 더 크다.

C. S. 루이스가 다음과 같이 썼을 때 뭔가를 알고 있었을지 모른

다. "한 사람이 다른 사람에게 '뭐야! 너도? 나 혼자뿐일 거라 생각했는데'라고 말하는 순간 우정이 태어난다." 분명 닮으면 친구가 되는데 도움이 된다. 이는 유인원에게도 해당한다. 동물원의 침팬지는 우리에서 함께 지내는 친구와 대부분 시간을 보내고, 이들은 대담성이나 사교성 같은 일부 성격 특성을 공유한다. 이는 우리가 우리와 '빼닮은' 사람을 좋아하는 이유가 진화에 깊숙이 뿌리를 두고 있음을 말해준다. 더욱이 우리는 우리 자신의 유전자에 기초해 친구를 선택한다. 정말로 그렇다. 친구끼리는 유전자형 수준에서, 가능성이나 인구통계상 예상하는 것보다 훨씬 더 닮아 있다.[31] 이것은 지리나 사회적 격차 때문이다. 우리가 특히 찾는 유전자는 DRD2같이 도파민과 관계가 있다.

하지만 이 말이 가장 절친한 평생의 친구를 찾으려면 쌍둥이를 찾아야만 한다는 뜻은 아니다. 사실 우리는 비슷하면서도 성격이나 나이보다 훨씬 더 중요한 걸 공유하는 사람들과 친구가 된다. 지리 말이다. 예를 들어 경찰 교육생은 성이 같은 글자로 시작하는 다른 경찰 교육생과 친구가 될 가능성이 크다. 이유가 뭘까? 경찰학교 교실에서 좌석이 알파벳순으로 정해지기 때문이다.[32] 비슷하게, 집의 구조도 중요할 수 있다. 대학생 가운데, 방에 따로 욕실이 딸리지 않은 공동주택에 사는 이들은 룸메이트와 유대 관계가 더 강한 경향이 있다.[33]

그렇다면 여기에 한 가지 방법이 있다. 사무실에서 친구를 만들고 싶다면 탕비실 근처처럼 사람들이 많이 다니는 구역의 책상을 얻으려 노력하라. 이는 또 맥맨션McMansion* 풍의 주택이 그곳에 사는 사람들의 관계의 질에 어떤 영향을 미치는가 하는 문제를 제기한다. 모든 가족 구성원이 각자의 욕실, 텔레비전 등을 가지고 있고 내부 공간이 넓어 다른 가족과 마주칠 일이 거의 없다면 긴밀한 유대 관계를 놓치고 있는 걸까? 그 때문에 건강이 나빠질 수 있을까? 더 나아가 맥맨션이 수명을 단축시킬 수 있을까? 지금까지 이를 확인한 연구는 없다. 하지만 나는 좋지 않은 건강 상태와 지나치게 큰 주택 사이에는 상당한 연관이 있으리라 짐작한다.

그러나 우리가 친구 관계와 관련해 지리상의 문제가 있더라도, 말하자면 사무실 책상이 건물 내 시베리아에 있거나 문자 그대로 진짜 시베리아에 있더라도, 이미 알고 있는 사람들과 유대를 강화하는 방법이 있다. 첫째, 비밀을 털어놔라. 자기노출이 사람들과 더 가까워지게 만든다는 사실을 연구는 보여준다.[34] 직장에 고민이 있는가? 가족에게 말 못할 고민이 있는가? 이런 문제를 좋아하는 지인들과 공유하라. 그러면 그들은 친구가 될 터이다.

두 번째 방법은 좀 불확실하다. 다른 사람이 우리에게 호의를 베풀게 해 '벤저민 프랭클린 효과'라 알려진 심리 현상을 이용하라. 이는 미국 헌법 제정자 가운데 한 사람인 벤저민 프랭클린의 말에 영감을 받았다. "우리가 은혜를 베푼 사람보다는 우리에게 친절을 베

---

* 맥도널드 체인점처럼 여기저기서 볼 수 있는 특색 없이 비슷비슷한 모양으로 지은 대형 주택.

푼 사람이 또다시 우리에게 친절을 베풀 준비가 돼 있을 것이다." 이는 얼핏 틀린 말 같지만 이 견해에 따르면, 우리는 다른 사람들을 도우면 기분이 좋아져 우리가 도와준 사람을 더 좋아하기 시작한다. 아마도 우리가 무의식적으로 우리의 행동을 우리의 생각과 조화시키고 싶어 하기 때문이다. '내가 이 친구를 돕고 있으니, 이건 이 친구가 좋은 사람이라는 뜻임에 틀림없어. 그렇지 않으면, 내가 왜 이 친구를 돕겠어?'

마지막으로 언급할 중요한 점은, 우정에 시간을 더 많이 쏟으라는 것이다. 친구들과 자주 '약속'을 잡거나 가볍게 전화를 걸어 통화하라. 확실할까? 아마도. 하지만 우리가 체중 감량, 규칙적인 운동, 식재료에 든 농약 등에 집착하느라 얼마나 많은 시간을 들이는지 생각해보라. 우리의 건강과 수명에 우정이 갖는 중요성을 감안하면 영양에 대해 생각하는 데 쓰는 시간보다 더 많은 시간을 매일 우정에 써야 한다.

하지만 내성적인 사람이라면 어떻게 해야 할까? 친구가 한 명 늘어날 때마다 수명이 늘어난다면 내성적인 사람은 수명이 더 짧을까? 유감스럽게도, 그런 것 같다. 여러 연구에서, 대단히 외향적인 사람들은 그렇지 않은 사람들보다 더 오래 사는 경향이 있었다. 예를 들어 시카고의 고령자 가운데 외향성이 높은 사람은 사망 위험도가 21퍼센트 낮았다.[35] 일본과 스웨덴에서도 비슷한 결과가 나왔다.[36]

다행인 것은 성격이 고정불변하는 게 아니라는 점이다. 매우 내성적인 사람이라도 이를 완화하기 위해 할 수 있는 일들이 있다(이에 대해서는 9장에서 더 살펴본다). 게다가 로빈 던바는 한 연구에서 외향적인 사람들이 대체로 친구가 더 많기는 하지만 그 관계의 질이 반드시 내성적인 사람들보다 더 좋은 건 아니라는 사실을 밝혀냈다.[37] 던바는 자기한테 최선이라 생각되는 것에 노력을 기울이는 일이 중요하다고 말했다. "감정 자본을 소수 사람들에게 짙게 퍼뜨릴지 아니면 많은 사람들에게 옅게 퍼뜨릴지 선택할 수 있어요." 따라서 여기서 조언을 하자면 다음과 같다. 내성적인 사람이라면 반드시 가까운 관계를 특히 잘 돌봐야 한다. 그리고 수시로 친구들을 만나야 한다는 점을 기억하라.

운동과 우정 사이

건강과 장수를 위해 단 한 가지밖에 할 수 없다면, 좋은 반려자를 찾아 그 관계에 전념하는 것이어야 한다. 결혼 생활, 특히 행복한 결혼 생활은 암, 당뇨병, 심장병, 독감을 예방할 수 있고 각종 질병을 줄여준다. 행복한 결혼 생활은 스트레스 반응과 시상하부-뇌하수체-부신 축을 진정시키고, 또 건강과 연관된 사회성 호르몬의 분비를 증가시킨다. 그 효과가 커서, 하루에 담배 20개비를 피우는 사람이 건강을 위해 금연하는 대신 영원히 변치 않을 사랑을 찾는다면, 담배가 건강에 미치는 악영향이 0이 될 수 있다. 다시 말해, 이들의 사망 위험도가 비흡연자와 같을 수 있다. 물론 흡연하지 않고 영원히 변치 않을 사랑을 찾는 게 가장 좋다.

그다음으로 우정이 있다. 우정은 사랑에 뒤이어 100세까지 장수할 가능성을 높이는 두 번째 요인이다. 오늘날 우리는 퍼빙을 하고 페이스북이 주는 기만적인 편안함에 속아 실제의 상호작용을 멀리해 이런 관계를 망가뜨린다. 하지만 페이스북 친구 관계는 건강에 도움이 되지 않는다. 대부분의 경우, 더 큰 행복을 가져다주지도 않는다. 그렇다. 우리는 바쁘다. 하지만 대개 우리는 시간을 달리 쓰는 방법을 선택할 수 있다. 정말로 집수리가 필요할까? 아이가 과외 활동을 다섯 개나 하게 해야 할까? 시간을 좀 갖고서 시간, 주의력, 에너지를 어떻게 쓸지 생각해보라. 그러면 아마도 저런 일들 대신에 우리 주변 사람들과의 관계에 시간과 주의력과 에너지를 쓰게 되지 않을까.

문제는 결혼과 우정이 마음과 몸의 건강을 유지하는 데 영향력이 크기는 하지만, 둘 다 쉽지 않은 일인 데다 그 효과를 측정하기가 어렵다는 점이다. 매일 '우정의 그램 수'를 재볼 수가 없으니 말이다. 운동의 순서와 방법을 바꾸거나 새로 유행하는 식단을 시도해 건강을 해결하려 하는 게 훨씬 쉽다. 영양과 신체 단련은 정량화할 수 있고 흔히 쉬운 지시에 따라서 할 수가 있다. 미나리 스무디 레시피는 누구나 따라 할 수 있다. 월요일에 20분 동안 근력 운동을 하고 화요일에 1만 보를 걸으면, 우리가 운동을 잘하고 있음을 알 수 있다. 하지만 결혼 생활의 질은 어떻게 판단할까? 우리의 우정이 단단한지 어떻게 알 수 있을까? 21세기를 살아가는 우리는 손쉬운 처방과 당장의 만족감을 좋아한다. 관계와 관련해서는 이를 얻기가 어렵다.

약 90퍼센트의 미국인이 평생 동안 적어도 한 번 결혼한다. 하지만 많은 사람들이 이 사회적 결합을 당연한 일로 여긴다. 사람들이 마라톤이나 비슷한 스포츠 경기를 위해 얼마나 많은 시간을 쏟는지 생각해보라. 주변의 커플 가운데 더 나은 애정 관계를 위해 매일 똑같은 양의 노력을 기울이는 사람이 있는가? 우리는 적어도 식단과 신체 단련에 쏟는 시간만큼 결혼 생활을 개선하는 전략에 관한 책을 읽는 데 시간을 써야 한다. 시간이 부족하다면, 데이트를 한 번 건너뛰기보다는 헬스장을 한 번 빠지는 게 낫다.

좋은 뉴스는 과학이 관계를 한꺼번에 개선하는 전략을 상당수 찾아냈다는 사실이다. 우리는 공감 능력을 높이고, 애착 유형에 노력을 들이며, 심리학자들이 말하는 '사회적 털 고르기social grooming'에 참여할 수 있다. 게다가 이런 전략 가운데 일부는 실제로 정량화할 수 있으면서 미나리 스무디를 만드는 일만큼 쉬운 데다 더 즐거울 수 있다.

건강하게
나이 드는 습관

애정 관계에 우선순위를 두고 전념하라. 좋은 반려자가 되는 방법에 관한 책과 기사를 읽어라. '《요한 묵시록》의 네 기사'인 경멸, 비난, 방어적 태도, 의사방해를 피하라. 일상에서 일어난 좋은 일에 대해 자주 배우자와 이야기를 나눠라. 함께 새롭고 흥미진진한 일을 시도하고 재미있게 보내라. 롤러코스터와 풍선 기구를 타면 정말 좋다. 우정에 시간과 노력을 쏟아라. 함께 더 많은 시간을 보내고 비밀을 털어놓으라. 가까운 사람 앞에서 퍼빙하지 마라. 스마트폰을 밀쳐두고 소셜 미디어를 줄여라.

7

공감의 마법

1960년대에 매디슨시 노스파크스트리트 600번지에 있는 위스콘신 대학 영장류 실험실을 '군파크Goon Park'*라 부르는 사람들이 있었다. 이는 단지 실험실의 주소와 거기서 연구하는 괴짜 과학자 해리 할로Harry Harlow 때문만은 아니었다. 군파크에서 진행하는 연구는 당시 무척이나 이상해 보였으나, 오늘날 우리가 인간 간 그리고 원숭이 간 사랑과 애착을 바라보는 방식을 완전히 바꿔놓았다.

　해리 할로는 명성에 집착하는 뛰어난 인물이자 알코올중독자이자 일중독자로, 그가 하는 영장류 실험은 동물 활동가들 사이에 논란을 불러일으켰다. 할로가 동그란 눈에 커다란 귀를 가진 붉은털원숭이 새끼를 대상으로 한, 고립에 관한 연구를 보자. 할로는 어렸을

---

* '바보의 놀이동산'이라는 뜻.

때 사회적 접촉을 하지 못한 원숭이에게 무슨 일이 일어나는지 연구하려고 이른바 '절망의 구덩이'를 계획했다. 이는 엎어놓은 피라미드 같은 모양의 우리로, 위가 넓고 아래가 좁으며 지붕은 철망으로 만들어졌다. 이 우리 안에 원숭이 한 마리를 혼자 두었다. 첫 2~3일 동안 원숭이는 탈출하려고 경사면을 따라 꼭대기로 기어올라갔다. 꼭대기에는 철망 지붕이 있어 탈출할 수 없었다. 그러자 원숭이는 탈출을 포기했다. "대부분 실험 대상은 보통 그 장치의 맨 아래쪽 구석에서 웅크리고 있다. 이쯤 되면 원숭이는 자기 상황이 가망 없다고 생각할지 모른다."[1] 할로는 이렇게 썼다. 단 며칠만으로도 한 마리 원숭이가 맥을 못 추게 만들기에 충분했다. 원숭이는 멍한 시선으로 머리를 푹 수그린 채 우리 바닥에 꼼짝하지 않고 앉아 있었다. 이들 원숭이는 가족에게 돌아간 후에도 다른 원숭이들과 관계를 맺지 못했다.

할로의 실험이 모두 이 실험만큼 끔찍하진 않다. 예를 들어 헝겊 대리모에 관한 실험에 대해 들어봤을지 모르겠다. 붉은털원숭이 새끼는 임시변통으로 만들어진 '엄마' 둘과 함께 우리 안에 놓여 그 가운데 하나를 선택하게 될 터였다. 한 '엄마'는 철사로 만들어져 기어오르기에는 완벽하지만 껴안기 좋은 부드러운 부분이 없었다. 다른 '엄마'는 백열전구로 가열되고 스펀지 고무와 헝겊으로 덮인 둥그런 몸과 미소 짓는 얼굴을 갖고 있었다. 우윳병을 든 엄마가 어떤 경우에는 부드러웠고 또 어떤 경우에는 금속으로 돼 있었다. 하지만 먹이를 가지고 있건 없건 상관없이 새끼 원숭이들은 언제나 헝겊 엄마를 좋아했다. 새끼 원숭이들은 몇 시간이나 헝겊 엄마를 안고 있었고 겁을 집어먹으면 헝겊 엄마에게 달려갔다. 우리를 청소하기 위해 대리 엄마가 바깥으로 꺼내졌을 때 새끼들은 슬픔을 가누지 못하고 소리를 질러댔다. 체온과 접촉. 영장류의 양육에서는 이게 전부인 듯했다.

'절망의 구덩이'에 관한 실험보다 속이 덜 뒤집히기는 하지만, 유감스럽게도 이 실험 또한 행복한 결말을 맺지 못했다. 새끼들이 다 자랐을 때, 스펀지로 된 대리 엄마에 의해 양육된 붉은털원숭이들은 염려할 만한 성격을 보이기 시작했다. 이들은 수줍음을 많이 타고 틀어박히길 좋아했다. 다른 원숭이들 주변에서 어떻게 행동해야 할지를 몰랐다. 이들이 엄마가 됐을 때 양육 능력도 매우 부족했다. 일부는 새끼에게 무관심해서 양육을 하지 않았다. 또 일부는 새끼를 대놓고 학대해 물고 다치게 했다.

애정과 사회성에 관한 수년에 걸친 군파크의 실험은 인간의 애착에 관한 연구의 기초를 이뤘다. 인간의 애착에 관한 연구는 우리를 돌보는 사람과의 생애 초기 경험이 어떻게 평생토록 우리를 형성하고 다른 사람들과 의미 있는 관계를 구축하는 능력을 결정짓는지를 다루는 과학이다. 할로의 원숭이들이 헝겊 엄마에게 애착을 갖게 된 것처럼, 갓난아이도 좋든 싫든 엄마에게 애착을 갖게 된다. 이 관계는 상당히 일찍부터 실험해볼 수 있다. 엄마가 12개월 된 아기 혼자만 낯선 사람과 한 방에 3분 동안 두면, 갓난아이가 엄마에게 얼마나 애착을 갖고 있는지 알 수 있다.

이 방법은 '낯선 상황'이라 알려져 있는데 제대로 하자면 아기를 수 분 동안 혼자 두는 것과 같은 단계가 몇 가지 더 포함된다. 하지만 기본적으로 단순한 덕분에, 이 방법은 연구자들 사이에서 널리 인기를 끌었다. 12~18개월 된 아기가 있다면 집에서도 이 방법을 시도해볼 수 있다. 어떤 아이는 엄마가 방을 나가도 엄마를 안전 기지 삼아 주변 환경을 탐색하다가 엄마가 돌아오면 기뻐한다. 이런 아이는 애착 관계가 안정돼 있을 것으로 예상된다. 또 어떤 아이는 낯선 사람과 남겨지면 짜증을 내고 엄마가 돌아오면 엄마한테도 짜증을 낸다. 이런 아이는 아마도 애착 관계가 불안정해서 '불안하다'고 여겨진다. 그리고 엄마가 나가고 들어와도 아기가 전혀 영향을 받지 않는 듯이 보인다면 엄마와 아기의 애착 관계가 불안 회피형이라고 추정할 수 있다. 어느 부모든 아이가 안정된 애착 관계를 갖길 바라겠지만, 미국의 현실은 65퍼센트의 아기만이 그렇다. 영국에서는 75퍼센트의 아기가 안정된 애착 관계를 갖고 있는 반면 중국에서는 50퍼센트에 그친다.

수십 년에 걸친 연구 결과에 따르면, 저 두 가지 형태의 불안정한 애착 관계가 낳는 결과는 대단히 심각해서 유년기 후반에 우울증, 불안, 낮은 자존감에 시달리게 할 수 있다. 반면 애착 관계가 안정된 아이는 더 많이 공감하고 기꺼이 도와주는 어린이가 돼 친구들이 항상 몰려든다.[2] 사춘기 무렵에는 더 많은 인기와 사회적 관계를 얻게 된다.[3]

하지만 애착이 아이에게만 문제가 되는 건 아니다. 성인의 애착 관계도 측정할 수 있다. 다른 사람들로 인해 상처받을까 봐 항상 경계하는가? 사람들이 자신을 어떻게 생각하는지 끊임없이 걱정하는가? 쉽게 기분이 상하고 감정을 과장하는가? 남을 경멸하고 헌신과 친밀감을 두려워하는가? 이런 사람들은 애착 관계를 회피한다. 반면 애착 관계가 안정된 사람들은, 세상이 다른 사람들의 도움과 지원을 기대할 수 있는 대체로 안전한 곳이라고 본다. 애착 관계가 안정된 사람들과 불안정한 사람들의 차이는 이들의 행동만이 아니라 뇌에서도 볼 수 있다. 회피 애착 유형의 성인은 친구를 만나도 안정 애착 유형의 성인만큼 뇌 속 보상 회로에 강하게 불이 켜지지 않음을, 기능적 자기공명영상장치를 이용한 연구는 보여준다.[4]

애착 유형이 건강과 수명에 정말로 중요함을 말해주는 징후는 많다. 우선, 애착 유형은 신체 건강에 직접 영향을 미칠 수 있다. 예를 들어 애착 불안이 큰 성인은 전염성 단핵증*을 일으킬 수 있는 바이러스에 잘 대처하지 못한다.[5] 불안정 애착 유형은 안정 애착 유형에 비해 뇌졸중과 심장마비를 더 많이 일으키고 혈압이 더 높으며 궤양도 더 많다.[6] 이들은 또 원인 모를 근골격의 통증도 더 자주 겪는다.[7] 회피 애착 유형, 즉 "애인한테 의지하는 걸 나 스스로 용납하기 어려워"와 같은 말에 동의하는 사람들은 그냥 손가락 끝을 콕 찌르기만 해도 유난히 고통스러워할 수 있다.[8] 애착 관계가 만족스러운 사람

---

* 사춘기에서 청년기에 걸쳐 많이 발병하는 바이러스 감염 질환으로 인후통, 열, 오한, 무력감과 피곤감, 림프선 종양의 확대 등의 증세가 나타난다.

들보다 훨씬 더 말이다.

다시 한번, 애착 유형과 신체 건강이 연관성을 갖는 근본 원인은 스트레스 반응과 시상하부-뇌하수체-부신 축의 작동인 것 같다. 애착 관계가 불안정한 사람들이 스트레스를 받으면 시상하부-뇌하수체-부신 축이 대단히 활성화된다. 다시 말해 체내에 다량의 코르티솔을 빠르게 퍼붓는다. 그런 다음 시상하부-뇌하수체-부신 축이 활성화되기 전 상태로 되돌아오는 데 오래 걸린다. 차례로 코르티솔은 면역 체계의 작동 방식을 바꿔놓을 수 있다. 한 연구에 따르면, 애착 불안이 높은 사람들은 낮은 사람들보다 CD3+CD8+ 세포독성T세포*가 22퍼센트 적었다.[9] 이 T세포는 병원균이 침투한 세포를 죽이기 때문에 면역 반응에 필수인데, 그 수가 줄어드는 건 면역 체계가 노화하고 있다는 조짐이다. 다시 말해, 애착 관계가 불안정한 사람들은 너덜너덜해진 노인의 면역 체계를 갖고 있다고 할 수 있다. 이것으로 충분하지 않다면, 애착 관계가 불안정하다는 건 스스로 음식을 조절하는 능력이 떨어진다는 뜻일 수도 있다. 이것은 섭식 장애, 특히 폭식과 연관 있을 수 있다.[10] 그래서 한밤중에 나도 모르게 냉장고 앞에 서게 된다면 자신의 애착 유형이 원인일 수 있음을 고려하라.

엎친 데 겹친 격으로, 헌신을 두려워하는 사람들은 공복 시 혈당

* 세포독성T세포는 세포독성 물질을 분비해 바이러스에 감염된 세포나 종양 세포 등을 죽이는 세포로 세포 표면에 CD3, CD8 단백질을 가지고 있다.

수치가 더 높은 경향이 있다. 이는 당뇨병을 경고하는 신호다. 이것은 진화로 설명할 수 있다. 혈당은 몸, 그리고 특히 뇌의 기본 연료이다. 우리가 초원에 홀로 있다면 혼자 힘으로 위협에 대처해야 한다. 몰래 다가오는 포식자에 대해 경고해줄 사람이 없기 때문에 끊임없이 위험에 대비해야 한다. 이때 우리의 뇌와 몸은 빠른 결정을 돕기 위해 물질대사 자원에 쉽게 접근해야 한다. 그래서 혈당을 높게 유지한다.

애착 유형은 시상하부-뇌하수체-부신 축이나 혈당에 직접 영향을 미치는 것 외에, 관계의 질을 변화시켜 100세까지 장수할 가능성에 간접 영향을 미칠 수 있다. 애착 관계가 안정된 사람들은 우정으로 행복하고, 사랑하는 사람과 적게 싸우며, 이혼할 가능성이 낮다.[11] 반면 애착 관계가 불안정한 사람들은 사랑하는 사람에게 덜 만족할뿐더러 아이에게도 그렇다. 그래서 친구가 많이 있더라도, 그들과의 관계에 매우 부정적인 편이다.[12] 물론 이것도 수명을 줄인다.

이제 궁금증이 생긴다. 우리는 안정 애착 유형일까, 아니면 불안정 애착 유형일까? 아기들을 대상으로 한 실험은 매우 쉬울 수 있지만 성인의 애착 유형은 어떻게 판단할까? 어쨌든 어른은 몇 분 동안 낯선 사람과 남겨진다고 해서 울지는 않을 게 분명하다. 심리학자들은 성인의 애착 유형을 평가하기 위해 신중히 설계된 몇 가지 설문지를 사용한다. 우리는 질문지에 나오는 "나는 의지할 사람이 있다고 느낀다", "나는 나와 가까운 사람들을 신뢰할 수 있다고 느낀다", "나는 지금 무조건적인 사랑을 받아야 할 필요를 강하게 느낀다"와 같은 진술에 점수를 매긴다. 가장 마지막 진술은 불안정 애착의 징후이다.

대개 55~65퍼센트의 성인이 안정 애착 유형이고 15~20퍼센트가 불안정 애착 유형이다. 더 안타까운 소식은 애착 불안을 느끼는 사람들이 증가하고 있다는 사실이다. 대학생을 대상으로 진행한 연구의 대규모 후속 분석은 1988년 미국 청년의 50퍼센트 가까이가 안정 애착 유형이었던 반면, 2011년 그 수치가 41퍼센트로 떨어졌음을 보여주었다. 이 후속 분석을 지지하는 과학자들은 스마트폰과 인터넷이 '연결이 늘어나는 시대에 단절이 늘어나는' 원인일 수 있다고 지적한다.[13]

'잠깐만, 스마트폰과 인터넷이라고?'라고 말할지 모르겠다. 애착이란 건 아이에게 충분히 몰두하지 않는 엄마, 그러니까 아이에게 모유를 먹이지 않고 아이 옷을 제대로 챙겨 입히지 않으며 아이와 함께 자지 않는 엄마와 관련된 이야기가 아닌가? 그 답은 '그렇다'이기도 하고 '아니다'이기도 하다. 아이가 안정된 애착 관계를 가지려면 돌봐주는 다정한 부모가 필요하다. 그 처방은 이렇다(물론 대략 그렇다는 말이다). 부모가 아이의 기본 욕구에 세심하고 다정하게 반응하면 된다. 그러면 아이는 자라서 세상이 안전한 곳이고 사람들은 대체로 신뢰할 수 있다고 생각하게 될 터이다. 애착 관련 통계를 생각하면, 이론은 간단하나 실천은 어렵다. 어느 때에는 다정하게 대하고 또 어느 때에는 냉담하게 대하거나 화를 내는 식으로, 일관성 없이 반응하는 부모의 아이는 불안정 애착 유형을 갖는 경향이 있다. 그리고 자신의 정서적 요구에 제대로 응하지 못하는 부모를 둔 아이는 결국 헌신을 두려워하는 어른으로 자라난다.

불완전한 애정 생활, 심혈관계 질환, 또는 폭식 습관을 이렇게 엄마 탓으로 돌리는 게 솔깃할지 모른다. 하지만 생애 초기에 양육된 방식이 돌이킬 수 없도록 애착 유형을 결정짓는 건 아니다. 많은 심리학자가 성인의 애착 유형은 유연해서 양육 방식 탓으로만 돌릴 수 없다고 주장한다. 다행스러운 일이다. 엄마가 우리를 돌보는 방식이 완벽하지 않았더라도, 우리의 애착 관계가 평생 불안정하고 그래서 건강이 좋지 않을 운명인 건 아니라는 사실을 알면 우리 스스로 상황을 바꿀 수 있다. 어떻게 그럴 수 있을까? 최선의 해결책은 심리 치료다(유감이지만 여기에 쉬운 해결책은 없다). 하지만 다행히도 반드시 심리 치료사의 진료실에서 여러 해를 보내며 엄청난 치료비를 낼 필요는 없다. 6주 동안만 집중 치료를 받아도 애착 안정성을, 그리고 건강을 향상시킬 수 있다.[14]

더욱이 애착 안정성 강화 외에, 탄탄한 사회적 삶의 또 다른 필수 요소인 높은 공감 능력이라는 긍정적 부작용을 얻을 수도 있다. 100세까지 행복하게 살고 싶다면, 분명 공감 능력을 길러야 한다. 그러느라 헬스장을 몇 번 빼먹거나 브로콜리 요리 강습을 마다하더라도 말이다.

테스토스테른이 공감 능력을 위협한다

1962년 1월 30일 탕가니카(오늘날 탄자니아) 북부에 있는 카샤샤라는 작은 마을의 학교에서 이상한 일이 벌어지기 시작했다. 처음에이 일은 별로 해될 것 없어 보였다. 여학생 셋이 웃음을 터뜨리기 시작해 멈추지를 못했다. 그러다가 상황이 심각해졌다. 통제할 수 없는웃음이 10대 학생들 사이에 계속 퍼졌기 때문이다. 일부 학생들은한번 웃기 시작하면 몇 시간 동안 계속됐다. 또 어떤 학생들은 16일동안이나 계속 웃어댔다. 3월 18일까지, 카샤샤 학교에 다니는 여학생 가운데 절반을 훌쩍 넘는 수가 발병해 학교는 임시로 문을 닫았다. 하지만 이 이야기는 끝나지 않았다. 웃음 전염병이 마을에서 마을로 계속 퍼졌다. 소녀와 소년 그리고 학생과 어른을 가리지 않고대략 1000명의 사람들이 웃음 바이러스에 걸려, 14개 학교가 문을닫아야 했다.

문제는 웃음이 아니었다. 사람들은 겁에 질렸다. 어떤 사람들은원자폭탄으로 인한 대기 오염으로 이런 일이 일어났다고 믿었다(물론 사실이 아니었다). 또 어떤 사람들은 이 지역의 옥수수 가루가 오염됐을지 모른다고 추측했다. 의사들이 불려와 피를 뽑아 현미경으로들여다보고 요추천자를 시행했지만 독성 물질도, 세균도, 바이러스도 발견되지 않았다. 실제로 아무것도 발견되지 않았다. 웃음 전염병에 걸린 사람들은 아마도 매우 건강했을 것이다. 현재 심리학자들은 탕가니카의 웃음 전염병이 집단 히스테리로 인해 일어났으며 기분 전염과 관계가 있다고 의심하고 있다. 기분 전염은 공감 능력의 본질적인 부분이다.

옆에 있는 누군가가 하품을 하면 같이 하품을 하게 된다는 사실을 아는가? 바로 이 순간 하품에 대한 글을 읽기만 해도 곧바로 입이 벌어질지 모른다. 지하철에서 대학 강의실까지 어디서나 볼 수 있는 하품과 같은 작은 전염은 악명 높은 탕가니카의 돌발적인 웃음과 비슷한 기제에 의존한다. 그리고 잘 공감하는 사람일수록 하품 전염에 민감하다. 이런 이유로, 만약 사이코패스로 가득한 교실이 있다면 (상상만 해도 무섭다) 하품이 퍼져나가지 않을 터이다.

네덜란드의 유명한 영장류 동물학자 프란스 드 발Frans de Waal은 기분 전염이 진화해서 우리 조상 같은 영장류가 행동을 조직화할 수 있었다고 생각한다.[15] 이는 무리 지어 다니는 종에게 중요하다. 먹는 시간이라면, 무리 모두가 함께 먹는 게 낫다. 걷는 시간이라면 모두가 함께 걷기 시작하는 게 낫다. 하지만 공감은 단순한 기분 전염 훨씬 이상의 것이다. 다른 사람의 관점을 취해 그의 동기를 이해하고 그의 감정에 신경 쓰는 일이다. 로먼 크르즈나릭Roman Krznaric이 《공감하는 능력》에서 말한 대로, 공감은 안을 보는 대신에 바깥을 보는 일이다.

하지만 애착 안정성과 마찬가지로, 오늘날 공감 능력도 위기에 처해 있을지 모른다. 미국에서 1만 3000명 이상의 학생을 대상으로 이뤄진 연구들에 대한 후속 분석에 따르면, 1979~2009년 사이에 다른 사람들에 대한 공감적 관심empathic concern*이 48퍼센트까지 급락했다. 2009년이 아직 스마트폰이 나온 지 얼마 되지 않은 때임을 생각해보라. '퍼빙'이라는 말은 아직 생겨나지도 않았다. 전 미국 대통령인 버락 오바마는 한 연설에서 이렇게 말했다. "우리는 공감을 단념시키는 문화 속에 살고 있습니다."[16] 오바마는 어렴풋이 다가오는 공감 능력의 위기를, 우리 문화가 조장하는 즐겁고 유명하며 날씬하고 부자가 되려는 이기적 욕망 탓으로 돌렸다. 오바마가 부의 추구를 원인으로 지적한 건 정확했다. 경제적으로 부유한 사람들은 공감 능력이 낮은 경향이 있음을 연구가 확인시켜준다.[17] 오바마는 또 '안을 보는' 문화에 상응하는 '바깥을 보는' 문화가 만들어지지 않았다고 제대로 지적했다. 하지만 미국의 공감 능력 순위가 특별히 나쁘지는 않다. 미시간 주립 대학에서 이뤄진 연구에서, 미국은 63개 국가 가운데 7위에 올랐다. 캐나다는 12위, 영국은 47위였다. 에콰도르가 세계에서 가장 공감 능력이 높은 국가로 밝혀졌다. 이 순위의 제일 마지막은 리투아니아였고, 내가 태어난 폴란드는 뒤에서 네 번째였다.[18]

하지만 분명히 말하자면, 나라들만 공감 능력 수준이 다양한 건 아니다. 개인도 마찬가지다. 이런 차이에 어떤 특정한 양상이 있는지는 분명치 않다. 대개 여성은 남성보다 공감 능력이 높다. 여성이 공감 능력에서 더 높은 점수를 받는 경우가 66퍼센트 이상이다. 이

---

* 단순히 다른 사람의 마음을 이해하는 것을 넘어 어려움에 처한 사람을 돕고 싶어 하는 태도 또는 동기를 말한다.

차이는 이미 유아기에 나타난다. 두 살 난 여자아이들은 같은 나이의 남자아이들보다 괴로워하는 사람에게 더 많은 관심을 보인다.[19] 드 발은 우리가 이렇게 진화해왔다고 주장한다. 엄마의 공감 능력은 아빠의 공감 능력보다 아기의 생존에 더 필수이기 때문이다. 예를 들어 엄마가 배고픈 아이에게 반응해 빠르게 젖을 주는지 아닌지가 아기의 생존에 커다란 영향을 미친다. 그래서 공감 능력이 뛰어난 엄마의 젖먹이가 살아남아 유전자를 전할 가능성이 컸다.

남성 태아는 임신 기간 동안 높은 수준의 테스토스테론에 노출돼 뇌에 영향을 받는다. 임신 후 제2 석 달* 동안 양수천자를 받아 양수 내 테스토스테론 수치를 측정한다면, 해당 여성의 아이가 자라서 공감 능력이 어느 정도일지 상당히 잘 맞힐 수 있다. 이런 수순을 따른 6~8세 아이들에 대한 한 연구에서, '바깥을 보는' 아이들은 엄마의 뱃속에서 노출된 테스토스테론의 수치가 낮았다.[20] 이것이 임신 기간 흡연하지 말아야 할 또 다른 좋은 이유다. 니코틴은 태아의 테스토스테론 수치를 높이기 때문이다. 테스토스테론과 공감 능력의 연관성은 또한 엄마가 자주 누워 쉬어야 하는 완벽한 이유이기도 하다. 엄마의 코르티솔 수치 역시 태아의 테스토스테론 수치를 높인다.

테스토스테론 연구에서는 아이들의 공감 능력을 판단하기 위해 '눈으로 마음 읽기Reading the Mind in the Eyes'라는 검사를 이용한다. 이는 자신의 공감 능력을 검사해보고 싶을 때 이용할 수 있는 재미있

---

* 임신 기간은 처음부터 임신이 종료될 때까지 제1 석 달, 제2 석 달, 제3 석 달로 나뉜다.

는 방법이다. 사람 눈이 찍힌 사진을 보고 그 사람이 어떤 감정인지 추측하면 된다(이 책 관련 웹사이트에 이 검사법이 링크돼 있다. 공감 능력을 평가하는 또 다른 도구인 '공감 지수Empathy Quotient'도 웹사이트에서 이용할 수 있다).

이 모두가 왜 우리의 수명에 중요할까? 공감 능력은 애착과 마찬가지로 관계에 영향을 미쳐 건강에 중요한 역할을 한다. 10대를 데려다 공감 능력을 측정해보라. 그러면 그들이 30대쯤 됐을 때 얼마나 사회적으로 잘 통합돼 있을지 예측할 수 있다.[21] 공감 능력은 또 고독감을 막아주는 강력한 도구다. 나이와 상관없이, 공감 능력이 높을수록 세상에 완전히 나 혼자라고 느낄 가능성은 낮아진다. 결혼 생활의 경우에도, 높은 공감 능력은 더 나은 질을 의미하고, 우회적으로 우리의 수명을 늘려준다. 여러 연구가 배우자에 공감할수록 관계에 대한 만족도가 높아진다는 사실을 밝혀냈다. 특히 남편의 공감 능력이 더 중요하다.

이 모든 게 벅차 보일 수 있다. 우리가 임신 중에 너무 스트레스를 받아 줄담배를 피운 엄마를 둔 리투아니아 남자라면 어떨까? 그 운명이 정해져 있을까? 다행스럽게도, 공감 능력을 키울 수 있다. 하지만 노력이 필요하다.

감정 문해력을 기르는 일

영국 런던의 어느 후텁지근한 날, 애시번햄초등학교의 흰 벽으로 둘러싸인 밝은 교실에서, 20여 명의 9~10세 아이들이 녹색 담요 주변에 둥그렇게 둘러앉았다. 거기 천으로 된 무대 한복판에, 배 부분을 가로질러 '공감의 뿌리'라 쓰인 우주복을 입은 10개월 된 아기가 누워 있다. 아이의 이름은 이블린이고 오늘 이블린은 스타였다. 이블린이 분홍색 천으로 만들어진 조개를 집으려고 안간힘을 쓰다가 놓쳤을 때, 모든 사람의 눈이 이블린을 따라다녔다. 엄마 리비가 도와줘 이블린은 그 장난감을 가지고 놀기 시작했다. 이블린은 처음에는 호기심이 많았으나 곧 불만에 차 찡얼거렸다. "아가, 힘들어?" 리비가 물었다.

공감 지도 강사 크리스틴 재너비가 큰 아이들에게 도움을 청한다. "엄마가 무슨 말을 했는지 알아들었어요?" 길고 약간 붉은색이 도는 금발머리의 여학생이 대답했다. "'힘드냐'고 했어요." 강사가 고개를 끄덕였다. "엄마는 '좀 힘들어요, 너무 흥분돼서요' 하는 아기의 감정을 정말로 잘 알고 있어요. 우린 아기가 자기감정을 통제하도록 엄마가 도와주는 걸 봤어요." 강사는 잠시 말을 멈췄다가 이었다. "화가 나면 여러분은 자신을 어떻게 통제해요? 마음을 진정시키려면 뭘 해야 할까요?" 학생들이 손을 들었고, 지목된 한 여학생이 대답했다. "마음을 진정시키기 위해, 저는 그림을 그려요." 다른 학생은 노래를 부른다고 말했다. 크리스틴은 노래를 부르면 아기를 달래

줄 수 있다고 말했다. 그래서 학생들은 노래를 불렀다. "울지 마라 아가야, 아무 말도 말아라……" 이블린이 곧바로 학생들을 쳐다보더니 울음을 그쳤다. "여러분이 노래를 부르고 있을 때 무슨 일이 일어났나요?" 크리스틴이 물었다. 학생들이 대답했다. "아기가 조용해졌어요." 그러자 강사는 아이들이 무의식적으로 아기의 요구에 맞춰 보통 때보다 더 부드럽게 노래를 불렀다고 지적했다. 크리스틴은 아이들에게 장난감을 가지고 놀던 이블린이 그랬듯 살아오면서 불만을 느꼈던 때를 떠올려보라고 했다. 또다시 많은 학생들이 손을 들었다.

내가 그날 런던에서 본 것은 캐나다의 비영리단체 '공감의 뿌리 Roots of Empathy'가 같은 이름으로 운영하는 프로그램의 일부였다. 이 프로그램의 발상은 아이들에게 감정 문해력을 가르쳐 세심하면서 사회적으로 통합된 인간으로 성장하게 하는 것이었다. 이 프로그램에서는 아기들이 '교사'다. 5~13세의 학생들은 몇 개월에 걸쳐 아기의 발달을 관찰하고 아기의 감정에 이름을 붙여 그것을 자신의 삶에서 경험하는 것과 비교해 공감 능력을 키운다. 그 결과 교실에서 왕따가 줄어드는 한편 아이들의 사회성은 커진다. 이 프로그램에 대해 이뤄진 연구에 따르면, 그 결과는 이 교육 활동 후 적어도 1년 동안 지속된다.

공감 훈련이 효과가 있음을 다른 많은 연구가 확인시켜준다. 이 훈련은 특히 아이들, 수련의, 성범죄자에게 효과가 있다.[22] 교육과정은 다양하지만 보통 얼굴 표정을 이해하는 방법 배우기, 듣기 능력 키우기, 다른 사람의 관점을 취하는 방법 익히기와 같은 접근법을 쓴다. 공감에 얼마나 많은 노력을 들여야 하는지 보여주는 좋은 예로 몇몇 배우들을 언급해볼 수 있다. 니콜라스 케이지는 영화 〈버디Birdy〉에서 베트남전 참전 용사 역을 위해 마취도 하지 않은 채 이를 몇 개 뽑고 여러 주 동안 얼굴에 붕대를 감고 있었다. "붕대를 풀었을 때, 내 피부는 여드름과 살에 파고든 머리카락 때문에 온통 감염돼 있었어요." 케이지가 〈텔레그래프〉에 말했다.[23] 애드리언 브로디는 영화 〈피아니스트〉에서 홀로코스트 생존자 역할을 위해 몸무게를 14킬로그램 가까이 줄이고 하루에 네 시간씩 피아노를 연습하고, 이걸로는 충분치 않은 듯 자기 아파트를 포기하고 자동차를 팔고서 가방 두 개와 키보드 하나만 달랑 든 채 유럽으로 이주했다. 이 모두가 자신이 배역을 맡은 인물이 그랬던 만큼 상실감을 느끼기 위함이었다.

케이지와 브로디의 이른바 '메소드 연기'는 공감이라고 하기에는 좀 과한 면이 있다. 하지만 로먼 크르즈나릭은 일상 차원의 비슷한 노력이 실제로 우리의 '바깥을 보는' 능력을, 그리고 건강을 개선할 수 있다고 단언한다. 크르즈나릭은 다른 모든 능력과 마찬가지로 공감 능력은 훈련이 필요하고, 그에 의식적으로 노력을 기울여야 한다고 주장한다. 그러려면, 다른 사람들에 대한 호기심을 키우고 그들의 눈을 통해 세계를 보려고 노력하며 선입견을 버려야 한다. 인도 식당에서 만나는 피부색이 까무잡잡한 웨이터의 삶은 어떨까? 택시 기사는 근무가 끝난 후 어디로 갈까? 그 여자가 피곤해 보이는가?

아이가 밥을 앞에 놓고 칭얼거릴 때 어떤 기분일까?

이것이 좋은 출발점이지만, 크르즈나릭은 단순히 머릿속으로만 생각하기보다 더 나아갈 것을 권한다. 즉 다른 사람들의 삶을 직접 시도해보는 '경험의 모험'을 권한다. 우리는 이슬람교인 친구와 함께 라마단 금식을 하거나 가톨릭교인 친구와 미사에 가볼 수 있다. 다른 누군가와 하루 동안 업무를 바꿔보거나 어둠 속에서 식사를 하면서 눈이 보이지 않는 사람들에게 마음으로 공감해볼 수 있다(현재 많은 도시의 식당들이 이런 경험을 제공하고 있다). 좀 더 소소한 노력으로는, 특정한 책을 읽고 영화를 보는 게 또한 공감을 훈련하는 데 도움이 된다. 영화를 보거나 소설을 읽으면서 운 적이 있다면, 내가 무슨 말을 하는지 알 것이다. 크르즈나릭은 가장 공감을 불러일으키는 책과 영화에 대한 리뷰와 인기 순위를 정리한 이른바 '온라인 공감 도서관'을 만들었다.

가장 공감 능력이 떨어지는, 테스토스테론이 가득한 리투아니아 남성들조차 '바깥을 보'도록 배울 수 있다. 한 실험에서, 연구자들이 감정을 이해하려는 노력에 대해, 성과에 비례해 돈을 주겠노라고 제안하기까지는 남성이 여성보다 점수가 훨씬 더 낮았다.[24] 돈을 주는 장려책은 남성과 여성 참가자의 공감 능력 차이를 없애기에 충분했다. 기혼 여성이라면 지금쯤 남편이 귀를 잘 기울이도록 하기 위해 돈을 주는 게 좋은 생각일지 모른다고 생각할 터이다. 일단 시도해보라. 어쩌면 효과가 있을지 모른다.

공감 능력을 해치는 건 얄궂게도 진통제이다. 2016년의 한 연구에 따르면, 걸핏하면 타이레놀 같은 아세트아미노산 약을 복용하는 경우 이 해열진통제가 다른 사람들의 아픔과 통증에 대한 공감적 관심을 줄일 수 있다.[25] 따라서 반려자의 두통이나 허리 통증이 대수롭지 않아 보인다면 최근에 본인의 통증 때문에 복용한 약이 원인일 수 있다. 이런 상황에서 아세트아미노산이 몸에서 빠져나가길 기다리는 일 외에 함께 춤을 추거나 노래를 부르는 게 서로 연결되는 데 도움이 될 수 있는데, 동시에 행할수록 더 좋다. 그렇다, 진지하게 하는 말이다. 동시에 춤을 추거나 노래를 부르거나 동시에 움직이는 스포츠 같은 이른바 '사회적 털 고르기'는 사람들을 결속시킬뿐더러 건강에 좋다.

동시성의 과학

옥스퍼드 대학 인류학자인 로빈 던바는 영국의 리딩에서 열린 음악 고고학에 관한 학회에서 전통 줄루 춤을 함께 추는 동안 번뜩이는 통찰을 얻었다. 초저녁이었는데, 대부분의 진지한 논의가 끝나자 특별한 활동이 제안됐다. 그곳에 모인 교수들은 아프리카 춤을 추면서 다양한 크기로 자른 플라스틱 관을 불 예정이었다. "무슨 일이 일어나는지 기다려보세요." 강사가 말했다. 그래서 그들은 약 20명 정도로 무리지어 걸으며 플라스틱 관을 불어 불쾌한 소란을 불러일으켰다. 하지만 약 5분이 지나자 소리와 움직임이 달라졌다. 특별한 노력 없이도, 과학자들은 서로 선율을 맞춰 연주했다. "정말 놀라운 일이었죠. 그렇게 하면서 이런 고양감을 느낄 수가 있었어요." 던바는 이렇게 말하고서 자신은 이제 엔도르핀이 분비되면서 희열감을 자아낸 게 아닌가 생각한다고 덧붙였다.

줄루족 춤을 추고 몇 년이 지나, 던바는 동시성과 그것이 우리 몸에 미치는 믿기 어려운 영향을 광범위하게 연구했다. 던바의 한 실험에서, 간단한 디스코만으로도 사회적 친밀감을 유발해 건강을 개선하기에 충분했다.[26] 수십 명의 사람들에게 비디오를 보며 네 가지 정해진 기본 춤 동작을 배우게 했다. 자원자들은 '운전 동작' 같은 전형적인 동작(한 손은 핸들 위에 놓는 듯이 뻗어 왼쪽에서 오른쪽으로, 다시 오른쪽에서 왼쪽으로 엇갈리게 돌리는 반면 다른 손은 늘어뜨린다)이나 '수영 동작'(자유형 수영을 하듯 무릎은 리듬에 맞춰 구부리고 팔은 좌우 번갈아가며 휘젓는다)을 익힌다.

그 후에 참가자들은 네 무리로 나뉘었다. 모든 사람이 착용한 헤드폰을 통해 음악이 흐르고 디스코가 시작됐다. 어떤 그룹의 자원자들은 같은 음악을 듣고 정확히 같은 동작으로 동시에 춤을 추라는 지시를 받았다. 반면 다른 그룹의 사람들은 모두 다른 각자의 멜로디에 맞춰 깐닥거렸다. 확실히 이상한 이 디스코가 끝나자, 연구원들은 혈압 측정 장치를 춤춘 사람들의 팔에 두르고, 장치가 팽창해 불편해지면 알려달라고 했다. 사실 과학자들은 자원자들의 심장 건강이 아니라 통증 역치에 관심이 있었다. 그리고 흥미로운 결과를 얻었다. 동시에 맞춰 춤을 춘 사람들은 그렇지 않은 사람들보다 팔에 두른 장치를 훨씬 더 단단히 조여도 견딜 수 있었다. 더욱이 이들은 다른 자원자들과 친하게, 또는 학술적으로 말해 '사회적으로 친밀하'게 느낀다고 말했다.

던바와 동료들이 진행한 다른 많은 연구는 동시에 무언가를 할 때 생겨나는 비슷한 효과를 발견했다. 합창은 자연 진통제인 엔도르핀을 분비시켜 사람들로 하여금 자신이 사회에 포함돼 있고 다른 사람들과 연결돼 있다고 느끼게 만든다.[27] 무리 지어 배를 저으면 혼자 젓는 경우보다 덜 힘들다.[28] 동시에 노래를 하고 춤을 추면 사람들이 돈을 기부하고 신뢰감이 높아지도록 자극한다. 반려자와 리듬에 맞춰 손가락을 가볍게 두드리는 것도 유대감을 높이는 효과가 있다.[29] 동시성은 친밀감을 높이지만 분명 신뢰하는 친구들에 둘러싸여 있을 때만큼 건강을 개선하지는 못한다.

노래하고 춤추는 것, 특히 동시에 그러는 것은 진화상의 이유로 우리의 사회적 삶에서 중요한 역할을 할 가능성이 있다고 던바는 말했다. 비인간 영장류는 무리를 구성하고 유지하기 위해 서로 털을 골라준다. 나는 너를, 너는 나를 골라주고, 그런 다음 나는 계속해서 원숭이 X를, 너는 원숭이 Y를 골라주는 식이다. 하지만 다른 원숭이의 털에서 벼룩을 잡는 데는 많은 시간이 든다. 그래서 무리의 규모에 상한을 둬 개체 수 약 50마리 선에서 유대감을 형성할 수 있도록 한다고 던바는 결론지었다. 그렇게 많지 않은 수다.

기억하겠지만, 한 인간이 가질 수 있는 친한 친구의 수는 150명 정도라고 던바는 말한다. 이는 서로 벼룩을 잡아주는 비인간 영장류의 세 배이다. 따라서 우리 조상들은 손가락 대신 목소리나 몸동작을 이용해 동시에 여러 사람들과 '털 고르기' 하는 방법을 떠올렸을 가능성이 있다. 내가 너에게 비비고 네가 나에게 비비는 전형적 털 고르기와 마찬가지로, 노래와 춤은 엔도르핀과 옥시토신 같은 사회성 신경호르몬을 분비시켜 우리 조상들의 결속을 도왔다. 또한 이것이 왜 의식화된 춤과 노래가 태평양 섬의 부족에서 북극의 이누이트족까지 전 세계 여러 문화에 널리 퍼져 있는지, 그리고 21세기에 플래시몹flash mob이 특별한 호소력을 갖는지 설명해줄 수 있다.

서로 맞추지 않고 아무렇게나 춤을 추거나 노래를 흥얼거리는 경우와 달리 함께 맞춰 춤을 추거나 노래를 부르면 엔도르핀 분비가 배가할 수 있다. "사실 왜 그런지 알 수가 없어요. 큰 수수께끼죠." 던바가 내게 말했다. 하지만 던바는 동시성이 엔도르핀의 분비를 늘리는 건 이른바 거울 뉴런이 작동하기 때문일 것이라고 생각한다. 거울 뉴런은 우리가 다른 사람들의 행동을 관찰해 신경계에서 시뮬레이션할 때 점화하는 뇌세포이다.

우리 인간은 동시성에 민감해서, 14개월 된 아기도 자기 자리에서 다른 아이들에 맞춰 동시에 테디베어를 흔들길 좋아한다.[30] 또 젊은 연인들을 보라. 이들은 동시성의 명수이다. 발을 맞춰 걷고, 손을 잡고서 느리게 춤을 추듯 움직인다. 동시성은 사실 강력해서 우리가 완전히 낯선 사람과 행동을 일치시키면 소중한 친구에게 하는 것만큼이나 그에게 공감할 수 있다.[31]

다른 사람들과 함께 웃음을 터뜨리는 것도 사회적 털 고르기로 작용한다. 이는 통증 역치를 높이고 옥시토신과 엔도르핀을 분비시킨다.[32] 끈끈한 유대 관계를 맺으려면 함께 코미디를 보는 것으로도 충분하다. 던바는 회식도 엔도르핀을 분비시켜 관계를 강화하는 동시성의 일종이라고 말한다.

하지만 우리는 혼자 밥 먹을 때가 많다. 한 연구는 30~40대 미국인 중 24퍼센트만이 날마다 가족과 식사를 한다고 밝혔다. 이 사람들이 한 식탁에서 함께 식사를 하는지 아니면 모두가 텔레비전을 보면서 음식을 떠먹는지는 이 데이터에 명시돼 있지도 않았다. 캐나다인의 70퍼센트가 식사를 하는 동안 텔레비전을 본다고 하고, 성인 영국인의 3분의 1이 '대부분 또는 내내' 혼자 식사를 한다. 중년 프랑스인의 61퍼센트가 저녁마다 식탁에서 가족과 저녁 식사를 한다. 미국인의 평균수명은 프랑스인보다 거의 2년이 짧다. 여기에 일부 연관성이 있을 수 있을까?

실제로 매일 저녁 가족이 함께 식사를 할 수 없다면, 좀 야릇하기는 하지만 한 가지 방법이 더 있다. 가족 간에 서로 동작을 맞추면 좀 더 사회에 연결돼 있다고 느끼게 되고 코르티솔 수치가 낮아져 건강에 영향을 미칠 수 있다. 이를 의태라 한다. 어렸을 때 다른 사람들을 흉내 내는 건 버릇없는 짓이라고 들었을지 모르지만, 사실 우리는 모두 흉내를 낸다. 언제나 말이다. 우리는 무의식적으로 몸의 자세, 발 흔들기, 펜 돌리기, 얼굴 표정을 흉내 낸다. 그리고 공감 능력이 높은 사람일수록 인간 카멜레온처럼 행동한다.

부부가 몇 년 동안 결혼 생활을 하면서 어떻게 서로 닮아가는지 주목해본 적이 있는가? 이 역시 의태의 결과다. 한 실험에서 사람들은 남편들과 아내들의 개인 사진을 한 무더기 받았다. 일부는 결혼식 날 사진이고 또 일부는 결혼하고 25년 후에 찍은 사진이었다. 할 일은 누가 누구와 부부인지 추측하는 것이었다. 자원자들은 결혼식 날 사진을 갖고서는 추측하기 어려웠으나 25주년 사진을 갖고서는 알아맞히는 성공률이 매우 높았다. 행복한 부부일수록 사진을 짝짓기가 더 쉬웠다.[33]

이렇듯 부부가 닮아가는 이유는 여러 해 동안 서로의 미소와 찌푸린 표정을 무의식적으로 모방한 결과 사용하는 얼굴 근육과 사용하지 않는 얼굴 근육이 변화해서이다. 그리고 카멜레온이 될수록 우리는 더 잘 느낀다. 공감과 마찬가지로, 의태는 우리의 사회성과 신뢰감을 높이며 혈액 내 코르티솔 수치를 낮춘다.[34]

표정이 감정을 유발하거나 변화시킬 수 있다. 이를 안면 피드백 반응이라 한다. 보톡스 주사를 맞은 사람에게는 이 과정이 제대로 작동하지 않는다.[35] 일부 얼굴 근육이 마비된 까닭에, 제대로 눈살을 찌푸리거나 미소를 지을 수가 없고 다른 사람의 감정을 흉내 내거나 동일시하기가 어렵다. 파킨슨병을 앓는 사람들을 관찰한 결과 안면이 경직된 사람들은 친구 관계를 유지하는 데 어려움을 겪는다. 한편 만성 분노 억제에 관한 연구는 눈살을 찌푸리거나 코를 찡그려 자신이 얼마나 화났는지 드러내지 않으면 심혈관 문제로 이어질 수 있다고 말한다. 지금까지 보톡스와 건강에 관한 데이터가 충분치 않아 그 영향이 얼마나 큰지는 말할 수 없지만, 분명 잠재적 문제의 징후가 있다.

근치적 보톡스 치료를 받지 않았다고 가정한다면, 의태는 연습해서 개선할 수 있다. 연구 조교들은 실험 준비를 위해 다른 사람들을 흉내 내는 훈련을 받는 일이 흔하다. 이들은 몇 초 기다렸다가 다른 사람의 행동에 약간의 변화를 주라는 지시를 받는다. 예를 들어 A가 자기 귀를 만지면 연구원은 자기 머리를 긁을 수도 있다. A가 다리를 발목에서 꼬면 연구 조교는 무릎에서 꼴 수도 있다. 이것은 우리가 학습할 수 있는 능력이다. 그래서 우리는 결국 닮아가 다른 사람들의 신뢰를 받고 더불어 더 나은 관계로 발전할 수 있다. 다만 경고하자면, 상사를 쫓아다니며 온갖 사소한 몸짓까지 흉내 내다가는 승진하기보다 오히려 해고되기 싶다. 여기서 목표는 인간 거울이 되는 게 아니다. 적포도주를 마시는 것과 마찬가지로 의태는 건강에 좋을 수 있다. 적당히 한다면 말이다.

사회적으로 통합된 삶

오래 살려면 든든한 사회적 관계가 필요하다. 헌신적인 반려자, 몇 명의 절친한 친구, 돌봐주는 이웃이 필요하다. 이런 관계를 맺게 될지 말지는 일부 행운과 삶의 상황에 달려 있다. 하지만 또한 공감 능력과 안정 애착 유형 같은 기본 자질을 발전시켜 사회적으로 통합된 삶을 살 수 있는 가능성을 상당히 높일 수 있다. 검사 결과 불안정 애착 유형이라면 치료를 생각해보는 것이 좋다. 그게 애착 유형을 바꾸는 가장 좋은 방법이다. 하지만 이런 것들이 바뀔 수 있음을 알기만 해도 올바른 방향으로 나아가는 첫걸음을 뗄 수 있다.

공감 능력은 테니스나 요가를 배우듯이 연습할 수 있다. 연습할수록 더 좋아지게 될 터이다. 적어도 하루에 한 번 다른 사람의 눈으로 세계를 보려고 노력하라. 다른 사람들의 얼굴 표정과 신체 언어를 살펴라. 다른 사람들이 하고 있는 말을 들어라, 이웃에게, 쇼핑 후 계산 줄에 함께 선 다른 사람들에게, 식당 종업원에게 말을 걸어보라. 우리와 많이 다른 사람들일수록 좋다. 특히 다른 사람의 관점에서 세계를 잘 묘사한 영화를 보고 책을 읽어라. 사람들이 '책'이고 우리가 그 '책'을 '빌리고' 말을 걸 수 있는 인간 도서관을 시도해보라. 어떤 '책'은 난민이고 또 어떤 '책'은 에이즈 바이러스 보균자, 눈이 안 보이고 귀가 안 들리는 사람, 또는 외상 후 스트레스 장애를 가진 군인이다.

또 우리 선조들이 그랬듯 동시성을 이용해 사회적 유대 관계에 있는 사람들과 '털 고르기'를 할 수 있다. 합창단에 가입하거나, 가족과 함께 자주 노래를 불러라. 음치여도 상관없다. 운동이 건강에 미치는 긍정적 효과를 배가하고 싶다면 그룹 조깅, 조정, 실내자전거 타기같이 다른 사람들과 동시에 할 수 있는 스포츠를 택하라. 다른 사람들과 함께 식사하는 습관을 들여라. 저녁 식사에 술을 (적당히!) 곁들이는 게 최고라고 던바는 내게 말했다. 주위 사람들의 얼굴 표정과 신체 언어를 적절히 흉내 내 그들의 경험을 더 잘 이해하려고 노력하라.

애착 유형을 교정하거나 공감 능력을 훈련하거나 '사회적 털 고르기'를 하려는 이유가 단순히 수명 연장일지라도, 그에 따라오는 효과가 매우 강력할 수 있다. 우리 모두가 안정된 애착 관계를 유지하고 더 잘 공감한다면, 우리의 사회적 관계와 건강을 개선할뿐더러 우리가 살아가는 세상을 더 건강하게 만들 수 있다. 우리의 행동이 다른 사람들에게 미치는 영향에 관심을 갖는다면, 너그럽고 열린 마음을 갖는다면 차별, 갈등, 무분별하게 대기로 쏟아내는 온실가스가 줄어들 터이다. 우리는 수명을 연장하면서 동시에 세상을 더 나은 곳으로 만들 수 있다.

게다가 우리의 공감empathy을 연민sympathy으로, 다시 말해 다른 사람들의 삶을 개선하려는 행동, 자원봉사, 일상의 간단한 친절로 전환한다면, 우리는 훨씬 더 건강해질 수 있다.

건 강 하 게
나이 드는 습관

자신의 애착 유형을 확인하라. 불안정 애착 유형이라면 치료를 고려하라. 안정 애착 유형은 건강과 직접적인 관련이 있다. 다음으로, 공감 능력을 높이려고 노력하라. 공감 능력은 고독감을 방지하는 약이다. 공감 능력을 높이는 영화를 보고 공감에 관한 책을 읽어라. 매일매일, 다른 사람들의 입장에 서보도록 노력하라. 보톡스는 잊어버려라. 스마트폰은 꺼두라. 공감 능력을 키우는 강좌를 듣고 아이들이 이런 강좌를 듣게 하라.

다른 사람들과 동시에 할 수 있는 일들을 하라. 노래를 부르고 춤을 춰라. 운동을 한다면 그룹 조깅, 조정, 실내자전거 타기같이 친구들과 동시에 할 수 있는 것을 택하라.

8

이타적 행동이 유전자를 바꾼다

잭으로 받쳐놓은 자동차가 갑자기 미끄러져 내렸을 때, 에릭 헤펠마이어는 차고에 있는 자신의 은빛 GMC 시에라 밑에서 어설프게 수리를 하고 있었다. 이 트럭의 크고 무거운 차체가 에릭을 내리눌러 흉부와 어깨가 찌부러졌다. 자동차에서 작은 불꽃이 튀어 오래된 냉장고에서 새어나온 가스에 불이 붙었다. 불길이 폭발해 유독가스가 퍼져나갔다.

그때였다. 차고 문이 벌컥 열리고 에릭의 열아홉 살 난 딸 샬럿이 뛰어 들어왔다. 샬럿은 달려가 트럭 앞쪽을 들어 올려 아빠를 빼내 목숨을 구했다. 다소 호리호리한 168센티미터 정도의 10대가 2268킬로그램의 트럭을 들어 올린 거였다. "말도 안 되는 힘이었죠." 샬럿은 나중에 버지니아의 한 지역 라디오 방송국과의 인터뷰에서 이렇게 떠올렸다.[1]

'괴력hysterical strength'*으로 알려진 이런 초인적 힘에 대한 이야기는 드물지 않다. 미국 오리건주에서는 10대인 두 자매가 아빠를 깔고 있는 1360킬로그램의 트랙터를 들어 올렸다. 캐나다 퀘벡주에서는 중년 여성 리디아 앤지유가 북극곰과 싸워 어린 아들과 그 친구들을 구했다. 미국 캔자스주에서는 서른 살의 닉 해리스가 여섯 살난 이웃집 딸아이를 깔고 있는 세단형 자동차 머큐리를 들어 올렸다. 이런 일은 줄줄이 나열할 수 있다. 이 슈퍼영웅들은 대개 거대한 차량을 땅바닥에서 살짝 들어 올려 떠받친 데 지나지 않지만, 그래도 차량들의 무게는 수천 킬로그램에 달했다. 반면 최근 데드 리프트deadlift** 세계기록은 472킬로그램'밖에' 되지 않는다. 그렇다면 평범한 10대 소녀가 갑자기 힘이 세지는 게 어떻게 가능할까? 그 답은 아마도 우리가 어려움에 처한 다른 사람들을 돕는 데서 얻는 특별한 신체 능력에 있는 것 같다. 그리고 도와야 할 필요가 특히 클 때 이 특별한 능력도 커진다. 이웃집 꼬마를 구한 닉 해리스는 이후에 누군가의 생명을 구한다는 동기 없이 자동차를 들어 올려보려 했으나 들리지 않았다.

우리는 대부분 다른 사람들을 돕기 위해 괴력이 필요한 상황에 처할 일이 없다. 하지만 매일의 친절 또는 지역 자선단체를 위한 자원봉사도 우리의 신체 능력을, 그 결과 건강을 개선할 수 있다. 돌보는

----

* 직역하면 히스테리성 힘 또는 발작성 힘.
** 역기를 이용한 근력 운동의 하나.

일이 건강에 좋다는 사실을 어렴풋이 감지한 것은 뜻밖에도 1950년 대에 이뤄진 주부들에 대한 연구에서였다. 코넬 대학 연구자들은 양육이 스트레스와 동격이고 스트레스가 많은 건 조기 사망과 동격이라고 추정하고서, 다산한 엄마가 수명이 짧은지 알아보려고 400명 이상의 엄마들을 추적했다. 하지만 과학자들은 이런 연관성을 찾지 못한 대신 건강의 또 다른 강력한 동인動因을 찾아냈다. 바로 자원봉사였다. 연구 기간 자원봉사를 하지 않은 여성 가운데 절반이 중병에 걸렸다. 자원봉사를 하는 여성들은 그 수치가 36퍼센트에 그쳤다.[2] 연구자들은 호기심을 느꼈다.

이제 자선이 100세까지 장수하는 데 얼마나 큰 영향을 미치는지 연구한 결과가 많이 쌓여 있다. 배우자 유무, 신앙심, 사회적 관계 같은 것을 통제하면, 자원봉사가 사망 가능성을 22~44퍼센트까지 줄인다. 이는 매일 과일과 채소를 6인분 이상 먹는 경우와 비슷하다. 더욱이 자원봉사를 하는 사람들은 그렇지 않은 사람들보다 고혈당 위험도가 29퍼센트,[3] 염증 수치가 높을 위험도가 약 17퍼센트 낮고,[4] 병원에서 밤을 보내는 날의 수가 약 38퍼센트 적다.[5]

이런 효과는 쿠웨이트, 말라위, 크리기스탄, 볼리비아처럼 다양한 곳에서 나타난다. 물론 어쩌면 처음부터 건강 상태가 좋은 사람이 자원봉사를 계속할 가능성이 크다고 주장할 수도 있다. 관절염이 있는데 급식 자원봉사를 신청하기란 쉽지 않을 테다. 하지만 원래의 건강 상태를 통제한 연구들이 자원봉사가 가져다주는 건강상의 이득을 확인시켜준다. 그리고 이것으로 충분하지 않다면, 다른 사람들을 돕는 일이 건강에 좋은 명확한 생물학적 기제를 설명하는 실험이 많이 있다.

양육과 흡연의 공통점

1961년 도쿄 대학의 미치코 이카이Michio Ikai와 조지윌리엄스 대학(일리노이주)의 아서 스타인호스Arthur Steinhaus는 특별한 실험을 했다. 지원자들, 즉 이 실험의 대상자들은 따로따로 한 사람씩 각자의 안락의자에 앉았고 특별한 띠로 허리를 의자에 묶었다. 이들은 앞에 놓인 시계의 초침이 1시 위치를 지날 때마다 최대한 세게 띠를 잡아당기라는 지시를 받고 그렇게 했다. 그러다가 띠를 잡아당기는 어느 순간에, 실험자가 안락의자 뒤에 숨어 출발신호용 총을 꺼냈다. 자원자가 허리의 띠를 세게 잡아당기기 직전, 실험자가 총을 발사해 그의 앞에 앉은 운 나쁜 사람을 깜짝 놀라게 했다.

이카이와 스타인호스는 이 데이터를 분석한 결과, 총이 발사됐을 때의 충격이 자원자들이 띠를 잡아당기는 힘을 평균 10퍼센트까지 끌어올렸다.[6] 힘이 10퍼센트 세지더라도 가족이 깔려 있는 2268킬로그램의 트럭을 들어 올릴 수 있는 힘과는 여전히 큰 격차가 있다. 하지만 그 기제는 같은 것으로 보인다. 다만 연구자가 출발신호용 총을 쏠 때보다 사랑하는 사람이 위험에 처한 것을 볼 때 우리 근육이 호르몬에 의해 받는 힘이 훨씬 더 강력할 뿐이다. 이 기제에는 스트레스 반응과 우리의 진화된 돌봄 체계가 작용한다.

우리는 인간만이 다른 사람들을 진심으로 돌본다고 생각한다. 네덜란드의 영장류 동물학자 프란스 드 발은 《공감의 시대》에서 이렇게 말했다.

사람들은 대부분이 어렸을 때부터 알고 있던 지식을 의도적으로 숨긴다. 동물이 감정을 가지고 있고 서로에게 마음을 쓴다는 사실을 말이다. 세상의 절반이 일단 수염 또는 유방이 자라면 이런 확신을 내던지는데, 그 방식과 이유가 언제나 나를 당황하게 한다. 하지만 그 결과는 우리 인간이 이런 점에서 유일무이하다는 흔한 오류이다.[7]

실제로 이타심과 돕는 행동은 동물의 왕국에서도 흔하다. 그냥 '다른 동물을 구하는 동물'이라고 구글에서 검색해보라. 그러면 물에 빠진 얼룩말 새끼를 구하는 하마, 배고픈 이웃에게 먹이를 주는 말, 영양을 구하려고 표범들을 쫓아내는 개코원숭이의 멋진 동영상으로 넘쳐난다. 이것으로도 못 미덥다면, 제대로 된 과학 연구 역시 꼬리감는원숭이와 침팬지부터 큰까마귀와 떼까마귀까지 많은 동물종에서 진정한 이타심을 발견하고 있다고 믿어도 좋다. 예를 들어 쥐는 우리에서 친구들을 탈출시킬 터이다.[8] 그러면 초콜릿 같은 특별한 간식을 못 얻어 먹거나 그걸 친구들과 나눠 먹어야 할지라도 말이다.

하지만 인간의 이타심이 다른 동물종의 그것과 다른 진화상의 이유가 있다. 일반적인 한 가설에 따르면, 다른 사람들을 돌보는 건 양육 행동에서 발전했다. 아기는 매우 취약한 상태로 태어나기 때문에, 특히 많은 돌봄이 필요하다. 새로 부모가 돼 수면 부족을 겪는 이들에게 물어보라. 엄마와 아빠가 이 어리고 부족한 생명체를 버리지 않도록 하기 위해, 자연은 우리에게 두 가지 체계를 장착했다. 하나는 보상 체계이고 다른 하나는 스트레스 감소 체계이다.

오스트레일리아의 코미디언 짐 제프리스는 언젠가 양육 경험을 이렇게 요약했다. "내 아들을 사랑해! 담배를 사랑하는 것과 똑같은 방식으로 사랑하지. 함께 있는 한 시간 중에 5분 동안은 아들을 안고 있는 걸 좋아해. 그리고 나머지 시간에는 아들 녀석이 어떻게 날 죽이고 있는지 생각하지."[9] 제프리스는 뭘 좀 알았는지 모른다. 신경생물학적으로 말해, 다른 사람들을 돌보는 일은 담배와 동일한 뇌의 보상 체계를 일부 이용하는 것 같다.

우리 뇌의 한가운데에 있는 작은 방은 섬엽이라 알려진 포도 크기의 부위다. 말보로나 카멜 중독을 뭔가 다른 것의 탓으로 돌리고 싶은 흡연자라면 섬엽을 탓하라. 저 작은 포도 크기의 뇌 조직이 손상되면 흡연을 그만둘 가능성도 상당히 크다. 중독 외에 섬엽의 스위치를 켜는 것은 다른 사람을 돕는 일, 자선단체에 돈을 기부하는 일, 그리고 짐작하다시피 아이들을 보살피는 일이다. 보상과 관련된 또다른 뇌 부위는 중격 부위septal area와 복부 선조ventral striatum다. 즉, 우리가 즉석복권을 긁어 당첨됐을 때 스위치가 켜지는 부위와 같다. 중격 부위와 복부 선조 또한 우리가 다른 사람들을 돌볼 때 활성화돼 윙윙 돌아간다. 자연은 양육을 보상 체계에 연결해 우리가 똥 기저귀를 갈 때마다 비명을 내지르지는 않게 했다.

진화는 돌봄을 한층 더 수월하게 만들기 위해 스트레스를 약화시키는 기제와도 연결했다. 이는 인간과 다른 동물에서 비슷하게 작동한다. 마카크* 암컷의 경우, 친구들과 털 고르기를 하면 똥에서 측정되는 스트레스 호르몬 수치가 낮아진다. 노인 자원봉사자의 경우, 젖먹이를 돌보게 되면 침 속 코르티솔 수치가 낮아진다.[10] 이는 노인의 건강에 도움이 된다. 보통 일상생활에서 스트레스가 많은 사람일수록 다른 사람들을 돕는 일이 코르티솔에 좋은 영향을 더 많이 미친다.[11]

돌봄이 스트레스를 낮추는 방법은 두려움의 근원인 편도체의 활성화를 억제해 그것이 투쟁-도피 반응과 연결되지 않도록 방해하는 것이다. 2장에서 이야기한 SM이라는 두려움 없는 여성을 기억하는가? 편도체가 손상된 탓에 두려움이 없어 밤에 인적 없는 공원에서 위험해 빼는 남성에게 다가간 여성 말이다. 내가 알기로는 SM의 자비심 정도가 연구된 적은 없지만, SM이 자원봉사나 기부에 관심이 많았다고 해도 나는 놀라지 않겠다. 편도체가 손상된 사람들은 흔히 우리보다 박애주의자인 경향이 있다.[12]

게다가 동물이 같은 종의 새끼가 끙끙거리는 소리를 들으면 편도체 활동이 진정돼 이 어린 생명체를 기꺼이 돌볼 수가 있다. 같은 일

---

* 영장목 긴꼬리원숭이과 마카크속에 속하는 동물의 총칭.

이 우리에게도 일어난다. 부모에게 그들의 아기 사진을 보여주라. 그러면 부모의 편도체가 고무젖꼭지를 문 신생아처럼 평정을 되찾는다.[13] 보상 센터인 중격 부위 또한 시상하부-뇌하수체-부신 축과 교감신경계에 작용해 스트레스 반응을 억제한다. 대체로 다른 사람들을 돕는 일은 우리를 진정시킨다. 다른 사람들을 돌볼 때 스트레스가 억제되는 건 생물학적으로 이해가 된다. 다른 누군가를 적절히 돌볼 수 있으려면 심호흡을 하고 우리 자신의 문제로부터 한 걸음 물러서야 한다. 또, 어려움에 처한 다른 사람들을 도우려면 그들의 고통에 너무 영향을 받아선 안 된다. 심하게 감정이입하면 불안해서 손이 떨리고 혼란스러워질 수 있다.

무료 급식 시설에서 자원봉사를 하거나 이웃을 위해 장을 봐주거나 해서 돌봄 체계가 활성화되면 미주신경에도 영향을 미쳐 건강이 좋아질 수 있다. 미주신경은 우리의 뇌, 심장, 장을 연결하는 기다란 뱀 같은 신경 다발이다. 스트레스 후 우리의 몸을 진정시켜 긴장이 풀리도록 도와준다. 어떤 면에서, 미주신경은 또한 연민과 돌봄의 신경이다. 학대에서 구출된 강아지를 보거나 인간의 이타심에 관한 이야기를 듣고서 가슴이 따뜻해진 적이 있는가? 이때 우리의 미주신경에 스위치가 켜졌을 가능성이 있다. 사람들이 연민을 불러일으키는 활동을 하면 이들의 미주신경 활동도 증가한다.[14] 이는 미주신경의 건강에 도움이 된다. 3장에서 이야기한 것을 기억하겠지만, 미주신경은 최상의 상태에서 투쟁-도피 반응을 억제하고 심장박동 변이도를 높인다(이는 좋은 일이다).

이런 이타심과 관련한 스트레스 반응의 약화는 면역 체계와 염증에 영향을 미친다. 자원봉사를 자주 하는 사람들은 염증의 지표인 C반응성 단백질 수치가 낮다.[15] 혈액이 C반응성 단백질로 가득하면 나쁜 징후이다. 심혈관계 질환 같은 건강상의 문제가 발생할 수 있다. 염증의 발생을 막는 것은 자원봉사 자체이지, 자원봉사를 하는 사람들이 가진 어떤 성격 때문이 아님을 실험은 확인시켜준다. 캐나다 서부의 한 고등학교에서 학생들을 두 무리로 나눴다. 첫 번째 그룹은 근처 초등학교의 방과후 프로그램에서 자원봉사를 했다. 두 번째 그룹은 자원봉사 대기자 명단에 올랐다. 양쪽 10대 모두의 혈액 표본을 비교하자 분명한 그림이 나타났다. 이미 자원봉사를 한 학생들은 인터류킨6interleukin 6이라는 염증 지표의 수치가 상당히 낮았다.[16] 인터류킨6 수치가 높으면 대개 안 좋고, 심지어 5년 안에 죽을 위험도가 두 배임을 뜻하기도 한다.

일반적으로 돌봄은 스트레스를 줄이지만 슈퍼영웅들처럼 자동차를 들어 올리는 일은 그 반대이다. 하지만 둘 다 똑같이 편도체와 투쟁-도피 반응 체계에서 작용한다. 인정하건대, 괴력을 발휘하고 있을 때 사람의 몸에 무슨 일이 일어나는지는 알 수가 없다. 윤리위원회는 사랑하는 사람이 자동차에 깔리는 실험을 승인하지 않을 터이다. 하지만 슈퍼영웅 효과에 대한 그럴 법한 설명은 교감신경부신수질 경로의 작동에 있다. 두려움에 충격을 받은 편도체가 부신에 메시지를 내려 보내고, 이것이 우리 몸에 아드레날린이 넘쳐나게 해 영웅의 근력을 증폭시킨다.

다른 사람을 돕는 일은 이렇듯 명백한 생리상의 변화(스트레스 완화, 염증 억제, 미주신경의 활성화)를 끌어내며, 건강을 간접적으로 개선할 수 있다. 자원봉사는 우리가 사회에 참여하고 새로운 우정을 찾는 데 도움이 된다. 삶을 의미와 목적으로 채울 수 있다. 게다가 우리가 소파에서 벗어나 계속 움직이게 해준다.

하지만 소파에서 벗어나는 게 문제가 아니라면 어떨까? 일하면서, 다시 말해 아이들과 집과 온갖 것을 돌보면서 온종일 이리 뛰고 저리 뛰기보다는 소파에서 더 많은 시간을 보내길 바란다면? 아마존의 삼림 벌채에 관한 전단을 나눠줄 시간을 내는 일은 상상할 수가 없다면? 다행인 것은, 금전 기부, 개인적인 돌봄, 그리고 매일의 간단한 친절도 건강에 좋을 수 있다는 사실이다.

나눔과 스트레스에 관한 실험

막 여덟 살이 됐을 때 라라 애크닌은 남동생을 속여 용돈을 빼앗곤 했다. 애크닌은 남동생에게 캐나다의 5센트짜리 동전은 10센트짜리 동전보다 더 크고, 큰 동전이 많은 돈을 의미하기 때문에 더 가치가 있다고 말했다. 그렇게 해서 남동생이 10센트짜리 동전을 자신의 5센트짜리 동전과 바꾸게 했다. "남동생은 자기가 거저먹는 거래를 하고 있다고 생각했죠." 애크닌은 기억을 떠올리며 웃음을 터뜨린다. "나는 돈을 두 배로 불려서 길모퉁이에 있는 가게로 가 온갖 사탕을 사곤 했어요. 정말로 내 동기는 사탕이었죠." 몇 년이 지나 사회심리학 박사과정을 밟으면서, 애크닌은 자신의 어린 시절 생각이 도덕상 좋다고 할 수 없을뿐만 아니라 완전히 잘못됐다는 걸 깨달았다. 자신이 사탕을 사 먹는 데 그 10센트짜리 동전을 쓸 게 아니라 동생에게 과자를 사주는 데 썼더라면, 여덟 살 난 자신이 훨씬 더 행복했을 터였다. 지금 애크닌은 사이먼프레이저 대학에서 10년 동안 연구를 하고 있다. 사람들은 자신을 위해 무언가를 사면서 큰 행복을 얻는다고 생각하지만 사실 다른 사람들에게 아낌없이 돈을 쓰면 더 행복해진다.

한적한 길가에서 20달러를 주웠는데 주인을 찾아줄 길이 없다고 해보자. 그 돈을 가지고 뭘 할까? 고급 초콜릿을 사 먹을까? 운 좋게 주운 것이니 거지에게 줄까? 한 실험에서, 애크닌과 동료들은 자원자들에게 5달러 지폐 또는 20달러 지폐를 준 다음 절반의 실험 참가자들에게는 그 뜻밖의 횡재를 자신을 위해 쓰라고 하고, 나머지 절반에게는 누군가에게 줄 선물을 사는 데 쓰라고 했다. 나중에 실험 참가자들의 기분을 세심히 평가했을 때, 다른 사람들을 즐겁게 하는 데 돈을 쓴 사람들은 그렇지 않은 사람들보다 훨씬 행복해졌다는 사실을 애크닌은 알아냈다.[17]

세상의 빌 게이츠들이 어떻게 기부로 심리적 이득을 얻는지는 쉽사리 알 수 있다. 하지만 놀랍게도 기부와 행복의 관계는 매일 돈에 쪼들리는 사람들의 경우에도 유효하다. 애크닌이 전 세계 친사회성 지출을 분석해 행복의 수준과 비교했더니 특정한 국가의 국민들이 다른 사람들에게 돈을 많이 기부할수록 삶의 만족도가 높았다. 이는 오스트레일리아나 독일 같은 부유한 국가만큼이나 에티오피아, 알제리, 아프가니스탄 같은 가난한 국가에서도 그랬다.

애크닌은 이 결과를 확인하기 위해 실험실로 되돌아갔다. 애크닌은 무작위로 캐나다와 남아프리카공화국, 두 개 국가에서 자원자들에게 자신이 먹기 위해 또는 병원에 있는 아픈 아이를 위해 과자로 가득한 선물 주머니를 사게 했다. 다시 한번, 다른 사람에게 돈을 쓴 사람들이 더 행복감을 느꼈다. 이 연구에 참가한 남아프리카공화국인의 5분의 1이 때로는 음식을 사 먹을 돈조차 부족하다고 밝혔는데도 말이다.[18]

하지만 다른 사람을 대접할 때 얻을 수 있는 이득이 즐거운 기분만은 아니다. 잘 자고 잘 들고 근육이 강해지고 혈압이 낮아지는 등 다양할 수 있다.[19] 고혈압을 앓는 노인들이 3주 연달아 매주 40달러씩 받아서 자기 자신 또는 다른 사람에게 썼을 때, 이 뜻밖의 돈을 기부한 사람들은 마치 건강한 생활 방식을 지속하거나 새로운 약물 치료를 시작한 듯이 혈압이 떨어졌다.[20] 게다가 부작용도 없었다!

자선이 우리의 근육을 더 강하게 만들 수도 있다. 팔씨름에서 자기 힘을 시험해보려는 참이거나 체육관에서 주목받고 싶다면, 먼저 온라인으로 자선단체에 10달러나 20달러를 기부하라. 한 실험에서, 과학자들은 보스턴의 한 지하철역 근처에서 행인에게 2킬로그램 역기로 근력을 시험해보고 싶은지 물었다. 과제는 한쪽 팔로 가능한 한 역기를 오랫동안 들고 있는 것이었다. 첫 번째 시도 후, 참가자들은 1달러를 받았고 그 가운데 절반은 그 돈을 유니세프에 기부하고 싶은지 질문을 받았다. 그런 다음 모든 사람들에게 다시 한번 역기를 들고 있게 했다. 그러자 돈을 기부한 사람들은 본인이 돈을 가진 사람들보다 15퍼센트 더 오래 역기를 들고 있을 수 있었다.[21] 이것은 GMC 시에라를 들어 올리는 일만큼은 아니지만 분명 인상적인 결과이다(그렇다고 10만 달러를 기부한다고 해서 당장에 아놀드 슈워제네거처럼 강해지지는 않는다). '선행의 힘'이라고 이름이 붙여진 이 실험의 연구자들은 자신을 도덕적인 사람으로 생각하기만 해도 체력이 좋아진다고 결론지었다.

지갑을 열거나 자원봉사를 하는 일 외에, 가족 중 누군가를 돌보는 일 또한 우리의 건강을 증진할 수 있다. 부모를 간병하면 우리의 건강이 더 좋아진다는 말은 틀린 말처럼 들릴 수 있다. 누군가를 돌보는 일에는 흔히 밤샘, 힘든 노동, 심리적 부담이 포함되기 때문이다. 실제로 널리 인용되는 1999년의 연구에 따르면, 장애가 있는 배우자를 돌보는 일이 부담스럽다고 답한 사람들이 같은 나이의 다른 사람들보다 4년 안에 사망할 가능성이 63퍼센트나 높았다.[22]

하지만 시간이 지날수록 많은 연구가 돌봄이 반드시 수명을 줄인다는 추정에 의문을 제기하기 시작했다. 최근에 적어도 일곱 건의 대규모 연구가 누군가를 돌보는 사람들 가운데 많은 이들이 실은 수명이 줄어드는 게 아니라 늘어난다는 걸 보여주었다. 한 분석에서 연구자들은 가족을 돌보는 사람들과 아무도 돌보지 않는 사람들 각각 3500명 이상을 신중히 비교해본 결과, 전자가 후자보다 사망률이 18퍼센트 낮다는 사실을 밝혀냈다.[23] 이 수치는 매일매일 적어도 165그램의 브로콜리와 루콜라를 먹을 때와 비슷하고 게다가 훨씬 더 흐뭇한 결과이다. 1999년 연구서의 저자 중 한 명이 내게 말한 대로, 돌보는 사람이 매우 고령이고 노쇠한 경우처럼 선별적 하위 집단에게만 다른 사람을 돌보는 일이 나쁜 영향을 미치는 것으로 보인다. 너무 노쇠하지 않다면 손주를 돌봐주는 일이 건강을 증진하는 아주 좋은 방법이다. 가끔 있는 일이고 양육을 온전히 떠맡아 하는 게 아니라면 37퍼센트나 사망률을 낮출 수 있다.[24] 이는 규칙적 운동이 가져오는 효과 이상이다. 게다가 손주가 어리다면, 어쨌든 아이를 돌보는 일에 운동은 필연적이다.

　노쇠한 친척을 돌보는 것과 같은 이타적인 행동이 스트레스를 줄이고 건강을 증진할 수 있기는 하지만, 일상의 작은 친절도 마찬가지다. 나는 직접 이 효과를 확인해보기로 했다. 나는 런던 킹스칼리지의 스트레스·정신의학·면역학 실험실의 과학자인 생물학적정신의학 교수 카민 패리언트Carmine Pariante와 박사후연구원 나그메 니케슬라트Naghmeh Nikkheslat에게 연락했다. 두 사람은 너그럽게도 나를 도와주기로 했다. 우리는 나의 작은 '실험'의 세부 사항에 대해 논의했고, 곧 킹스칼리지로부터 택배가 하나 도착했다. 그 안에는 내가 개입을 시행하는 동안 매일 기입할 간단한 인쇄물과 안전하게 싼 살리베트salivette라 불리는 작은 플라스틱 원통이 들어 있었다. 나는 7일 동안 아침, 점심, 저녁에 원통에다 침을 모은 다음 다시 패리언트와 니케슬라트에게 보내고, 이들은 나의 코르티솔 수치를 측정할 예정이었다. 4일 동안은 침을 모으면서 그냥 내가 평소 지내던 대로 지낼 예정이었다. 하지만 나머지 3일은 달라질 예정이었다. 이 3일 동안에는 작은 친절을 베푸는 행동이 더해질 터였다. 이 3일이 '개입 시행일'이 될 터였다.

그렇게 해서 나는 첫날 7시 40분에 일어나 잠이 덜 깬 채로 침실용 탁자에 준비해둔 살리베트로 손을 뻗었다. 파란색 뚜껑을 열어 둥근 모양의 면봉을 입안에 넣었다. 검사하기에 충분한 양의 침을 모으기 위해 이 면봉을 2분 동안 씹어야 했다. 점점 젖어드는 면 조각을 입안에서 이리저리 굴리자 역겨운 느낌이 들었다. 낮 12시와 저녁 8시에도 마지못해 이 과정을 반복했다. 씹는 일에 더해, 내 기분과 그날 일어난 일을 모두 일기에 충실히 적었다. 다음 날에도 똑같이 했다.

하지만 닷새째는 달랐다. 처음으로 친절한 행동을 할 때였다. 책상에 앉아 다른 사람들을 위해 할 수 있을 재미있는 일을 계획하면서, 나는 영혼이 고양되는 느낌이었다. 나는 남편, 이웃, 낯선 사람을 위해 할 수 있을 일들을 써내려갔다. 이 개입 시행 단계가 훨씬 재미있었다. 나는 포스트잇에 웃는 얼굴을 그려 이웃의 자동차에 남겼다. 동네 도서관 직원에게는 작은 초콜릿을 하나 사서 가져다줬다. 식료품 가게에서는 무거운 장바구니를 든 할머니를 위해 달려가 문을 열어드렸다. 저녁에는 구글맵에 들어가 내가 좋아하는 식당 평가에 별 다섯 개씩을 남겼다. 이건 내가 예전에는 하리라 생각지도 못한 일이었다. 내 텔로미어가 길어지는지, 코르티솔 반응이 건강해지는지는 모르지만, 나는 분명 기분 좋고 행복했다. 밤에 잠자리에 누웠을 때 평온하고 만족스러울뿐더러 다음 날이, 그리고 내가 계획하고 있는 온갖 일들이 나를 들뜨게 만들었다. 브로콜리가 이런 기분을 느끼게 해준 적은 없었다. 그건 확실하다.

나는 다음 이틀 동안 계속해서 되는 대로 친절을 베풀었다. 한 노숙 가족에게 샌드위치를 사다주고, 책을 기증하고, 남편이 직장 동료들과 나눠 먹도록 쿠키를 구워주었다. 길고양이들에게 먹이를 주고, 이웃집 주변 쓰레기를 주웠다. 그러자 기분이 좋았다. 정말로 좋았다. 내 발걸음은 에너지가 넘치고 가벼웠다. 게다가 나는 정말로 재미있었다.

7일 동안의 '실험'이 끝나자, 살리베트를 봉투에 넣어 런던으로 다시 보냈다. 2주 정도 후 니케슬라트로부터 흥미진진한 결과가 나왔다는 소식을 받았다. 니케슬라트가 수치와 그래프로 이뤄진 몇 페이지짜리 결과표를 보내주었고, 니케슬라트와 패리언트가 내게 전화를 해 그것이 뜻하는 바를 설명해줬다.

두 사람이 알려준 바에 따르면, 내가 평소처럼 지내는 동안에는 평균 64nmol/L*의 코르티솔이 생성된 반면, 작은 친절을 베푸는 동안에는 이보다 약간 적은 54nmol/L이 생성됐다. 이는 스트레스 수치가 낮아졌다는 뜻이다. 패리언트와 니케슬라트는 계속해서 매일의 수치를 설명했다(이 책 관련 웹사이트에서 상세한 그래프를 볼 수 있다). 두 사람은 예를 들어 조건 없이 친절을 베푼 첫날 아침에 깨어났

---

* 물질의 양을 나타내는 단위인 nmol/L은 리터당 들어 있는 나노몰 수를 나타낸다.

을 때 나의 코르티솔 수치가 얼마였는데 정오에는 상당히 떨어졌다고 지적했다. 정오쯤에 나는 이미 친절을 베풀기 시작한 터였다. 코르티솔 수치는 건강한 성인의 경우 보통 아침과 저녁 사이에 떨어지기는 하지만, 그날 나의 코르티솔 수치가 떨어진 정도는 상당히 컸다. 더욱이 '개입'이 이어지는 이틀 동안 아침에 깨어났을 때 나의 코르티솔 수치는 평상시보다 매우 낮았다. 작은 친절을 베풀던 사흘째에 프랑스의 정치 상황('노란 조끼' 시위가 본격화되고 있었다) 때문에 특히 초조함과 불안감을 느낀 점을 감안하면, 이는 상당히 주목할 만했다. 그날조차도 나의 몸이 생성한 코르티솔의 양은 평범하고 따분한 날보다 적었다. 마치 나의 친절한 행동이 그 뉴스에 따르는 스트레스를 상쇄한 것 같았다.

7일 동안의 '실험'이 과학적이지는 않지만(우선 표본 크기가 하나였다), 그 결과는 무작위로 이뤄지는 실제 실험에서 나타나는 광범위한 양상과 꼭 맞아떨어졌다. 친절한 행동이 스트레스와 염증을 줄여 건강을 증진할 수 있다는 양상 말이다. 대학생들이 3주 동안 조건 없이 친절한 행동을 하게 한 '실제' 실험에서, 거의 60퍼센트의 대학생이 스트레스가 줄어들었다고 말했다. 또 다른 실험은, 매일 자원봉사를 하면 일상의 스트레스가 줄고 코르티솔도 덜 생성된다는 사실을 보여주었다.[25]

혈액 속에서 친절의 효과를 더 확실하게 볼 수 있다. 캘리포니아 남부에서 진행된 한 연구에서, 조건 없이 친절을 베푼 참가자들은 백혈구 유전자가 염증에 동조하는 정도가 덜했다.[26] 이는 좋은 일이다. 만성 염증은 류머티즘성 관절염, 암, 심장병, 당뇨병 같은 질환과 연관되기 때문이다. 친절은 또 극단적인 상황에서 건강을 증진할 수 있다. 줄기세포 이식 후, 많은 환자들이 두통이나 메스꺼움 같은 신체상 문제를 겪는다. 하지만 이들 환자가 이식을 기다리는 사람들에게 친절한 편지를 써서 조언하고 격려해달라는 요청을 받으면, 이런 증상이 상당히 줄어든다.[27]

게다가 조건 없이 베푸는 친절은 건강에 좋은 다른 행동보다 훨씬 더 전염성이 있는 것 같다. 2012년 캐나다 매니토바주 위니펙에서 일어난 일을 보라. 팀홀턴(캐나다의 패스트푸드 체인점)의 드라이브 스루에서, 누군가가 뒤에 있는 운전자의 음식 값을 지불했다. 그러자 그 두 번째 운전자가 고마운 마음에 다음 사람의 음식 값을 지불했다. 이렇게 계속돼 자그마치 228대의 자동차가 연이어 다음 사람의 음식 값을 미리 지불했다. 하지만 나는 건강한 식습관이 이렇듯 열렬히 퍼져나가는 걸 아직 보지 못했다.

건강을 가져다주는 공동체의 조건

이웃에게 친절을 베풀면 내게 그 이득이 배가되어 돌아온다(수명 연장만 놓고 이야기하더라도 그렇다). 우선, 매일의 이타적 행위가 가져다주는 건강상의 이득을 얻을 수 있다. 둘째, 친절한 마음이 주변에 퍼져나가면서 우리는 결국 유대가 긴밀한 공동체 속에서 살아갈 수 있다. 유대가 긴밀한 공동체는 좋은 식단만큼이나 신체 건강에 필수다. 펜실베이니아의 작은 마을 로제토를 기억하는가? 그곳 사람들은 심혈관계 질환에 저항력이 있어서, 연구자들이 그 현상을 설명하기 위해 '로제토 효과'라는 말을 만들어냈다.

로제토의 주민들은 특히 이웃을 환대하고 친화성이 좋았다. 한 주부는 이렇게 떠올렸다. "우린 늘 수다를 떨었어요. 동네에서 무슨 일이 일어나는지 알았고, 우릴 도와주고 외로움을 느끼지 않게 해줄 사람들이 주변에 언제나 있다는 걸 알았죠."[28] 우리가 건강을 유지하려면 로제토 같은 곳에서 살아야 한다는 사실을 연구는 확인시켜준다. 예를 들어 당뇨병을 보자. 사회적 통합성(이는 신뢰감, 기꺼이 돕는 마음, 이웃과의 어울림을 이르는 학술적 표현이다)이 강한 공동체는 친화성이 덜한 곳보다 2형 당뇨병의 발생률이 22퍼센트 낮다.[29] 반면 사회적 통합성이 약하면 심장마비로 사망할 위험이 높아질 수 있다.[30] 어떤 지역이 단순히 나쁜 평판을 갖고 있는 것만으로도, 그리고 그런 평판이 부당할지라도 주민들의 건강을 해치기에 충분하다. 이런 공간적 낙인을 뉴욕시에서 볼 수 있다. 뉴욕시에서 건강이 좋지 않다고 여겨지는 지역의 주민들은 그들의 생활 방식이나 그 지역이 가진 실제 특성으로 해명할 수 있는 것보다 혈압이 더 높다.[31] 낙인찍힌 곳에서 살아가는 일이 불러일으키는 스트레스와 낮은 자존감이 이를 설명해준다.

유감스럽게도, 우리는 대부분 로제토와는 다른 곳에서 살고 있다. 캐나다 온타리오에서는 17퍼센트의 사람들만이 공동체에 강한 소속감을 느낀다고 보고하고 있고, 앨버타주와 퀘벡주의 도시들에서는 그 수치가 13퍼센트로 낮다. 영국에서는 84퍼센트의 사람들이 지역 일에 참여하지 않는다. 미국인들이라고 해서 더 나을 게 없다. 심지어 4분의 1만이 옆집 사람의 이름을 안다. 내 고향 폴란드에서는 외부인 출입을 제한하는 사유지가 문제다. 공산주의 몰락 이후, 안전과 사생활을 위해 울타리가 우후죽순처럼 생겨나 호화 아파트든 다 허물어져가는 공동주택이든 온통 둘러싸고 있다. 미국, 말레이시아, 폴란드같이 다양한 국가에서 이뤄진 연구들은 이렇듯 외부인 출입을 제한하는 주택지의 주민들이 낮은 소속감을 보고하고 있음을 보여준다.[32] 내가 아는 한, 외부인 출입을 제한하는 구역에 사는 사람들의 수명을 개방된 공간에 사는 사람들의 수명과 비교한 연구자는 아직 없다. 하지만 비교해보면 분명 흥미롭지 않을까 싶다. 바르샤바의 미아스테치코 빌라누프나 로스앤젤레스의 베벌리파크 같은 곳으로 이사하면 우리의 기대수명이 어떻게 바뀔까?

건강하고 친밀한 공동체는 울타리만 없는 곳이 아니라 자동차가 없는 곳 또는 적어도 자동차가 적은 곳이다. 단지 소음과 배기가스 때문만은 아니다. 1969년 도시계획자인 도널드 애플야드Donald Appleyard는 그의 가장 유명한 연구 가운데 하나인 교통량과 지역 생활의 질에 관한 연구를 발표했다. 애플야드는 샌프란시스코에 있는 비슷한 거리 세 곳을 관찰했다. 한 거리는 하루에 약 1만 6000대의 차량이 오갔다. 애플야드는 이를 번잡한 거리Heavy Street라 불렀다. 하루에 8000대의 자동차, 스쿠터, 트럭이 오가는 곳은 중간 정도의 거리Medium Street, 그리고 매일 2000대의 차량이 다니는 곳은 한산한 거리light Street였다. 애플야드는 한산한 거리의 주민들이 번잡한 거리에 사는 사람들보다 세 배 많은 친구를 가지고 있다고 추산했다. 주민들이 정면 입구 계단에 앉아 이웃들과 수다를 떠는 동안 그 아이들은 인도에서 노는 모습을 자주 볼 수 있었다. 애플야드는 이들이 더 오래 살았는지 확인하지는 않았으나 그랬을 가능성이 있다.

그렇다면 가족을 데리고 조용한 지역으로 이사를 가야 할까? 아마도. 하지만 너무 조용한 곳은 조심하라. 지리상 평탄하고 걸어 다니기에 좋으며 공원과 공유 공간이 많은 지역에 사는 아이들이 친구가 많은 경향이 있음을 연구는 보여준다. 유감스럽게도 미국의 대부분 교외 지역은 '평탄한' 조건만을 만족시킬 뿐이고 아이들과 어른들이 똑같이 친구들과 어울릴 수 있는 녹지나 광장이 부족하다.

우리 대부분이 평화롭고 자동차가 없는 이탈리아 시골 마을로 이사 갈 수가 없기 때문에, 현재 살고 있는 지역을 더 통합하기 위해, 따라서 수명을 늘리기 위해 다른 방법을 찾아야 한다. 최근 '공간재생placemaking' 움직임이 증가하고 있는데, 이는 주변에 있는 공공장소를 새롭게 만들도록 권장한다. 공간재생이 잘 이뤄지면 공동체 의식을 높일 수 있다. 예전에는 다 낡아 비어 있던 구역이 열린 체육관과 예술 현장으로 변모할 수 있다. 중심가는 차량 통행을 막아 보행자 전용으로 만들 수 있다. 길거리 시장이 생길 수 있다. 뒷길들은 주민들의 텃밭으로 바뀔 수 있다. 필라델피아에 살 때 여름이 되면 거리 모퉁이나 버려진 주차장에 한시적 텃밭이 생기곤 했는데, 나는 지역의 이런 전통을 좋아했다. 잡초가 무성하고 쓰레기가 여기저기 흩어진 공터였던 곳이 어느 날 화분에 심은 무성한 푸성귀, 통에 든 수제 맥주, 야외용 탁자, 해먹이 있는 생기 넘치는 만남의 장소로 변신했다.

공간재생을 위해서는 주민들이 지역 상점에서 물건을 사고 그러면서 마주치는 이웃들과 이야기를 나누는 곳으로 만들어야 한다. 이웃들이 서로 이름을 알뿐더러 자주 찾아가는 곳. 서로 잔디 깎는 기계를 빌리고 휴가를 떠난 사람들이 키우는 식물에 대신 물을 주는 곳. 이런 곳이 존재하려면 우선 상점들이 필요하다. 그러니, 지갑을 가지고 이들을 지지하라. 식료품을 사 들고 걸어오면서 만나는 이웃들에게 인사하라(그렇다, 그럴 수 있다면 자동차를 타고 다니지 말고 걸어 다녀라). 지역 도서관과 놀이터에 가라. 거리에 흩어진 쓰레기를 주워라. 인터넷에는 우리 주변 지역을 재생하는 방법에 관한 아이디어가 가득하다. 어떤 아이디어는 대단히 구체성이 있다. 내가 좋아하는 한 가지 아이디어는 화덕을 설치하는 것이다. 새라 코보스는 오클라호마주 털사에서 '든든한 마을Strong Towns'이라는 제목으로 발행되는 비영리 잡지의 필자이다. 코보스가 값싼 화덕을 사서 집 앞 잔디밭에 설치했을 때 '불꽃이 나방을 끌어들이듯 화덕이 사람들을 끌어들'였다.[33] 코보스는 이렇게 떠올린다. "이웃들이 와서 뭘 하는지 보더군요. 자동차를 세우고 내려서 어울리며 수다를 떨었죠. 오래지 않아, 우린 더 많은 포도주병을 따고 의자들을 더 내와야 했어요."[34] 성공적인 공간재생이다.

사는 지역이 가져다주는 건강 증진 효과가 똑같지 않은 것처럼 자원봉사와 기부도 마찬가지다. 라라 애크닌이 내게 말한 대로, 우리가 다른 사람들을 돕는 방식 가운데 어느 것은 행복감을 높여주고 또 어느 것은 그렇지가 않다. "모든 관대한 행위가 우리에게 이익 배당금을 주리라는 생각은 순진합니다." 애크닌의 말이다. 우리의 건강만을 염두에 두고서 다른 사람들을 돕는 것으로는 충분치 않다. 대학 지원 같은 이기적인 이유로 자원봉사를 하는 사람들은 선행을 해도 수명이 늘어나지 않는다.[35]

효과를 얻으려면 우리의 생물학적 돌봄 체계를 활성화해야 한다. 이 체계는 우리가 친족의 생존을 돕도록 진화했다. 하지만 자원봉사의 주 목적이 100세까지 장수할 가능성을 높이기 위한 것이더라도 절망하지는 마라. 자기 돌봄 체계의 스위치를 켜지 못할 정도로 완전히 이기적인 사람은 거의 없다고 에크닌은 생각한다. 자기 자신을 깊숙이 들여다보라. 자신이 진정 믿는 것들과 대의를 찾아보라. 그러면 그것이 한층 더 높은 차원의 동기를 부여할 수 있다. 기후변화와 싸우는 일일 수도 있고, 아프리카 여성들의 삶을 개선하는 일일 수도 있고, 지역 오페라를 후원하는 일일 수도 있다. 무엇이든 중요하지 않다(하지만 애크닌은 여기서 KKK단은 배제하고 있다. 만약 우리의 가장 깊숙한 곳에 있는 동기가 다른 인간들에 대한 증오라면 수명 연장에 유익할 것 같지는 않다). 우리는 또 공감 능력을 키우고 연민 명상*을

---

* 집중 명상, 통찰 명상과 함께 대표적인 명상법 가운데 하나.

훈련할 수 있다. 이에 대해서는 10장에서 좀 더 다룬다.

　대의를 선택할 때, 행동의 결과가 쉽게 나타나는 것을 고르는 게 좋다. 몇 년 전, 라라 애크닌의 연구 조교들은 브리티시컬럼비아 대학 캠퍼스를 이리저리 다니며 사람들에게 모기장을 구매해 말라리아의 전염을 막을 수 있도록 유니세프나 유니세프와 제휴관계에 있는 스프레드네트Spread the Net에 기부하겠냐고 물었다. 함정은 기부를 요청하는 단어의 선택에 있었다. 스프레드네트에 관해서는 '10달러가 모일 때마다 한 아프리카 아이의 목숨을 구하기 위해 침대용 모기장(이것은 큰 차이를 만들어내는 간단하고 효과적이며 저렴한 방법이다)을 하나씩 구매한다'고 한 반면, 유니세프에 관해서는 막연히 '아동 보호, 생존, 발달 같은 국제적으로 우선순위에 있는 일들'에 노력을 기울이기 위해서라고 했다. 기부 후에는 참여자들에게 건강과 관련해 몇 가지를 측정하게 해줄 것을 요청했다. 그런데 스프레드네트에 기부한 사람들만이 기부를 많이 할수록 정서상의 이득을 더 얻었다. 이들은 대체로 행복감을 느끼고 자신의 삶에 만족했다.[36]

　이렇게 대상이 정해진 후원이 건강에 가져다주는 효과는 다시 편도체의 작용으로 설명할 수 있다. 모호한 자선 활동보다는 어려움에 처한 아는 사람에게 돈을 주면, 우리의 편도체는 무서운 것에 덜 반응해 투쟁-도피 반응이 진정된다. 우리가 확인할 수 있거나 쉽사리 떠올릴 수 있는 다른 사람들에게 후원하면 그야말로 우리가 더 사회적으로 연결돼 있다고 느끼게 된다. 이는 차례로 인간의 뇌에 불안할 이유가 없다는 메시지를 보낸다. 내가 어려움에 처하면 다른 누군가가 보호해줄 것이기 때문이다.

현실에서 이 모든 것이 뜻하는 바는 수명을 연장하려면 신원 불명의 사람들을 돕는 자선단체에 기부하기보다 우리의 불우한 이웃에게 식료품을 사주는 것이 더 낫다는 말이다. 또는 노인의 이동권을 위해 온라인 청원에 서명하기보다 버스에서 노인에게 자리를 양보하는 게 더 낫다는 말이다. 또, 후원 목표를 구체적으로 표현하려 노력하라. '세상을 바꿀 거야'라고 추상적으로 말할 게 아니라 '방과후 프로그램으로 한 달에 두 명씩 아이들을 도울 거야'라는 식으로 말이다. 오늘 누군가를 '행복하'게 만들 거라는 생각보다 누군가를 '웃'게 만들 거라는 생각이 더 낫다. 이런 식으로, 우리는 진척 상황을 추적하고 그 결과를 더 잘 볼 수 있으며 그 결과는 행복감을 높여줄 터이다.

여기서 또 다른 중요한 문제는 자유이다. 대의와 헌신의 정도를 선택할 자유 말이다. 남편이 캐나다 캘거리의 한 자문 회사에서 근무할 때, 이 회사는 1년에 한 번 해비타트 포 휴머니티Habitat for Humanity*와 함께 집짓기 같은 자선행사에 참여했다. 이는 고결하고 재미있는 일이었지만, 스스로 대의를 선택했더라면 얻었을 만큼의 건강상 이득을 남편에게 줄 것 같지는 않다. 간단히 말해, 보상을 담당하는 뇌 부위인 복부 선조와 중격 부위는 우리가 누구에게 얼마를 줄지 자유로

---

* 자원봉사자들이 직접 집을 지어 무주택 서민에게 제공하는 해비타트운동을 이끄는 비영리, 비정부 단체.

이 결정할 수 있을 때 더 활성화된다.[37]

이것이 사회성 지출인 세금이 자발성 기부만큼 우리를 건강하게 해주지 못하는 이유다. 게다가 마지못해 병든 친척을 돌보는 일이 돌보는 사람의 건강에 해로울 수 있는 이유도 설명해준다. 그래서 아이들에게 다른 사람들을 돕도록 권장하고 싶다면 선행에 대한 보상을 피하라. 돈도 안 되고 스티커도 안 된다. 자원봉사에 대한 대가로 뭔가를 약속받은 아이들은 처음에는 그 일을 열심히 할지 모르지만 당근이 보이지 않으면 이들의 열정은 보상을 받지 않은 아이들보다 훨씬 빨리 사그라진다.[38]

그렇다면 기부나 자원봉사를 얼마나 해야 할까? 재정적 기부의 면에서는 많을수록 좋은 것 같다. 시간의 기부는 좀 더 까다롭다. 건강상 최고의 이득을 얻기 위해 헌신해야 하는 마법의 시간 수는 없다. 적어도 우리는 그에 대해 알지 못한다. 무리하게 참여하지 않는 게 최선인 것 같다. 일부 연구들이 매년 100시간 미만의 자원봉사를 할 때 건강상의 보상이 최고에 이른다고 밝히고 있는 반면, 다른 연구들은 그 시간 수가 40시간에 불과하다고 주장한다.[39]

헬스장보다 자원봉사

우리는 다른 사람들을 돌보도록 진화했다. 젖먹이를 잘 돌보고 부족 내 다른 사람들을(우리가 알고 있고 장차 우리에게 보답할 가능성이 높은 다른 사람들을) 열심히 도운 우리의 조상들은 자신의 유전자를 전할 가능성이 더 높았다.

자연은 우리에게 기부를 독려하는 체계를 장착했다. 자비심은 보상을 담당하는 뇌 부위에 내장돼 있어서, 담배나 복권에 손을 뻗을 때 스위치가 켜지는 동일한 신경회로망에 시동을 건다. 다른 사람들을 돕는 일도 스트레스를 줄여 돌봄을 더 수월하게 하고, 우리 몸에 일련의 생리 변화를 일으켜 건강을 개선한다. 혈압을 낮추고 염증을 줄이며 그 결과 수명을 늘려준다.

이타심은 우리를 자동차도 들어 올리는 슈퍼영웅으로 바꿔놓을 수 있지만, 대부분의 사람들은 이런 강력한 신체 능력의 신장을 경험하지 못한다. 그래도 다른 사람들을 도와 건강에 이득을 얻을 수 있다. 자원봉사, 조건 없는 친절, 금전적 기부, 돌봄, 이 모두가 적어도 운동과 영양이 풍부한 식단만큼이나 우리 수명을 늘려준다. 특히 우리가 이 모두를 함께 한다면 말이다(연구에 따르면, 그 효과는 누적된다). 관심 있는 자선단체를 찾아 시간을 쏟아 도와라. 진정 중요하다고 생각하는 대의를 위해 돈을 기부하라. 매일 기회를 살펴 다른 사람들에게 친절을 베풀어라. 우리 자신이 유기농 말차 라테를 즐기면 신체 건강에 도움이 되겠지만, 말차 라테를 사서 동료의 책상 위에 놓아두는 게 건강에 더 이득일 수 있다. 내 경험상, 친절은 우리를 더 행복하게 해주고 우리 몸 속 코르티솔의 수치를 낮춰 일상의 스트레스를 덜어준다.

물론 조건 없는 친절이나 자원봉사가 건강을 좋게 해준다고 해서,

고혈압 약을 건너뛰거나 실컷 정크푸드를 먹은 다음 근처의 쓰레기를 주우면 된다는 뜻은 아니다. 완벽한 시나리오를 따르자면, 그래도 하루에 다섯 가지 과일과 채소를 먹고, 월요일부터 일요일까지 하루 30분씩 운동을 하며, 자원봉사와 기부를 하고 친절을 베풀어야 한다. 하지만 인생은 완벽하지 않다. 그래서 때로 헬스장을 빠지고 주변 사람들을 위해 몇 가지 좋은 일을 하는 게 더 쉬울 수 있다.

또 운동을 자원봉사(지역 보호소의 개들을 산책시키는 일 등)나 친절한 행동(버스에서 다른 사람에게 자리 양보하기)을 결합한 활동을 택해 여러 가지를 동시에 하면서 수명 연장을 시도할 수 있다. 다른 사람들을 돕는 일은 이렇게 건강 개선을 위한 강력한 도구이다. 어쩌면 어느 날엔가 공식적으로 매일 선행을 하도록 권장하는 걸 볼 수 있을까? 어쩌면 '하루에 세 가지 선행을 하라' 또는 '매주 최소한 30분 동안 자원봉사를 하거나 다른 사람을 돌보라' 같은?

일부 사람들은 단지 건강상의 이득 때문에 친절을 베풀거나 자원봉사를 계속한다는 생각에 민망해할지 모른다. 앞서 말한 대로, 자선의 동기가 오로지 장수에 대한 이기적 관심이기만 하다면 이들의 생물학적 돌봄 체계가 활성화될 것 같지 않고, 그래서 건강상 이득이 있을 것 같지는 않다. 하지만 다른 사람들을 돕는 행동의 원동력이 오래 살려는 이기적 욕망에서 비롯되었어도 생물학적으로 괜찮고, 내 생각에는 윤리적으로도 괜찮다. 이로 인해서 우리가 공동체에 기여하고 이타심을 좀 더 발휘하게 된다면, 사회와 우리의 몸 모두가 장기적으로 이득을 얻을 터이다. 좀 더 이상적으로 생각해보면, 자선 활동은 건강에 좋은 다른 행동에 비해 매우 전염성이 있어서 우리가 다른 사람들에게 기부함으로써 더 오래 살 수 있을뿐더러 여생을 더 나은 세상, 더 친절한 세상에서 보낼 수 있게 된다.

일부 사람들의 경우에는, 박애주의에 입각한 노력을 강화하는 일이 비교적 쉬울 수 있다. 이미 자원봉사를 하거나 정기적으로 기부를 하고 있을 수 있다. 하지만 돌봄 체계가 약간 녹슬어 있는 경우에, 다행히도 이 체계를 되살리는 방법이 있다. 한 가지 비결은 성격을 변화시키려는 노력과 관련이 있다. 성실하고 외향적인 사람들이 자원봉사를 더 많이 하는 경향이 있기 때문이다. 그렇다. 정말로 성격을 바꿀 수 있고, 그러면 건강상의 이득도 얻을 수 있다.

건강하게
나이 드는 습관

진화된 돌봄 체계를 활성화하라. 자선단체에 기부하고, 가족을 돌보며, 진정 믿는 대의를 위해 자원봉사를 하라. 그것은 예술에 투자하는 것일 수도 있고 희귀병과 싸우는 일일 수도 있고 환경을 보호하는 일일 수도 있다. 매일매일 친절을 베풀어라. 다른 사람들에게 문을 열어주거나, 처음 보는 사람에게 커피를 한 잔 사거나, 무작위로 정한 자동차의 창에 상냥한 쪽지를 남겨라. 지역 사회의 공간을 재생하라. 지역의 텃밭을 만들고 중심가를 보행자 전용으로 만드는 데 투표하라. 지역 상점에서 쇼핑하고, 자동차를 타는 대신 걸어 다니고, 쓰레기를 줍고, 이웃과 이야기를 나눠라.

9

성격이 우리를 죽인다

통통하고 동그란 얼굴의 수녀 마리 스타니슬라우스 코스트카는 노트르담교육수녀회School Sisters of Notre Dame*의 북아메리카 수녀원장이었다. 1930년 9월 22일 코스트카는 이 수녀회에 편지를 보내 수련 수녀들이 최후의 서약을 하기 전 짤막한 수기를 쓰게 해달라고 요청했다. 곧 육필 수기들이 쌓이기 시작했다. 이 수기는 간결하면서 꽤 구체적인 정보를 포함해야 했지만(출생지, 다닌 학교, 출신) 그 전달 방식은 제각각이었다. 한 수녀는 이렇게 썼다. "하느님께서 헤아릴 수 없이 귀중한 은총을 내리시어 제 삶을 순조로이 시작하게 하셨습니다…… 제가 수련 수녀로서 노트르담 대학에서 공부하며 보낸 지난해는 매우 행복한 해였습니다. 이제 저는 열렬히 기뻐하며 성모

---

* 로마 가톨릭 수녀회가 1833년 바이에른에 설립한 전 세계적 종교단체.

마리아의 성의를 받들기를, 성스러운 사랑과 결합한 삶을 살기를 고대합니다."[1]

한편 또 다른 젊은 수녀는 이렇게 이야기했다. "저는 1909년 9월 26일 딸 다섯, 아들 둘 가운데 장녀로 태어났습니다…… 노트르담 고등학교에서 화학과 2학년 라틴어를 가르치며 수도원 본부에서 수련 기간을 보냈습니다. 하느님의 은총 속에, 우리 수녀회를 위해, 가톨릭교의 전도와 개인의 성화sanctification를 위해 최선을 다하려 합니다."

이 두 구절의 차이를 감지하기 어려울지 모르지만, 주의 깊게 보면 첫 번째 수녀의 글이 긍정적 정서로 가득함을 알 수 있다. 이 수녀는 '매우 행복한' 한 해에 대해, 자신의 '열렬한 기쁨'에 대해 쓰고 있다. 반면 두 번째 수녀의 이야기는 차분한 어조로 건조하게 사실을 진술한다. 이런 차이는 건강과 수명에 중요하다. 코스트카 수녀가 수련 수녀들이 수기를 쓰게 해달라는 요청을 보내고 수십 년 후, 켄터키 대학의 세 연구자가 이 수녀회의 기록보관소에 들어가 수녀 180명의 육필 수기를 발굴했다. 연구자들은 이 수기들을 세심히 분석해 각 단어가 정서적으로 긍정적인지 부정적인지 중립적인지 표시했다. 예를 들어 감사, 희망, 안심은 긍정적으로 표시되고 분노, 혐오, 두려움은 부정적으로 표시됐다. 과학자들은 또 어떤 수녀들이 아직 살아 있는지, 그리고 그렇지 않은 수녀들은 몇 살에 사망했는지 확인했다. 그 결과는 꽤 분명했다. 수기에서 가장 기뻐하고 낙천적이었던 수녀가 가장 오래까지 살았다. 쾌활한 성격은 수명이 평균

10년 늘어남을 의미했다.[2]

긍정적 세계관 덕분에 더 오래 산 이들은 수녀들만이 아니었다. 유명한 심리학자들과 오랑우탄도 마찬가지였다. 이 수녀원에 관한 연구가 있고 10년 후, B. F. 스키너와 장 피아제를 포함해 사망한 심리학자들의 자서전을 비슷하게 분석한 결과는 긍정적 단어를 사용하는 경향과 장수하는 것 사이에 연관성이 있음을 보여주었다. 동물원에서도 행복한 오랑우탄은 오래 산다. 물론 수기를 쓰는 유인원은 아직 발견되지 않았다. 대신에 전 세계 42개 동물원의 사육사들에게, 예를 들어 그들이 담당하는 동물이 얼마나 자주 기분 좋은 상태이거나 나쁜 상태인지 평가해달라고 요청했다. 다시 한번 수명의 차이는 두드러졌다. 행복한 유인원은 약 11년을 더 살았다.

감정이 뇌를 바꾼다

인류는 오래전부터 행복감이 수명을 늘려주지 않을까 생각했다. 성서는 이미 "기쁨은 인간의 나날을 늘려준다"(《집회서》 30장 22절)고 말하고 있고, 셰익스피어에 따르면 "웃음과 즐거움은…… 천 가지 해로운 것들을 막아주고 수명을 늘려준다." 과학이 이제 문학을 따라가고 있다. 매년 주관적 행복이라는 주제와 관련해 나오는 1만 편이 넘는 학술 간행물 가운데 많은 것들이 긍정성이 좋은 건강 그리고 100세까지 장수할 가능성과 동격임을 밝히고 있다. 행복감이 4년에서 10년까지 수명을 늘릴 수 있는 것으로 보인다.[3] 영국에서 이뤄진, 특히 성공을 거둔 한 연구는 총 6년에 걸쳐 2년마다 사람들이 느끼는 기쁨을 측정했다. 그 결과 언제나 에너지가 넘치고 일상을 즐기며 자신의 삶을 되돌아볼 때 행복감을 느낀다는 사람들이 쾌활하지 않은 동년배들보다 사망 가능성이 24퍼센트 낮다고 결론지었다.[4]

하지만 좋지 않은 건강 상태가 사람들을 불행하게 만든 것일 수도 있다. 게다가 건강이 안 좋으면 일찍 죽는다고 보는 게 논리적이다. 하지만 이런 인과관계의 문제는 행복감을 측정할 때 원래의 건강 상태를 고려하고 이후 생리상의 결과를 점검해서 쉽게 통제할 수 있다. 게다가 동물뿐 아니라 인간을 대상으로 한 연구와 실험들은, 예를 들어 기분이 염증 과정이나 DNA 메틸화에 영향을 미쳐 생리에 영향을 준다는 사실을 보여준다.

하지만 행복감을 측정하기가 어려운 건 사실이다. 우리는 부모보다 더 행복할까? 이웃보다 더 행복할까? 그것을 어떻게 알까? 다른 사람의 혈액 표본을 받아 혈청 속에 떠도는 기쁨 분자를 세어볼 수는 없다. 언어 같은 것도 행복감에 대한 사람들의 보고에 영향을 미칠 수 있다. '행복감'을 뜻하는 프랑스어 '외뢰heureux'뿐 아니라 독일어 '글뤼클리흐glücklich' 또는 폴란드어 '슈쳉실리비szczęśliwy'는 '행복하다'보다 훨씬 더 많은 무게를 지닌다. 아이스크림을 먹는다고 해서 우리 모두가 반드시 '외뢰'하거나 '슈쳉실리비'하다고 말하지는 않는다. 더욱이 코카인이나 마법의 버섯 같은 합법적이지 않은 것을 통해 기분이 좋아질 수도 있다. 이런 이유로, 요즘 과학자들은 이른바 '주관적 행복'에 대해 이야기하길 좋아한다. 이것은 기본적으로 기쁨, 낙천성, 전반적인 삶의 만족감을 모두 포괄한다.

또 많은 심리학자들이 쾌락적 행복과 자기실현적 행복을, 다시 말해 쾌락과 의미를 구별하기에 상황이 훨씬 더 복잡해진다. 여기서 사고 실험을 해보자. 최신 기술을 이용해 여행의 즐거움부터 사랑의 축복까지 인간에게 알려진 어떤 쾌락이든 경험할 수 있다고 해보자. 우리는 뇌에 연결된 전극이 달린 탱크 안에서 떠다니며 온갖 재미에 취해 나날을 보내게 될 터이다. 그렇다면 우리는 그 전원을 연결하게 될까? 이런 삶이 정말로 행복할까?

이 사고 실험은 미국의 철학자 로버트 노직Robert Nozick이 설계한 까닭에 노직의 경험 기계Nozick's Experience Machine라 불린다. 몇몇 연구에서 수백 명의 사람들에게 이 사고 실험의 시나리오를 제안했는데, 대부분 거부했다. 우리는 왠지 그 모든 쾌락에도 불구하고 노직의 기계 속 삶이 정말로 좋지는 않으리라고 본능적으로 느낀다. 이런 존재가 놓치게 될 한 가지 중요한 요소는 자기실현적 행복이다. 목적, 자기실현, 삶의 의미. 그리고 이론상 이 기계가 이런 느낌도 흉내낼 수는 있겠지만 우리의 본능은 가상에 지나지 않는 삶에서 의미를 찾는 것을 거부한다. 결국 이런 실제적 목적의 결여는 노직의 기묘한 장치 속 삶을 공허하게 만들뿐더러 단축시킬 수 있다.

건강과 수명 연장을 위해서는, 삶의 의미를 갖는 게 행복감보다 더 중요해 보인다. 쾌락적 행복과 자기실현적 행복을 비교한 한 연구에서, 삶의 목적을 가진 사람들은 투쟁-도피 반응과 관련해 더 유리한 유전자 발현 양상을 보인 반면, 육체의 쾌락 추구에 집착하는 사람들은 불리한 유전자 발현 양상을 보였다.[5] 다시 말해, 자기 존재의 의미를 찾은 사람들은 좋은 유전자의 스위치는 켜지고 안 좋은 유전자의 스위치는 꺼지게 했다. 게다가 의미의 발견은 100세까지 장수할 가능성을 높일뿐더러 알츠하이머병에 걸렸더라도 인지 기능 장애의 위험도를 낮춘다. 분명한 삶의 목적을 가진 90세 노인은 알츠하이머병에 걸려 실제로 뇌에 병리적 변화가 생겼어도 비교적 정상적 활동을 계속할 수 있다.[6]

의미를 찾는 건, 커트 보니것이 《간교한 말장난 Hocus Pocus》에서 한 말을 인용하자면 '똥 덩어리가 에어컨에 적중한' 때,*[7] 또는 좀 더 사실적으로 말해, 일이 계획대로 되지 않을 때 특히 중요할 수 있다. 한 실험에서, 삶의 목적을 가진 사람들에게 폭력과 질병에 관한 혐오스럽거나 충격적인 사진을 보여줬을 때 이들의 편도체는 삶의 목적이 없는 사람들보다 비교적 평온을 유지하고 불쾌한 경험으로부터 훨씬 더 빨리 벗어났다.[8] 프리드리히 니체의 말이 옳았다. "삶의 이유를 가진 사람은 거의 어떤 삶도 견딜 수가 있다." 게다가 자기실현적 행복은 보상과 관련된 뇌 부위인 섬엽에 회백질**이 더 많음을 뜻하고,[9] 이는 우리가 감정을 통제하고 스트레스를 다루는 데 도움이 된다.

삶의 목적을 갖는 것이 수명 연장으로 이어진다는 걸 알 수 있는

---

* 커트 보니것은 베트남전 종전을 두고 이렇게 표현했다.
** 신경세포가 모여 있는 곳으로 육안으로 볼 때 회백색을 띠기에 붙여진 이름이다.

한 가지 방법은 그것이 건강과 관련된 행동에 미치는 영향을 통해서이다. 자기 존재가 의미 있다고 생각하는 사람들은 정기적으로 콜레스테롤 수치를 검사받거나 대장내시경 검사를 받을 가능성이 크다. 또한 자기실현적 행복은 생리에 직접 영향을 미쳐 코르티솔과 염증성 사이토카인의 수치를 낮추는 것 같다.

이제 매우 중요한 질문을 해보자. 우리는 어떻게 행복해지고 삶의 목적을 찾을 수 있을까? 많은 책과 과학 논문이 이 주제에 관해 썼지만 아직 아무도 묘책을 찾지 못했다. 그러나 우리는 무엇이 효과가 있고 무엇이 그렇지 않은지 일부 지표를 가지고 있다. 이에 대해 자세히 언급하지는 않겠지만, 여기에 연구에 기초한 몇 가지 기본 방법이 있다. 첫째, 쾌락적 즐거움을 찾는 대신에 일상의 삶에서 목적을 찾으려 노력하라. 의미가 중요하다는 걸 인정하고 그에 대해 되돌아보는 시간을 갖는 게 좋은 첫걸음이다. 자기 성격의 강점을 알아보고 자신의 재능이 다른 사람들에게 (자선을 베푸는 방식으로) 어떻게 도움이 될지 생각해보라. 더 많은 아이디어를 얻기 위해, 고전이 된 빅터 프랭클의 《죽음의 수용소에서》 같은 삶의 의미에 관한 책을 읽어볼 수도 있다.

둘째, 여윳돈이 진정 해결책이 아니라는 사실을 기억하는 게 중요하다. 그게 우리를 더 행복하게 만들지는 않는다. 돈에 삶의 목표를 둘수록 행복감은 덜해진다. 이는 부유한 국가만이 아니라 러시아와 인도같이 덜 번창한 국가에서도 마찬가지다.[10] 물론 기본 욕구를 충족하기도 힘든 사람들에게는 두툼한 지갑이 더 큰 행복을 의미하겠지만, 수입이 일정 수준 이상 되면 더 많은 돈이 더 많은 기쁨과 꼭 일치하지는 않는다.

미국의 유명한 경제학자 리처드 이스털린Richard Easterlin은 임금을 많이 받을수록 더 많이 받길 바라는 경향이 있기 때문에 임금 상승이 행복에 미치는 좋은 영향은 없다고 설명했다. 언젠가 랠프 왈도 에머슨이 쓴 대로 "결핍이란 점점 덩치를 불리는 거인이다. 소유라는 외투로 이 거인을 가리기에는 충분치가 않다."[11] 사람들이 돈에 집착하면 사회성이 줄어들고 다른 사람들에게 도움을 주는 일이 줄어든다고 실험이 또한 말해준다. 그리고 우리가 사회성과 건강의 연관성에 대해 알고 있는 대로, 이것은 케이크에 100개의 초를 밝힐 날을 맞이할 가능성이 낮아진다는 뜻일 수 있다. 하지만 돈으로 더 많은 행복을 얻는 방법이 있다. 예를 들어 재화를 사는 대신 경험을 사는 것이다(최신 스마트폰을 사지 말고 가족이 놀이공원에 가는 것이다). 또 다른 방법은, 우리 자신이 아니라 다른 사람들에게 돈을 쓰는 것이다. 자선단체에 기부하고 사랑하는 사람들에게 아낌없이 선물을 주면 된다.

셋째, 어떤 희생을 치러서라도 행복을 추구하려 하지는 마라. 행복은 계속 달아난다. 돈과 마찬가지로, 행복을 삶의 목표로 두고 집착하는 건 역효과를 낳고 삶에 만족하지 못하게 만들 수 있다. 6장의 포모를 기억하는가? 이 단어는 2013년에야 옥스퍼드 영어사전에 공식적으로 추가됐다. 하지만 이미 큰 문제가 돼서 미국불안우울증협회Anxiety and Depression Association of America*는 포모 극복을 위해 웹사이트를 열 정도였다.

포모 또는 '배제에 대한 두려움'이란 다른 사람들은 즐거운 시간을 보내고, 좋은 식당에서 식사를 하고, 휴일에는 재미있는 곳에 가고, '힙'한 파티에 참석하고 있다고 끊임없이 속을 끓이는 느낌, 그래서 나도 그래야 한다는 느낌이다. 미국불안우울증협회는 저 재재거리는 소리들의 스위치를 끄고(그래서 페이스북이나 인스타그램을 하지 말고) 단순한 일상의 경험을 즐기는 일을 연습하도록 권장한다. 비행기를 타고 몰디브에 가지 못한다고 조바심치는 대신 집 근처 자연에서 캠핑을 즐겨라. 어느 상을 받은 요리사가 시내에서 최고의 굴 요리를 하는지, 왜 내가 지금 그걸 못 먹고 있는지 고민하지 말고 집에서 그 요리를 해보라. 하지만 주의하길. 조개류를 날것으로 먹으면 건강과 수명에 예기치 않은 결과를 가져올 수 있다. 그것은 우리의 성격을 변화시킬 수 있다.

수명을 갉아먹는 위험한 성격

밤이었다. 한 실험실 쥐가 실험용 옥외 우리로 들어가 땅바닥을 켜켜이 덮고 있는 흰색 모래에 코를 대고 킁킁거렸다. 그 앞에 벽돌

---

* 어린이와 성인의 불안 장애 진단, 치료에 대한 인식을 높이고 개선하기 위해 노력하는 미국의 비영리 단체.

로 된 미로가 뻗어 있었다. 쥐는 곧 그 미로를 탐색하기 시작했다. 이리저리 돌아다니다가 문득 미로의 어느 구석에선가 퍼져나오는 이상한 냄새에 맞닥뜨렸다. 쥐는 점점 그쪽으로 다가갔다. 그 냄새가 쥐를 잡아끄는 것 같았다.

그날 밤 이 쥐가 그토록 매혹된 것은 고양이의 오줌이었다. 쥐들은 보통 고양이의 오줌을 무서워하고 피하려 한다. 하지만 이 쥐는 달랐다. 이 실험의 대상인 다른 설치류 몇 마리와 마찬가지로, 이 쥐는 톡소포자충Toxoplasma gondii이라는 기생충에 감염돼 있었다. 실험을 진행한 과학자들이 밝힌 대로, 이 기생충은 쥐들의 행동 방식을 바꿔놓았다. 쥐들은 이상하게 고양이에게 끌렸는데 이것은 치명적일 수 있었다. 뿐만 아니라 이 쥐들은 톡소포자충에 감염되지 않은 쥐들보다 더 열심히 미로를 탐색했다.[12]

인간은 설치류가 아니지만, 톡소포자충은 우리 인간의 성격에도 영향을 미칠 수 있다. 일부 연구에 따르면, 일단 이 작은 기생충이 몸에 들어오면, 그 사람은 더 충동적이고 감각을 추구하며 공격성을 띨 수 있다[13](초기에는 톡소포자충이 심지어 교통사고 위험성을 높인다는 의견도 있었다[14]). 오랫동안 성격은 변하지 않는다고 믿었다. 한번 외향적이면 언제나 외향적이라는 등등. 하지만 수십 년 동안 이뤄진 연구들이 실은 성격이 바뀔 수 있음을 밝혀냈다. 기생충을 먹어서만이 아니라 우리 자신의 노력으로도 말이다. 이것은 좋은 뉴스다. 성격은 건강과 수명에 커다란 영향을 미치기 때문이다.

성격에는 '5대 성격 특성'이라고도 알려진 다섯 가지 주요 차원이 있다. 외향적인지 내향적인지, 신경과민인지 정서가 안정돼 있는지, 경험에 대해 개방적인지 폐쇄적인지, 호의적인지 적대적인지, 성실한지 무책임한지. 물론 성격은 양자택일의 문제가 아니다. 우리는 매우 외향적이거나 조금 외향적일 수 있다. 한 사람이 다른 사람보다 훨씬 더 성실할 수 있다. 연구자들이 보통 특정 성격 특성에서 평균 위아래로 1 또는 2의 표준편차가 있다고 말하는 건 이런 이유에서다. 이것이 의미하는 바를 더 잘 이해하려면 성격 차이를 키 차이로 생각해보자. 말하자면 내향성에서 평균 위로 표준편차가 1 또는 2일 경우 이 표준편차들 사이의 차이는 미국 남성의 키 168센티미터와 183센티미터의 차이와 같다.

인간만 성격이 다른 건 아니다. 동물들도 그렇다. 점박이하이에나, 쥐, 침팬지, 심지어 송어도 두드러진 성격 유형을 갖는다. 게다가 인간이 그렇듯, 동물들도 특정한 성격이 수명에 더 좋은 영향을 미치는 것 같다. 대담하고 공격적인 송어는 그렇지 않은 물고기보다 지느러미의 텔로미어가 더 짧다.[15] 사람의 경우 성격과 건강의 관계가 이미 확고해서, 어떤 연구자들은 그들이 '위험하다'고 하는 성격 유형에 대해 '일주일에 적어도 150분 동안 적당한 강도의 운동을 하라'와 같은 식의 개입을 요구하고 있다.[16] 하지만 성격의 경우에는 개입 방법이 '일주일에 150분 동안 정리 정돈을 하고 계획을 하라'와 더 비슷할 터이다. 왜냐하면 건강과 수명에 특히 중요해 보이는 성격 유형이 성실성이기 때문이다. 다시 말해 정리하고, 계획하고, 준비하기를 좋아하는 성격 말이다.

드라마 〈길모어 걸스Gilmore Girls〉의 주인공 로렐라이 길모어는 매력적이고 상냥하지만 지저분하고 충동적이다. 로렐라이는 식사로 먹고 싶은 것을 잔뜩 먹고("치즈버거, 치즈버거에 곁들여서…… 치즈버거 스무디"), 하루에 약 10리터의 커피를 마신다. 로렐라이가 실존 인물이라면 장수하기 어려울 터이다. 성실성에서 평균 아래로 표준편차가 2인 사람은 위로 2인 사람에 비해 사망 위험도가 44퍼센트 높다. 약 한 알로 성실성을 섭취할 수 있다면 기적의 약이 되지 싶다. 그 효과는 아스피린이 심장병을 줄이는 것보다, 소크백신이 소아마비를 줄이는 것보다 훨씬 더 강력하다. 정리 정돈을 잘하고 부지런한 성격이 주는 긍정적 효과는 캐나다, 일본, 스웨덴을 포함해 전 세계에서 찾아볼 수 있다.[17] 그리고 아이의 방이 끊임없이 허리케인이 지나가는 지역과 비슷하다면(내가 바로 이런 아이를 둔 엄마다), 적어도 아이가 먹는 사탕만큼이나 이 아수라장이 아이의 건강에 미칠 영향에 대해 걱정해야 한다. 어린 시절에 측정한 성실성으로 70년 후의 수명까지도 예측할 수 있다.[18]

왜 성실한 사람들이 더 오래 사는지는 이들이 정크푸드를 삼가고, 규칙적으로 운동하며, 의사의 조언을 따르는 경향이 있다는 사실로 일부 설명할 수 있다. 이들은 대체로 신중한 사람들로 안정된 친구 관계를 택하고, 결혼 생활을 유지하며, 일에서 성공하고, 안전띠를 맨다. 하지만 앞서 말한 것 모두를, 그리고 건강과 더 관련이 있는 많은 행동들을 통제해도, 성실성이 수명에 미치는 영향은 강력하다. 이 주제를 연구하는 심리학자들은 면역 체계와 신경계의 작용과 같은 직결되는 생리 기제가 작동한다고 생각한다. 하지만 이런 기제는 아직 알려져 있지 않다.

낮은 성실성이 다른 성격 특성인 신경과민과 결합하면 특히 위험하다. 우디 앨런이 연기한 대부분의 영화 인물을 보면 신경과민에 관한 모든 걸 알 수 있다(건강염려증이 끊이지 않는 걱정과 만나고 이 걱정은 자주 우울증과 만난다). 신경과민이라는 말은 흔히 가볍게 쓰이지만 이 성격 특성은 별로 즐거울 게 없다. 이 성격 특성이 강한 사람들은 불안하고 신경이 날카로워 주변 세계를 위협적이고 안전하지 못한 곳으로 인식한다. 이들은 흔히 자기 삶을 불행해하고 분노, 죄책감, 슬픔을 비롯한 부정적 감정을 느낀다. 게다가 건강염려증 경향도 있다. 지금까지 말한 게 자기 애기 같다면 지금 곤경에 처해 있을 수 있다. 신경과민은 사망 위험도가 33퍼센트나 높다는 뜻일 수 있기 때문이다.[19] 다시 한번, 이런 영향은 담배를 피우거나 술을 마시거나 사람들과 어울리는 데 어려움을 겪는 등 신경과민한 사람들이 가진 경향이 불러오는 악영향의 작은 부분에 지나지 않는다.

신경과민은 실제로 건강을 해쳐 경제에 심각한 영향을 미칠 수도 있다. 예를 들어 네덜란드는 신경과민한 사람들로 인한 공공 의료 서비스, 자기 부담 비용, 그리고 생산성 손실로 매년 인구 100만 명당 13억 달러 이상의 비용을 지출한다.[20] 그런데 네덜란드는 가장 신경과민한 나라에는 속하지도 않는다. 세계에서 가장 신경과민한 나라는 그리스이고, 그 뒤를 러시아가 잇고 있다(하지만 이 연구는 37개국밖에 비교하지 않았다).[21] 신경과민이 가장 덜한 나라는 이스라엘,

그리고 미국, 영국으로 밝혀졌다. 캐나다는 중간 정도이다. 미국에서도 펜실베이니아주, 오하이오주, 뉴욕주 사람들은 가장 신경과민한 반면 알래스카주와 애리조나주는 덜하다.[22]

신경과민이 건강에 나쁜 한 가지 이유는 걱정 그리고 곱씹기와 연관 있다. 곱씹기는 사건과 감정을 소가 되새김질하듯 머릿속에서 생각하고 또 하는 것이다. 걱정은 곱씹기의 사촌이다. 하지만 곱씹기는 대개 이미 일어난 일에 해당하는 반면 걱정은 스트레스를 줄 수 있는 사건에 선행한다. 그런데 이런 사건은 대부분 일어나지 않는다. 걱정과 곱씹기가 가진 문제는 자율신경계가 만성 활성화된다는 점이다. 이들이 경험하는 스트레스는 나쁜 일이 실제로 일어날 때뿐만이 아니라 그 일이 일어나기 훨씬 전과 오랜 후에도 이들에게 영향을 미친다.

이것은 건강상 안 좋은 결과로 이어질 수 있다. 걱정이 많은 사람들은 자연적 살해세포가 적은 경향이 있다. 자연적 살해세포, 즉 림프구는 염증과 종양을 공격한다.[23] 더욱이 심근경색을 일으킨 적이 있는 걱정 많은 남성은 불행히도 또 심근경색을 일으킬 가능성이 크다.[24] 그리고 만약 수술을 기다리고 있다면 그에 대한 걱정이 회복을 더디게 만들 수 있다. 한 연구에서, 수술에 대해 조바심치는 탈장 환자는 대부분 상처 부위의 면역세포 수치가 더 낮고 통증이 더 컸다. 이들은 또 상태가 좋아지는 데 더 오래 걸렸다.[25]

낮은 성실성과 높은 신경과민이 조기 사망의 위험도를 높이는 것처럼, 외향성은 조기 사망의 위험도를 낮추는 것 같다. 하지만 외향성과 수명 사이의 연관성은 확고하지 않다. 외향성은 낮은 사망 위험도와 약 21~24퍼센트의 연관성을 갖는다. 거의 지중해식 식단만큼이나 된다. 하지만 이 효과의 대략 절반이 외향적인 사람이 가진, 다른 사람들과 어울리고(이는 건강에 좋다) 운동하는(역시 건강에 좋다) 성향에 의해 설명된다.

건강, 특히 심혈관계의 건강과 연관성이 있는 것으로 유명한 성격 유형이 하나 더 있었다. 이른바 A 유형 성격 말이다. 우리는 이런 유형이 어떤지 알고 있다. 끊임없이 시계를 들여다보고 항상 스트레스를 받으며 짜증을 내고 일에 집착한다. 하지만 나는 '있었다', '이른바'라고 말하고 있다. A 유형 성격 연구가 구식이기 때문이다. 1950~60년대에 처음 대대적으로 선전된 이래, A 유형 성격이 심장마비나 동맥경화에 미치는 영향이 후속 연구를 통해 확인된 적은 없다.[26] 여기에는 그럴 만한 이유가 있을지 모른다. 최근 담배 산업이 주요 연구자들에게 보수를 지급하는 방식으로, A 유형의 행동에 관한 역학 연구에 자금을 대고 있다는 사실이 드러났다.[27] 담배 산업으로서는 이 투자에 타당성이 있다. 심장질환을 일으키는 원인이 들이마시는 담배 연기가 아니라 조급증과 일중독임을 증명하면 모든 게 끝나는 것이다. 담배 산업에게, A성격 유형은 심혈관계 질환의 책임을 떠맡을 훌륭한 희생양으로 안성맞춤이다.

하지만 A 유형 성격의 특징 중 한 가지가 다시 주목받고 있다. 적대감 말이다. 본인이 냉소적이고 다른 사람들을 불신하며 주변의 모든 사람들이 이기적이라 믿고 공격적으로 스트레스에 반응한다면,

그러지 말길 바란다. 그러면 주변 사람들을 힘들게 하고 멀어지게 하는 것 말고도 심장에 좋지 않다. 트라이글리세라이드, 포도당 수치, 인슐린 저항성으로 문제를 일으킬 수 있다.[28] 심리학자들이 말하는 '적대감'으로 묶이는 이런 행동들은 심혈관계 사건*의 위험 증가와 관련이 있다. 심혈관계 사건은 기본적으로, 우리의 심장이 우리를 포기하는 것이다. 적대감이 특히 여성에게 해롭다는 사실을 연구는 보여준다. 여성의 체내에서 염증이 악화하고, 이는 심혈관계 질환으로 이어질 수 있다.[29]

A 유형 성격은 더 이상 연구 의제로 다뤄지지 않지만 새 얼굴이 있다. 바로 D 유형 성격이다. 'D'는 '괴로워하다distressed'를 의미한다. 분노, 성급함, 슬픔, 두려움 같은 부정적 감정을 많이 겪고 이런 감정을 다른 사람들과 공유해 해소할 수 없거나 해소하기를 꺼려해 괴로워하는 것이다. D 유형 성격은 걱정하고 짜증을 부리며 우울해한다. 그 결과, 이들의 몸은 빨리 노화한다. 텔로미어가 짧고 염증 단백질은 실제보다 10년은 더 노화한 것으로 평가된다.[30]

D 유형 성격은 또 '부드러운' 또는 '연한' 플라크plaque**를 갖고 있는 경향이 있다. 이것은 심장마비를 일으키는 완벽한 원인이다.[31] 동맥을 막을 수 있는 일반적인 단단한 플라크와 달리, 지질脂質로 이뤄진 연한 플라크의 중심부는 얇은 섬유질의 덮개로만 덮여 있다. 견고

---

* 심장 근육의 손상을 일으킬 수 있는 사건.

** 혈관 안쪽에 콜레스테롤과 같은 지방질로 이뤄진 퇴적물.

한 뚜껑 대신에 은박지로만 덮어놓은 쓰레기통과 좀 비슷하다. 상황이 나빠지면, 섬유질의 덮개가 갑자기 찢어져 작은 화산처럼 폭발하고, 쌓여 있던 온갖 쓰레기가 동맥으로 쏟아져 들어가 심장마비를 일으킨다. 어떤 면에서, 이런 시나리오는 느리게 축적되는 일반적인 플라크보다 더 위험할 수 있다. 그래서 사실 D 유형 성격의 사람들은 이런 화산 같은 플라크의 파열이 심각한 문제가 될 가능성이 2.5배다. 또 관상동맥심장질환을 가진 다른 환자들보다 사망할 가능성이 거의 네 배 높다.[32] 바로 이런 이유 때문에, 유럽의 심혈관계 질환 예방 지침은 현재 D 유형 성격을 심혈관계에 위험한 요소로 여긴다.

이 모두를 고려할 때, 우리가 로렐라이 길모어 유형과 우디 앨런 유형의 자녀라면 어떨까? 신경과민에 체계적이지 못한 비관주의자라면? 설익은 고기를 잔뜩 먹거나 고양이 똥을 뒤적거려 성격을 바꿔놓는 톡소포자충에 감염되는 경우 외에, 우리의 천성이 바뀔 수 있을까? 좋은 소식은 실제로 그럴 수 있고 그러는 데 고양이 똥은 필요없다는 점이다. 성격을 바꾸는 한 가지 방법은 그냥…… 기다리는 것이다. 인간은 나이가 들수록 신경과민과 외향성과 경험에 대한 개방성이 덜해지는 반면 호의성은 더해지는 경향이 있다.[33] 성실성은 좀 더 까다롭다. 처음에 높아지다가 중년 무렵 절정에 이른 다음 늘그막에는 다시 낮아진다. 물론 이것은 인구의 평균에 지나지 않고 어떤 특정한 사람에게 무슨 일이 일어날지는 말해주지 못한다. 예를 들어 어떤 사람은 나이가 들어도 외향성이 줄어들지 않고 커질 수 있다.

성격 변화의 속도를 높이는 건 결혼을 하고 부모가 되는 등 인생의 주요 사건이다. 당신이 기혼 여성이고 결혼 후 남편이 바깥 생활보다 가정생활에 충실한 것 같다고 느꼈다면, 당신 혼자만 그런 게아니다. 플로리다주에 사는 300명 이상의 배우자들을 대상으로 이뤄진 한 연구는 결혼하고 첫 18개월 동안 남편들의 외향성이 훨씬줄어들었음을 밝혀냈다.[34] 이를 충격으로 받아들이는 사람들을 위해 말해두자면, 이런 반전은 또한 남편들이 더 성실해졌음을 뜻하기도 한다. 다시 말해 거실에 굴러다니는 양말짝을 집어 들 가능성이더 크다는 말이다. 반면 여성은 결혼 후 신경과민 정도가 상당히 낮아진다.

인생의 다른 사건들도 성격에 영향을 미칠 수 있다. 이혼이 여성의 외향성을 높이고, 해고가 성실성을 낮추며,[35] 군 입대가 호의성을낮출 수 있다는 보고가 있다.[36] 새로이 혼자가 되면 여성이 외출을더 많이 하게 되기 때문에 외향성이 높아진다. 일은 성실성을 요구하는 경향이 있어서 일자리를 잃으면 이 성격 특성을 연습할 기회가줄어든다. 한편 군사훈련은 호의성과 어울리지 않는 행동, 예를 들어 공격성을 부추긴다. 어떤 것을 많이 할수록 그쪽으로 더 많이 변화한다.

하지만 벼락같이 사랑에 빠지거나 미국 정부가 부르길 기다리는것 외에, 우리가 상황을 좌우할 수 있다. 우리는 나이에 상관없이 성격 특성을 변화시킬 수 있다. 심지어 나이를 아주 많이 먹어서도 그렇다. 다만 20~40세 사이가 성격 특성을 변화시키기에 가장 수월하다. 경험에 대한 개방성 같은 일부 성격 차원은 바꾸기가 어렵다. 반면 신경과민은 변화를 위한 노력에 착수하기가 쉬운 성격 특성이다. 이것은 수명의 관점에서 좋은 소식이다. 게다가 좋은 소식이 더 있다. 그 과정이 몇 년씩 걸리는 것도 아니다. 연구에 따르면, 성격 특성을 변화시키기 위한 개입은 대개 약 8~24주 후에 효과가 나타난다.[37]

특히 철저히 이뤄진 한 연구에서, 일리노이 대학과 미시간 주립 대학의 학생 400여 명은 이들의 성격 특성을 변화시키도록 돕기 위해 만들어진 15주간의 프로그램을 시작했다. 전체 발상은 '성공할 때까지 그런 척하라'라는 원칙에 바탕을 둔 것이었다. 학생들은 매주 연구 사이트에서 완수할 도전 목록을 받았다. 아주 쉬운 것(스마트폰 첫 화면에 앱 아이콘들을 정리하라)부터 좀 더 어려운 것(동료, 이웃, 또는 친구에게 점심이나 저녁을 먹자고 청하라)까지. 이들은 목록에서 마음에 드는 과제를 몇 가지 골라야 했다. 도전은 이전 주에 학생이 거둔 성과에 기초해 개개인에 맞췄다. 몇 가지 과제를 완수하는데 성공하면 웹사이트가 다음에는 약간 더 어려운 도전을 제안했다. 실패하는 경우에는 더 쉬운 선택지가 화면에 떴다.

이 모든 게 효과가 매우 좋았다. 예를 들어 외향성을 높이고 싶어하며 매주 두 가지 도전을 완수한 학생들은 해당 기간 동안 외향성을 표준편차 0.2로 증가시켰다. 키에 비교해보면, 이는 평균의 남성이 1센티미터 이상 크는 것과 같다. 엄청난 변화는 아니지만 분명 어떤 변화가 있었다.[38] 하지만 이런 변화가 정말로 오랫동안 지속될 수 있는지 아니면 어쩌면 수시로 '상기시키'기 위한 개입이 필요한지 하는 문제가 아직 남아 있다.

집에서 성격 변화에 도전해보고 싶다면, 편리하게 선택할 수 있는 과제 목록이 이 연구에 포함돼 있다. 아이디어 제공을 위해, 여기에 몇 가지 예를 제시해둔다.

외향성을 높이려면

- 상점 계산원에게 인사하라.
- 한동안 이야기를 나누지 못한 친구에게 전화하라.
- 새로운 식당이나 술집에 가서 종업원과 수다를 떨어라.

성실해지려면

- 전날 밤에 옷을 준비해두라.
- 사야 할 물건이 있으면 메모하라.
- 고지서를 받자마자 납부하라.

신경과민을 줄이려면

- 주체할 수 없다고 느끼면 멈추고서 몇 번 깊이 숨을 들이쉬어라.
- 잠자리에 들기 전, 내일 기대할 수 있는 좋은 일을 한 가지 써라.
- 미래가 걱정되면, 적어도 2분 동안 최상의 시나리오를 마음속에 그려보라.

어려운 것 같은가? 그렇다면 대신에 마법의 버섯을 사용할 수 있다. 마법의 버섯에 든 활성 화합물 실로시빈은 한 번만 복용해도 특정한 성격에 변화를 불러일으키는 것으로 증명됐다.[39] 하지만 이를 증명한 연구가 소규모에다 아직 반복 연구가 이뤄진 적이 없다는 점을 인정해야겠다. 그러나 한 가지는 분명하다. 성격을 변화시킨다는 생각만으로는 충분치 않다. 실제로 무언가를 해야 한다(그리고 나는 마법의 버섯이 아니라 행동으로 도전해볼 것을 강력히 제안한다). 그 보상은 상당할 수 있다. 시간의 흐름에 따른 성격 특성의 변화가 적어도 외향성, 신경과민 성향, 또는 성실성의 전반적 정도만큼이나 수명에 중요하다. 여기 그럼피라는 남성이 있다고 하자. 그럼피는 아주 신경과민하고 그의 인생 내내 이런 성향이 거의 같은 정도로 유지된다. 이제 두 번째 남성 설키는 어렸을 때는 신경과민 성향이 비교적 낮은 수준이었으나 세월이 흐르면서 상당히 높은 수준이 된다. 어느 쪽이 더 나쁠까? 1000명 이상의 미국인 참전 용사에 대한 연구는 설키가 문제를 겪을 수 있음을 시사했다. 신경과민의 정도가 증가하면 사망 위험도가 40퍼센트까지 높아질 수 있다.[40] 이는 소파에서 뒹굴며 감자튀김을 먹어대는 생활 방식보다 더 높다.

부모라면, 아이가 100세까지 장수하게 하고 싶을 터이다. 아이들을 돕기 위해 할 수 있는 일들이 있다. 먼저, 미국 캘리포니아주 헤이워드와 코네티컷주 데리언의 일부 부모들을 뉴스거리로 만든 일을 하지는 마라. 헤이워드와 데리언의 초등학교들은 지나치게 열성적인 부모들과 마찰이 있음을 알렸다. 이 부모들은 점심시간에 학교

급식실에 몰려와 식사 중인 아이들의 시중을 들었다. 그런데 지금 이야기하는 아이들은 열 살이나 먹었다. 그 부모들은 추가로 간식을 가져오고, 친구들과 어울리면서 생기는 문제를 해결해주고, 숟가락으로 떠먹여준다. 이들은 헬리콥터 양육의 달인이다.

최근에 나오는 일부 연구는 아이들이 청소년이 되면 헬리콥터 양육이 신경과민 성향으로 이어질 수 있다고 지적한다.[41] 반면에 주변에서 맴도는 일 없이 그저 따뜻이 애정을 쏟는 부모는 아이들이 성실하고 정서가 안정된 사람으로 자랄 수 있게, 그래서 100세까지 장수할 수 있게 하는 것 같다.

경계해야 할 것

정말로 행복하다면, 우리는 아마도 인생이 가능한 한 오래도록 지속되길 바랄 터이다. 다행히도 자연 역시 행복하면 오래 살도록 설계해두었다. 그래서 기쁨으로 가득한 사람들과 자기 존재의 의미를 찾은 사람들이 죽음의 신으로부터 벗어날 가능성이 높다. 반면에 과도함, 걱정, 곱씹기, 부정적 감정은 서서히, 하지만 지속적으로 우리를 죽인다.

수명의 관점에서, 성격 특성들은 다 똑같지 않다. 어떤 성격 특성은 100세까지 이르는 데 더 도움이 된다. 외향성이 그렇고, 성실성이 그렇고, 정서 안정성이 그렇다. 이런 효과의 대부분이 성격 자체가 낳은 게 아니라 성격이 다이어트와 운동 같은 건강에 좋은 행동에 영향을 미친 결과 생겨난 것이라고 말할 수도 있다. 그건 사실이다. 그렇다.

하지만 건강하게 오래 사는 삶을 기대한다면 성격 변화를 위한 개입을 묵살해선 안 된다. 물론 건강에 좋은 각각의 행동 하나하나에 중점을 둘 수 있다. 통곡물을 먹으려 노력하라. 매일매일 많이 걸으려 노력하라. 설탕, 술, 정크푸드를 줄이려 노력하라. 하지만 성격 특성의 변화를 목표로 삼는 건 만능열쇠를 얻는 것과 비슷하다. 이 열쇠는 모든 건강 관련 행동을 한꺼번에 통제하는 데 쓰일 수 있다. 성실해지면 다이어트와 운동도 덜 힘들어진다. 신경과민을 누그러뜨리면 담배로 불안을 진정시킬 일이 줄어든다. 외향성을 높이면 건강을 증진하는 사회적 유대 관계가 더 쉽게 찾아온다. 더군다나 성격을 건강과 연결하는 생물학적 기제가 노화를 훨씬 더 늦춘다.

하지만 경계해야 할 점이 있다. 성격과 감정이 평균수명에 영향을 미치기는 하지만 각각의 모든 병을 성격 결함 탓으로 돌려선 안 된다. A가 심장질환이 있더라도 그가 항상 뚱하고 신경과민하며 인생의 목적이 없는 사람이라는 뜻은 아니다. 우리가 질병에 걸리는 데는 유전자부터 시작해 우리가 살고 있는 환경까지 많은 원인이 있다. 특정한 성격 특성에 노력을 기울이면 면역 체계를 향상시키거나 인지능력의 쇠퇴를 늦출 수 있을지는 몰라도 질병에 걸리지 않게 할 수는 없다. 전혀 그럴 수가 없다. 성격 변화는 다만 조기 사망 위험도와 병에 걸릴 가능성을 낮출 뿐이다.

100세까지 장수하기 위해 노력을 기울일 성격 특성을 하나만 고른다면 성실성을 택하라. 성실성이 정말로 자신의 성격 특성이 될 때까지 성실한 척하라. 성실성이 필요한 작은 일들에 도전을 시작하라. 사무실 책상 위를 깔끔하게 유지하라. 양말 서랍을 정리 정돈하라. 전날 밤에 옷을 준비해두라.

그다음으로는 신경과민을 해결하는 것이다. 걱정을 줄이고 자신이 가진 문제를 다른 사람들과 나누어라. 정말로 변화하고 싶다면 치료받는 게 최선의 방법이다. 마음챙김과 명상 또한 신경과민한 사람들과 이들의 텔로미어에 좋다(이에 대해서는 다음 장에서 좀 더 자세히 다룬다). 여기서 좋은 점은 이 성격 특성이 상당히 적응성이 있어서 변화시키기에 쉽다는 것이다.

마지막으로 중요한 말을 덧붙이자면, 건강과 수명에 관심이 있다면 단지 쾌락을 위한 즐거움을 추구하지는 마라. 돈을 더 많이 버는 데 집착하지 마라. 대신에, 더 깊숙이에 있는 목적을 찾으려 노력하라. '왜'는 거의 어떤 '어떻게'도 견디게 할 수 있다. 어렵다고? 조용한 곳에 요가 자세로 앉아 깊이 호흡을 하면, 이 모든 문제가 우리를 압도하는 느낌이 덜어질 것이다. 어쨌든 쥐도 요가식 호흡을 훈련하면 느긋해진다.

건 강 하 게
나이 드는 습관

신경과민이면서 그다지 성실하지 않다면 이러한 성격을 변화시키기 위해 노력을 기울여라. 그렇게 할 수 있고, 그러면 건강에 이득을 가져다준다. 몇 주 동안 간단한 훈련만 하고도 성격이 변할 수 있다. 미래에 대한 지나친 걱정과 과거를 곱씹는 일은 피하라. 자주 화를 내고 냉소적이라면 전문가와 상담하라. 낙천성과 기쁨이 수명을 늘려주기는 하지만 궁극의 목표로서 행복을 좇지 마라. 대신에 목적을 찾으려 노력하라. 그렇게 하면 삶이 더 의미를 갖게 될뿐더러 더 오래 지속될 터이다.

10

노화의 속도를 조절하는 법

요가 수행자인 마하리시 마헤시는 '명상 구루'라는 표제가 붙은 백과사전 항목의 삽화 같아 보였다. 마헤시는 긴 머리카락과 회색 수염을 하고 옷자락이 흘러내린 흰색 옷을 입고 있었다. 하지만 마하리시 마헤시의 모습이 바로 이랬기 때문에 우리가 오늘날 명상 구루를 이런 모습으로 상상하는 것일 수 있다. 어쨌든, 서구에서 초월 명상이 엄청난 인기를 끌게 된 계기는 1967년 8월 24일 런던 힐튼호텔에서 열린 마헤시의 강연이었다. 당시 사람들로 가득 찬 강당의 맨 앞줄 좌석에 세 명의 특별 손님이 앉아 있었다. 바로 존 레넌, 폴 매카트니, 조지 해리슨이었다. 링고는 갓 태어난 아들과 집에 있었다.

비틀스는 마하리시의 말에 매료돼 그 자리에서 곧바로 명상을 시작하기로 결정했다. 6개월 후 이 패브포Fab Four*는 과감히 초월 명상을 시작하기 위해 마하리시를 따라 인도에 있는 아슈람**으로 갔다.

"믿을 수 없을 정도로 명상에 취하게 돼요."[1] 해리슨이 한 인터뷰에서 말했다. "약물에 취했던 것보다 더 빠져들죠." 한편 존 레넌의 말에 따르면 '부처는 끝내줬다.'***

오늘날 명상이 '끝내준다'고 말하는 사람은 별로 없지만, 분명 심신 훈련은 그 인기를 잃지 않고 있다. 오히려 정반대다. 오늘날 케이티 페리와 엘런 드제너러스에서 휴 잭맨과 오프라 윈프리까지 많은 유명인들이 마음챙김의 경이로움을 설파한다. 한편 전 세계 공항들은 피곤한 여행객들을 위한 전용 '요가실'을 개방하고 있다. 미국인 다섯 명 가운데 거의 한 명이 지난해에 적어도 한 번 심신 요법을 한 적이 있다고 한다. 150만 명의 캐나다인들이 요가를 한다. 한편 영국에서는 최근 수백 개 학교가 교육과정에 마음챙김이라는 새 교과를 도입했다.

심신 훈련이 가져다주는 이점은 많다. 스트레스 완화와 숙면 같은 '전형적'인 것부터 셀룰라이트**** 감소와 발모 같은 색다른 것까지. 내가 아는 한 명상이 어떻게 셀룰라이트를 없애는지 또는 머리카락을 풍성하게 할 수 있는지에 관한 연구는 존재하지 않는다. 하지만

---

* 비틀스 멤버 네 명을 가리키는 별명.
** 인도의 전통적인 암자 시설로 주로 고행자들의 수도원 역할을 하며 구루가 제자들을 가르치는 학교 역할도 한다.
*** 불경에서 말하는 부처의 수행법도 고대 인도 힌두교의 수행법인 요가를 말하는 것이라고 한다.
**** 피부나 지방 등의 피하조직이 퇴화하여 울퉁불퉁하게 뭉쳐 있는 상태로, 주로 엉덩이, 허벅지, 복부 등에 생긴다.

그동안 쌓인 상당수 연구들이 심신 요법이 건강을 개선하고 심지어 수명을 연장해준다는 생각을 뒷받침한다. 그렇다. 이 연구들은 이뤄진 지 얼마 안 됐고 모든 결과가 확실하지는 않으나, 어떤 경향이 이미 드러나고 있다.

명상가들의 DNA

요가와 명상에서 덜 알려진 기공까지, 연구로 검증된 다양한 심신 훈련법이 많이 있다. 과학자들은 다양한 명상법 사이에서 세 가지 주요 유형을 구분하는 경향이 있다. 집중 명상, 통찰 명상, 연민(kindness-oriented 또는 loving kindness 또는 compassion) 명상이 그것이다. 집중 명상은 진언(만트라)을 외는 훈련이다. 마음을 무언가에, 말하자면 한마디의 말 또는 촛불에 고정시키고 가만히 머문다. 마음이 이리저리 헤매면 그 초점으로 되돌린다. 반면 통찰 명상에서는 바로 지금 이 순간이 야기하는 모든 것을 관찰할 뿐이다. 우리의 생각('빨래해야 하는데'), 신체감각(왼쪽 발가락의 가려움) 등 일어나는 모든 일을 받아들인다.

마지막 연민 명상은 다른 사람들에게 초점을 둬 연민을 발전시킨다. 여기에는 우리가 별로 좋아하지 않는 사람에 대해서조차 긍정적으로 생각하도록 하는 게 포함된다. 이런 폭넓은 범주 안에 최신 유행하는 마음챙김 명상부터 옴 명상, 선禪, 위파사나까지 무수히 다양한 명상법이 있다. 인터넷에서는 설거지 명상, 미로 명상, 그리고 다양한 수정을 손에 쥐는 수정 명상 같은 것도 찾아볼 수 있지만 과학은 이런 명상법에 대해서는 별다른 언급을 하지 않는다.

연구에 따르면, 주류의 명상은 방식과 무관하게 몸의 스트레스 축인 교감신경부신수질 축과 시상하부-뇌하수체-부신 축의 활성화를 누그러뜨려 노화와 직접 관련된 것을 포함해 그에 뒤따르는 온갖 생리상의 결과를 불러온다.

비틀스의 요가 스승인 마하리시가 91세까지 살았다는 사실은 아슈람에 기반을 둔 생활 방식과 어떤 관련이 있을지 모른다. 잠깐 동안만 명상을 하는 곳에 머물러도 수명 연장에 도움이 되는 방향으로 DNA에 영향을 미치는 것 같다. 2018년에 이뤄진 한 실험에서, 캘리포니아주 우드에이커에 있는 스피릿록명상센터에서 한 달밖에 지내지 않았는데도 참가자들의 염기쌍 중 약 104개의 텔로미어 길이가 늘어났다. 이는 대략 수명이 4년 늘어난 격이다.[2] 물론 이 프로그램의 강도는 셌다. 참가자들은 하루에 열 시간 동안 침묵한 채로 다양한 명상 훈련에 참가해야 했다.

이렇게 수행의 결과 길어진 텔로미어가 장기간 지속되는지 알아보는 일이 아직 남아 있기는 하지만, 다른 연구들의 결과도 비슷하다. 10년 이상 매일 수행한 선 명상가들은 명상을 한 적이 없는 같은 나이의 사람들보다 텔로미어가 훨씬 더 길다.[3] 심신 요법은 또 후성적 시계를 늦출 수 있을지 모른다. 장기간 수행해온 명상가들의 혈액세포 DNA는 명상을 할수록 노화 속도가 느려짐을 암시해준다.[4]

그리고 캘리포니아의 히피 근거지에 머문다고 해서 반드시 차크라*의 균형을 되찾는 건 아니라고 하더라도 FOXO 유전자를 변화시킬 수는 있을지 모른다.[5] 히드라가 죽지 않는 원인인 바로 그 유전자 말이다.

'옴'을 읊조리고 마음챙김을 수련하면 노화를 막을뿐더러 뇌 회로를 새로이 연결할 수 있을지 모른다. 명상을 많이 하는 사람을 신경 영상 장치로 검사해보면 6~8군데 다양한 뇌 부위에서 매우 확연한 변화를 보인다.[6] 이런 변화는 어떤 부위의 신경세포와 다른 부위의 손실된 신경세포 사이에 새로운 시냅스가 형성되면서 일어날 수 있다. 몇 주간만 마음챙김 명상을 하고도 편도체의 회백질 밀도를 줄일 수 있다. 그래서 전문 명상가는, 말하자면 초원에서 놀라게 하는 사자나 '지금 내 방으로 오게!'라고 말하는 상사에게 쉽사리 겁먹지 않을 수 있다.

명상으로 흔히 영향을 받는 다른 뇌 부위는 섬엽이다. 보상과 관련 있는 뇌 부위로, 우리가 즐거이 다른 사람들을 돕게 만든다. 그리고 해마hippocampus가 있다. 해마는 감정 그리고 기억과 관련이 있다. 이 말굽 모양(이런 이유에서 이 부위의 이름이 '말'을 뜻하는 그리스어 '히포hippo'에서 나왔다) 부위의 위축이 또한 알츠하이머병과 관련이 있다. 한편 명상 전문가는 보통 사람에 비해 해마가 특히 크다.[7] 이는 치매와 알츠하이머병에 걸리지 않을 수 있음을 말해준다. 명상

---

* 신체에서 기가 모이는 부위.

으로 인해 이렇게 해마의 부피가 증가하는 건 뇌유래신경영양인자 (BDNF)라는 단백질의 급증으로 설명된다. 뇌유래신경영양인자는 뇌 신경세포의 생존과 성장을 돕는다.

뇌유래신경영양인자의 급증이 신체 운동이 뇌에 좋은 이유 가운데 하나다. 반면 스트레스는 혈액 내 뇌유래신경영양인자 수치를 떨어뜨린다. 이는 나쁜 소식이다. 뇌유래신경영양인자의 수치가 낮은 사람은 파킨슨병, 알츠하이머병, 다발성경화증에 걸릴 위험이 높고 심지어 자살 가능성도 높다. 자살한 사람들의 뇌를 검시해보면 이들에게는 이 단백질 수치가 대체로 낮게 나타난다. 여성의 경우에는 뇌유래신경영양인자 수치 하나만으로도 사망률을 예고해주는 듯하다. 85세의 데인스는 혈장 내 뇌유래신경영양인자 수치가 가장 낮았다. 이런 경우 이 수치가 가장 높은 여성과 비교하면 사망 위험도가 두 배 이상이다. 이제 혈액 내 뇌유래신경영양인자 수치를 높이고 싶다면, 머리를 아래로 향하는 개의 자세를 하고 명상을 시작하라. 3개월 동안 요가와 명상을 한 자원자들은 혈장 내 뇌유래신경영양인자 수치가 세 배로 뛰어올랐다. 반면 좀 더 짧은 12주 동안의 개입은 이 수치를 두 배 증가시켰다.[8]

명상을 하는 사람들의 혈액 속에서는 또한 백혈구의 변화를 볼 수 있다. 백혈구는 면역 체계에 관여한다. 약간의 마음챙김으로 백혈구 수치를 높일 수 있는지 보려고, 나는 옥스퍼드 대학의 파생 기업인 옥스퍼드메디스트레스Oxford MediStress라는 생명공학 회사의 런던 지점을 방문했다.

옥스퍼드 대학에서 생체공학 박사학위를 받고 옥스퍼드메디스트 레스를 공동 설립한 데이비드 사피는 나를 회사의 새하얀 주방으로 안내했다. 거기에 내 면역 체계의 민감성을 평가하기 위한 도구들이 준비돼 있었다. 윤이 나는 기다란 탁자에 자리 잡고 앉자, 사피는 백 혈구 대응 능력leukocyte coping capacity, LCC이라는 자사가 개발한 측정 법의 운용 방식을 설명해줬다. 스트레스를 받으면 백혈구가 활성산 소를 생성하기 시작한다고 사피가 말했다. 이 활성산소는 세포 손상 및 노화와 관련이 있는 분자다. 그 수치를 평가하기 위해 피를 한 방 울 채취해 포볼 미리스테이트 아세테이트phorbol myristate acetate라는 화 학물질과 섞는다. "이게 백혈구를 살짝 찌르면서 '반응해, 반응해'라 고 말하죠." 사피가 설명했다. 이렇게 해서 백혈구가 쏟아내는 활성 산소 수치를 알아볼 수 있다. 활성산소가 많을수록 백혈구 대응 능 력 점수는 낮고, 이 점수가 낮으면 대개 안 좋다.

이미 몇몇 연구에서 백혈구의 반응성을 이용해 야생 오소리나 젊 은 사람들과 같이 다양한 생물의 스트레스 수치를 측정했다. 한 무 리의 학생들에게 영화 〈텍사스 전기톱 연쇄살인사건〉을 보여주자, 이들의 백혈구가 엄청난 활성산소를 쏟아내 백혈구 대응 능력 점수 가 급락했다.[9] 이는 이들의 면역 체계가 스트레스로 인해 일시 교란 됐음을 말해준다. 따라서 세균에 감염되면 그 순간에 공포 영화를 탐닉하지는 마라. 공포 영화는 기분이 좋아지는 데 도움이 안 되고 면역 체계의 효율을 떨어뜨릴 수 있다.

나와 이야기를 나누면서, 사피는 그날의 실험을 위한 검사 도구를 준비하기 시작했다. 이 실험의 대상자는 나, 단 한 사람이었다. 사피는 케이크 장식용 주사기 비슷한 도구로 내 집게손가락 끝을 찔러 피 몇 방울을 채취했다. 그런 다음 이 혈액 표본을 구식 자동응답기 같은 '인큐베이터'에 집어넣었다. 그런 다음 우리는 기다렸다. 10분 후, 사피가 첫 결과를 보여줬다. 그걸 보고서 살짝 실망했음을 인정해야겠다. 나의 백혈구 대응 능력 점수는 괜찮긴 했지만 내가 생각한 만큼 높지는 않았다. 나는 내심 나의 백혈구가 감염과의 싸움에 도가 튼 고수였으면 싶었으나, 아니었다.

이 작은 '실험'의 후반부에서는 내가 약 30분 동안 결가부좌를 하고 앉아 마음챙김 명상을 했다. 나는 호기심 어린 눈들로부터 멀찌감치 떨어진 양지에 자세를 잡고 앉아 명상을 시작했다. 나는 주의를 내 안으로 돌렸다. 내 몸, 내 마음을 관찰했다. 내 숨이 들고 나고 하는 걸 의식했다. 그러다 벼룩 퇴치용 개 목걸이를 사야 한다는 생각을 하기 시작했다. 앗. 나는 주의를 다시 호흡으로 되돌렸다. 들이쉬고 내쉬고 들이쉬고 내쉬고. 나는 딸아이 방의 책꽂이 정리에 대해 생각하기 시작했다. 숨을 들이쉬고서 다시 한번 주의를 바로 지금 이 순간으로 되돌렸다. 벼룩 퇴치용 개 목걸이가 다시 불쑥 떠올랐다. 숨을 들이쉬고, 내쉬고. 이런 식으로 계속됐다.

마음챙김 명상 후, 나는 다시 사피를 만나러 갔다. 그는 내 집게손가락을 좀 더 괴롭히더니 새 혈액 표본을 인큐베이터에 넣었다. 10분 후 결과가 나왔다. 나의 백혈구 대응 능력 점수가 높아졌다! 확실하게 급증은 아니고 조금 오른 것이었지만 분명 어떤 개선을 볼 수가 있었다. 한 번의 마음챙김이 나의 백혈구가 쏟아내는 활성산소를 줄여주었다.

나의 면역 체계로부터 큰 반응을 얻지 못했지만 놀랍지는 않다. 나는 기껏해야 초보 명상가일 뿐이라 벼룩 퇴치용 개 목걸이와 책꽂이 생각이 불쑥불쑥 떠올랐다. 명상 경험이 훨씬 많고 규칙적으로 명상을 하는 사람들에 대해 이뤄진 연구는 더 나은 결과를 보여준다. 위스콘신 대학 매디슨 캠퍼스에서 68명의 자원자들을 대상으로 한 연구를 보자. 자원자 가운데 절반은 명상 프로로, 각자 평생 동안 평균 9000시간의 진언 암송과 집중 명상을 한 사람들이다. 나머지 절반은 심신 훈련에 관심이 없는 비슷한 나이의 사람들이다. 처음에 몇 가지 의학 검사와 심리 평가를 한 후, 연구자들은 자원자들의 팔뚝에 다소 불쾌한 혼합물을 발랐다. 우리 입을 화끈거리게 만드는 캡사이신을 넣은 크림이었다. 바로 후에 스트레스를 주는 시간이 시작됐다. 자원자들은 단호해 보이는 두 명의 심판과 비디오카메라 앞에서 5분간 즉석연설과 암산을 해야 했다. 이 두 가지 일은 대부분 사람들에게 상당한 불안을 불러일으킨다. 그런 다음 다시 자원자들의 손가락을 찔러 혈액 표본을 채취해 팔뚝의 캡사이신에 대한 염증 반응 정도를 측정했다.

그 결과를 분석한 연구자들은 명상 경험이 많은 사람들은 당혹스러운 연설 후 침 속 코르티솔 수치가 낮으며 팔에 염증이 생겨 빨개진 부분도 대체로 더 작다는 사실을 밝혀냈다.[10] 말인즉슨 이들의 면역 체계가 덜 '과민'하다는 뜻이다. 이는 내게 의문을 불러일으킨다.

마음챙김 전문가가 옻나무 밭에 서면 내가 그럴 때보다 발진이 덜할까? 아니, 굳이 확인하고 싶지는 않다.

옻나무 같은 다양한 불쾌한 생물들은 우리 조상 가운데 부족으로부터 배척당해 혼자 다니게 된 이들에게 분명 위험 요소였다. 이들이 자신을 세균으로부터 보호하기 위해 염증을 증가시키고, 콧물을 흘리는 부족민들로부터 떨어져 있기에 그다지 필요치 않은 항바이러스 방호 수준을 낮췄던 걸 기억하는가? 이런 역경에 대한 보존된 전사 반응은 더 이상 현대의 우리에게 도움이 되지 않지만, 만성 스트레스로 인해 상당히 널리 퍼져 있다. 이것은 또 당뇨병, 류머티스 관절염, 뇌졸중으로 이어지는 경향이 있다.

하지만 다행히도 명상이 이런 과정을 되돌릴 수 있다. 명상의 긍정적 효과는 DNA 수준까지 도달한다. 명상을 몇 주만 해도 백혈구의 염증 유발 유전자 발현이 줄어든 것을 볼 수 있다. 반면 항바이러스 방호와 관련 있는 유전자는 상향 조절된다.[11] 즉 이들의 발현이 증가한다. 이것은 라디오의 음량 조절 스위치를 조작하는 것과 비슷하다. 명상을 하면 염증 수치가 내려가는 반면 바이러스와 싸우는 부대의 힘은 증가한다. 따라서 여기서 한 가지 조언을 하자면, 예방 접종을 하기 전에 명상을 해보라. 그러면 항체 역가가 더 높아지고 예방주사를 맞고도 독감에 걸릴 가능성이 더 낮아지는 것을 관련 실험들이 확인시켜준다.[12] 유감스럽게도 접종을 기다리면서 15분 동안 선禪을 하는 것은 효과가 없다. 접종하기에 앞서 적어도 몇 주 동안은 해야 한다.

예방접종이 바늘을 떠올리게 하고 바늘이 고통을 떠올리게 하는 경우, 짧은 명상이 뾰족한 것이 유발하는 고통을 줄이는 데 도움이 될 수 있다. 한 실험에서 연구자들은 자원자들의 다리에 뜨거운 물 온도와 비슷한 49도씨의 패드를 붙여 이들이 얼마나 아픔을 느끼는지 평가했다. 예전에 명상을 한 경험이 없는 참가자들을 임의로 두 그룹으로 나눴다. 한 그룹은 반쯤 고문 같은 이 패드를 다리에 붙일 때 명상을 하게 했다. 반면 다른 그룹은 18세기에 출판된 아주 지루할 수 있는 《셀본의 박물학과 고대 유물 *The Natural History and Antiquities of Selborne*》에서 발췌한 글을 읽게 했다. 그 결과 잠깐 동안 마음챙김 명상을 한 사람들의 통증 지각은 그렇지 않은 통제 집단에 비해 27퍼센트까지 줄어들었다. 한편 저 책은 통증 지각을 약 14퍼센트 심화시켰다. 또 명상이 가져다주는 이득이 오로지 가짜약 효과 때문만도 아니었다. 일부 자원자들의 다리에는 이 패드를 붙이기 전에 가짜 진통제 크림을 발랐다. 이들의 통증 평가는 11퍼센트밖에 낮아지지 않았다.[13] 책보다는 낫지만 명상만큼은 아니다.

어떤 실험은 명상이 소염·진통제인 이부프로펜과 비슷하게 통증에 작용할 수 있다고 말한다. 하지만 그 효과의 정도는 아직 잘 알려져 있지 않다. 명상 경험이 많은 사람들이 하루 동안 집중해 훈련하면 COX_2 유전자의 발현에서 변화를 볼 수 있다.[14] 아스피린과 이부프로펜도 COX_2를 겨냥해 이 유전자가 대량생산을 도와주는 통증 촉진 효소에 제동을 걸기 때문에 통증을 낮춰준다.

물론 모든 명상이 특효약이라 주장하기에 충분한 증거는 아직 없다. 2016년 〈뉴욕과학학술원연보 *Annals of the New York Academy of Sciences*〉에 실린 한 논평의 저자들은 명상이 면역 체계에 미치는 "긍정적 효과를 과장"하지 말라고 경고하고 있다.[15] 분명 뭔가 있지만 정확히 어느 정도인지는 아직 알지 못한다. 과학자들이 즐겨 하는 말로 "더 많은 연구가 필요하다."

마음챙김과 치유에 관한 연구

지금까지 가장 많이 연구된 명상 유형은 마음챙김 명상이다. 바로 이 마음챙김 명상이 핀터레스트 Pinterest*부터 캘리포니아 유명인들의 생활을 흥미 위주로 전하는 칼럼까지 온 인터넷에서 유행하고 있다. 그런데 이것은 마음챙김과 차이가 있다. 마음챙김은 장미향을 맡고 있건 설거지를 하면서 흐르는 물소리를 듣고 있건 그야말로 바로 지금 이 순간을 의식함이다.

그에 반해 마음챙김 명상은 시간과 의지가 필요한 훈련이다. 마음챙김 명상은 일상생활에서 좀 더 주의를 기울이는 데 도움이 된다. 많은 연구가 훨씬 더 정밀한 '마음챙김에 기초한 스트레스 감소 mindfulness-based stress reduction, MBSR'를 기초로 삼고 있다. 이것은 1970년대에 매사추세츠 의과대학 교수인 존 카밧진 Jon Kabat-Zinn이 개발한

---

* 사용자들이 자신이 즐기는 활동을 게시해 공유하는 웹사이트.

8주짜리 프로그램의 이름이다. 오늘날 카밧진이라는 이름과 마음챙김은 떼려야 뗄 수 없이 연결돼 있다. 마음챙김과 가능성에 관한 제대로 된 책은 모두 카밧진이 서문을 썼다. 마음챙김에 기초한 스트레스 감소 프로그램에는 집중적인 마음챙김 명상 훈련이 포함돼 있는데, 그 핵심 요소는 수용과 판단하지 않음이다. 카밧진은 우리의 생각이 폭포와 같고 마음챙김은 폭포 뒤편의 동굴을 발견하는 것과 같다고 말한다. "우리는 여전히 물을 보고 소리를 듣지만 쏟아지는 물 바깥에 있다."[16]

마음챙김 명상을 훈련하는 동안 억지로 마음을 비우지 않아도 된다. 생각이 사야 할 물건 목록이나 답하지 않은 이메일로 이리저리 오갈 때(우리의 생각은 언제나 그런다) 자기 자신을 판단하지 않고, "나는 명상에 서툴다"고 말하지 않는다. 대신에 바로 지금 이 순간으로 되돌아가려고, 몸의 감각을 관찰하려고 노력할 뿐이다. 이런 감각을 변화시키려 애쓰지도 않는다. 왼쪽 발가락이 다쳐도 그 고통을 줄이려 애쓰지 않는다. 받아들인다.

'마음챙김에 기초한 스트레스 감소'와 관련 프로그램들은 수명과 신체 건강에 다양한 방식으로 영향을 미칠 수 있다. 마음챙김은 사람들이 곱씹기를 덜하게 만든다. 공감 능력을 향상시킨다. 또 마음챙김 명상은 사람들이 채소와 과일을 더 많이 먹도록 독려한다. 이는 단지 요가를 하는 사람들이 대개 케일 스무디를 좋아해서가 아니다. 무작위 실험들이 또한 이런 효과를 보여주기 때문이다. 마음챙김 명상 훈련이 욕구와 싸우는 사람들을 돕는 방식에 그 이유가 있을지 모른다. 쿠키로 손을 뻗게 만드는 입의 허전한 느낌을 따르지 않고, 그 느낌을 인정하고서, 관찰하며, 내버려둔다. 그런 다음에는 대신에 사과로 손을 뻗는다.

비슷한 방식으로, 마음챙김은 흡연 욕구를 가라앉히는 것으로 증명됐다. 이는 신경영상 장치를 이용한 연구로 확인된 결과다. 명상을 훈련하는 흡연자들은 담배 피우는 사람들의 이미지를 봐도, 다른 흡연자들만큼 욕구와 연관되는 뇌 부위에 스위치가 켜지지 않는다. 명상을 하는 동안 흡연자들이 피운 담배의 수는 1.52대 미만이었다. 이것이 대단치 않아 보일 수 있다. 하지만 담배 한 대가 수명을 11분 단축시킨다는 점을 고려하면, 매일 명상할 경우 매주 약 두 시간의 수명을 늘릴 수 있다. 보너스로, 마음챙김으로 늘어난 날들이 더 즐겁기도 한 날들로 드러날 수도 있다. 마음챙김에 기초한 스트레스 감소 프로그램이 고독감을 덜어주는 데 도움이 되기 때문이다. 애정 관계에 있는 남녀 역시 이런 프로그램으로 일이 잘 풀릴 수 있다. 반려자가 마음챙김을 잘할수록, 갈등이 생겼을 때 지나치게 부정적이거나 공격적으로 행동할 가능성이 낮아진다. 또 이들은 더 관대할 수 있다.

심리학자들이 말하는 '스트레스 과잉'이 특히 관계를 해친다. 직장에서 힘든 하루를 보냈다고 생각해보자. 상사는 부당하고 동료는 짜증을 내며 프로젝트는 무산됐다. 집에 왔는데 기분이 언짢다. 현관문을 들어서는 순간 반려자가 가정의 사소한 불만사항을 쏟아내기 시작한다. 게다가 자동차도 고장 났다. 감정이 끓어오르고 결국 폭발하고 만다. 고약한 싸움이 이어진다. 반면 마음챙김 개입은 사람들이 자기감정을 알고 더 침착하게 반응하게 만든다. 반려자에게 자동차에 대해 불만을 터뜨리는 대신, 퇴근 후 속상해서 혼자 있을 시간이 필요하다고 말할지 모른다. 그래서 싸움을 피한다.

마음챙김에 기초한 스트레스 감소 프로그램이 관계를 개선할 수 있는 또 다른 기제는 마음챙김의 핵심 요소와 관계가 있다. 판단하지 않음과 수용이 그것이다. 반려자들은 명상을 하는 동안 수용하는 능력을 연마함으로써 사랑하는 사람의 결점과 불완전성에 더 관대해질 수 있다. 방 한가운데에 던져둔 더러운 양말짝에 대해 곱씹지 말고 그냥 숨을 깊이 쉬고 넘어가자. 수준 높은 마음챙김이 만족도가 높은 애정 관계와 상관있음을 연구가 확인시켜준다.[17] 더 나아가 8주간의 마음챙김 프로그램이 관계의 만족도를 높일 수 있음을 무작위 실험이 보여준다.[18] 건강에 좋은 식습관이 사망률을 26퍼센트 정도 줄일 수 있는 데 비해 만족스러운 결혼 생활이 자그마치 49퍼센트까지 줄일 수 있음을 고려하면, 왜 관계에서의 마음챙김이 장수에도 좋은지 알 수 있다.

하지만 한 가지 경고해둘 점이 있다. 일부 심리학자들은 두 남녀가 일시적 문제를 겪고 있건 더욱 행복하기를 원하고 있건 상관없이, 명상이 헌신적인 관계에서만 효과가 있다고 말한다.[19] 두 남녀가 애초에 함께 지내는 것을 너무 싫어한다면 강화된 마음챙김이 역효과를 낼 수 있다. 현재 몇 년 동안 여성 B와 비공식적 관계를 유지하고 있는 남성 A를 생각해보자. A는 돌아가는 상황이 만족스럽지는 않으나 무엇이 잘못됐는지 콕 집어 말할 수가 없다. 사실 그는 이 관계에 대해 생각을 그다지 많이 하지 않는다. 두 사람은 싸우고, 화해하고, 그렇게 삶이 계속된다. 그러다가 어느 날 A가 마음챙김 과정에 등록한다. 2주 후 A는 자신의 생각과 감정을 더 잘 의식하게 된다. B가 직장에서 집으로 돌아올 때마다 자신이 얼마나 마음을 졸이는지 알아차리기 시작한다. B의 말에 숨은 부정적인 뜻을 알아차린다. 자신이 더 이상 행복하지 않음을 깨닫는다. 그래서 떠나기로 결심한다.

문제가 헌신의 부족이 아니라면, 두 남녀에게 흔히 권장되는 명상 유형은 이른바 '연민' 명상이다. 뉴에이지처럼 들릴지 모른다. 하지만 이 훈련의 효과는 뇌 활성화 양상과 DNA 변화에서 나타난다. 연민 명상은 "XY는 행복할 수 있어", "XY는 건강할 수 있어" 등과 같은 다른 사람들에 대한 연민 어린 생각을 포함한다. 이 훈련은 사랑하는 사람이나 회사 동료 같은 아는 사람부터 버스에서 만난 나이 든 부인 같은 모르는 사람들, 그리고 부당한 상사같이 정말로 싫은 사람들까지 다양한 사람들을 XY에 놓고 반복한다. 이 훈련이 공감과 통증 지각을 담당하는 뇌 부위의 활동을 변화시킨다고 증명됐다.

연민 명상이 신체에 미치는 효과에 관한 연구가 아직 불충분하기는 하지만, 사회적 연결성을 높이는 도구 역할을 할 수 있다는 증거는 있다. 이 개입 방법은 공감 능력을 높일뿐더러 사람들이 덜 편향되고 더 친절하게 만든다. 연민 명상 훈련 후 참가자들이 흔히 전하는 내용의 주제는 관계의 변화다. 노모에게 툭하면 버럭 화를 내곤

하던 한 전문직 여성은 이렇게 고백했다. "이제 엄마 방에 들어서면 나 자신이 부드러워지는 걸 느낄 수 있어요."[20] 2주간의 연민 명상 훈련 후 사람들은 다른 성격 발달 개입에 들이던 돈의 거의 두 배를 기꺼이 기부한다.[21] 이렇게 급증하는 기부 역시 고통에 반응하는 뇌 부위의 변화와 동시에 일어난다. 그리고 공감, 자선단체 기부, 사회적 연결성이 모두 수명 연장에 중요하기 때문에, 이런 결과가 하찮은 것 같지 않다.

흔히 연민 명상과 나란히 홍보되는 개입 방법인 감사와 일기 쓰기는 건강에 미치는 효과 면에서 의심스러울 수 있다. 사실은 상당한 과장일 수 있다. 큰 서점의 서가를 한번 둘러보라. 《감사하는 삶: 인생을 바꾸는 여정》 또는 《감사가 가져다주는 변화의 힘》같이 감사가 삶을 변화시킨다고 주장하는 출판물을 많이 볼 수 있다. 매일 자기 생각을 쓸 수 있는 감사 일기장은 감사를 더 쉽고 즐겁게 표현하게 만들어준다고 약속한다. 일기장이나 머릿속에서 좋은 일을 생각하라고 한다. 감사할 것에 대해 쓰거나 생각하라. 건강함에 대해, 따뜻한 집이 있다는 데 대해, 굶지 않을 만큼 먹을 게 충분하다는 데 대해, 햇볕과 새에 대해, 크로스 브롱크스 고속도로에서 차가 안 막히는 데 대해(이는 아마도 거의 기적이다). 또 우리에게 친절을 베푼 사람에게 감사 편지를 쓰거나 감사의 뜻을 전하러 찾아갈 수도 있다.

분명히 말하자면, 감사는 명상이 아니다. 긍정적 정서를 조성하는 한편 스트레스와 걱정을 가라앉혀 효과가 있으리라 여겨지긴 하지만, 우리 몸의 생리에 미치는 효과에 대한 증거는 엇갈린다. 대부분

자기계발서는 2003년 한 연구팀이 진행한 몇 가지 연구를 근거로 삼고 있는 것 같다. 이 연구팀은 실제로 2개월 반 동안 "오늘 아침에 일찍 일어난 일"이나 "롤링스톤스"같이 매주 감사할 수 있는 것 다섯 가지를 적은 학생들이 결과적으로 질병에 덜 걸렸다고 결론지었다.[22] 이후 감사하는 사람의 수면의 질이 개선되고 두통이 줄어들며 염증 생물지표 수치가 낮아졌다고 다수의 실험이 보고했다. 하지만 다른 많은 실험들은 감사가 건강에 아무런 영향을 미치지 않음을 보여줬다. 2017년에 이전에 이뤄진 38개 연구를 검토한 결과 "감사 행위로 크고 지속적인 이득 또는 '삶을 변화시키는' 결과를 기대하는 사람들은 실망할 가능성이 높다."는 결론이 나왔다.[23]

오해하지 말길 바란다. 나는 감사하지 말라고 말하는 게 아니다. 감사가 즐겁다면 감사하는 일이 분명 해가 되지는 않을 터이다. 우리를 더 친절한 사람으로 만들어주고, 더 건강하게 해줄 것이다. 하지만 우리가 가진 시간이나 정신적 자원이 한정돼 있다면 '삶을 변화시키는 결과'를 위해 과학상 증거가 탄탄한 마음챙김 명상이나 요가 같은 것을 시도하는 것이 더 효과적일 것이다.

텔로미어를 변화시키는 심신 훈련

뛰어난 학술 연구원인 토르비에른 크누센Thorbjørn Knudsen은 능숙한 요가 수행자이기도 하다. 실제로 독일에서 이뤄진 심신 연결성에 대한 한 연구는 크누센을 대상으로 삼았다.

크누센은 요가 수행자의 표준이라 할 만한 마하리시 마헤시와는 아주 다른 모습을 하고 있다. 우리가 만났을 때, 크누센은 흰색 칼라 셔츠와 진청색 청바지를 입고 있다. 깨끗이 면도를 하고 짧고 단정한 머리카락에 평범한 스타일의 안경을 쓰고 있다. 지극히 경영대학원 교수 같으며 그다지 요가 수행자 같지는 않다. 하지만 크누센은 요가술로 사람들에게 깊은 인상을 주는 데는 흘러내리는 옷자락과 샌들이 필요치 않음을 보여주는 살아 있는 증거다. 그는 확실히 독일 최대 규모 의학연구소 가운데 하나인 쾰른대학병원의 연구자들에게 깊은 인상을 남겼다. 크누센은 실험을 위해 나디소디나Nadi Shodhana*를 실행했다. 나디소디나는 산스크리트어로 '통로 정화'라는 뜻으로, 콧구멍을 번갈아가며 호흡한다. 왼쪽 콧구멍으로 숨을 들이쉬고 오른쪽 콧구멍으로 내쉬며, 가능한 한 천천히 호흡한다.

크누센은 단조로운 연구실에 앉아 몸을 따뜻하게 하기 위해 오렌지 꽃무늬가 있는 담요를 덮었다. 머리에는 뇌 활동을 측정하기 위해 온통 전극을 붙였다. 크누센은 나디소디나로 심장박동과 혈압을 낮춰보기로 했고, 과학자들이 이 두 가지를 측정했다. 과학자들은 정확한 결과를 얻기 위해 카테터catheter**를 크누센의 팔 혈관에서 심장까지 삽입하자고 부탁했다. 크누센은 이런 생각을 듣고도 아무런

---

* 교호호흡으로 번역되는데 불균형하고 흐트러진 몸과 마음의 상태를 바로잡아주는 호흡법으로 기혈의 흐름이 원활하도록 도와준다고 한다.
** 체내에 삽입하여 소변 등을 뽑아내는 도관.

영향을 받지 않았다. "고통을 다루는 방법은 요가 훈련의 일부이지만, 그래도 난 '음…… 알았어요'라고 말했죠."

크누센이 동의하자 카테터가 들어갔고 측정이 시작됐다. 크누센은 계속 호흡했다. 왼쪽 콧구멍, 오른쪽 콧구멍. 천천히, 천천히, 아주 천천히. 문득 실험실에서 일어난 소동이 그의 주의를 끌었다. "이 사람들이 밖에서 지켜보고 있었는데, 뛰어 들어오더니 '멈춰요! 멈춰!'라고 소리를 지르더군요." 크누센이 기억을 떠올린다. 그는 혈압을 무려 40/20mmHg(정상 혈압은 120/80mmHg)까지 낮춰 과학자들을 당황하게 만들었다. 그들은 크누센이 거의 죽음 직전이거나 적어도 의식을 잃었다고 걱정했다. 하지만 크누센은 그들이 일으키는 소동에 놀랐다. 그는 지극히 괜찮았고 그냥 요가를 하고 있을 뿐이었다. 연구자들은 실험 후 이렇게 혈압을 낮추는 능력은 처음 보았다고 크누센에게 털어놓았다.

같은 실험실에서 이뤄진 또 다른 실험에서는 지독한 소음, 바늘, 얼음 한 양동이로 크누센의 몸을 괴롭혔다. 이럴 경우 명상하는 그의 뇌파가 교란되는지 확인하기 위함이었다. 하지만 뇌파는 교란되지 않았다. 그 무엇도 크누센의 평온한 뇌 활동을 깨뜨릴 수가 없었다.

크누센은 일상생활에서 때로 자신의 심신 능력으로 이것저것 해보길 좋아한다. "어느 순간 내가 얼마나 갈 수 있는지 보고 싶었죠." 한번은 치아 뿌리 치료를 받아야 했는데, 그는 치과 의사에게 마취를 하지 않고 수술을 해달라고 했다. 크누센은 고통을 다루기 위해 프라티야하라pratyahara라는 요가 훈련법을 이용했다. 프라티야하라는 '외부의 영향에 대한 지배력을 얻는다'는 뜻이다. 먼저 명상으로 긴장을 푼다. 그런 상태에서 "고통을 우리에게 아주 흥미로운 사람처럼 대하죠." 크누센의 말이다. "그것은 색을 가지고 있고 소리를 가지고 있으며 냄새, 맛을 가지고 있죠. 마음이 그 고통에 대해 생각하는 걸 억지로 막지 않아요. 오히려 마음이 그 고통을 완전히 경험하게 하지요. 그러면서 동시에 우리의 마음을 관찰합니다. 어느 시점에, 마음은 그 고통에 대해 흥미를 잃어요. 비행기에서 바로 옆에 앉아 있는 짜증나는 사람에게 흥미를 잃는 것과 같은 식이죠." 크누센은 치아 치료의 고통이 적지는 않았으나 프라티야하라가 그 고통을 감당할 수 있게 해줬다고 털어놓았다.

이미 미국인 25명 가운데 한 명, 캐나다인 26명 가운데 한 명이 요가를 하고 50만 명의 영국인이 규칙적으로 요가를 한다. 하지만 분명 대부분 사람들에게 요가가 프라티야하라나 양쪽 콧구멍을 번갈아가며 호흡하기를 의미하진 않을 것이다. 이들이 또 자신의 요가술로 치아 치료의 고통을 감당할 수 있을 것 같지는 않다. 하지만 이들이 하는 온갖 요가가 십중팔구 이들의 건강에 도움이 된다. 게다가 여러 연구를 검토한 결과에 따르면, 걷기나 스트레칭 같은 다른 형태의 운동보다 요가가 도움이 될 가능성이 더 높다. 이 검토는 "요가 개입은 체력과 관련된 것을 제외한 거의 모든 측정치에서 운동보다 더 우수하거나 운동과 동등한 것으로 보인다."고 결론지었다.[24] 만약 목표가 철인 3종 경기를 완주하는 것이라면 요가가 꼭 필요치는 않다. 하지만 그냥 건강을 유지하고 싶다면 요가를 하라. 요가는 당뇨병과 면역 체계에 좋을 수 있다. 게다가 섬유근육통을 앓는 환자에게는 미국식품의약국이 권장하는 약물 치료보다 더 증상 완화에 도움이 될 수 있다.[25]

요가는 심장박동 변이도에 특히 좋을 수 있다. 심장박동 변이도는 투쟁-도피 반응이 적절히 기능하는지 쉽게 측정할 수 있는 지표다. 백색증에 걸린 알비노 쥐에 관한, 호기심을 끄는 일련의 실험은 요가 호흡법과 비슷한 것을 이 동물에게 가르치면 스트레스 저항력이 높아진다는 사실을 보여줬다. 호흡 조절 요가를 훈련하는 쥐는 마하리시 마헤시와 비슷한 모습에 유기농 말차를 홀짝거리는 요가 수행자 옆에 요가 매트를 펴고 앉을 필요가 없다. 좀 사악하게 들리는 '체적변동기록실'이라는 이름을 가진 실험실 장비 안에서 쥐를 훈련시키면 된다. 이것은 투명 아크릴로 만들어진 쥐용 우주 로켓과 비슷하다. 이 우주 로켓 안에 동물을 넣으면 동물의 호흡수를 측정하는데, 호흡수란 동물이 매분 들이쉬고 내쉬는 숨의 수를 말한다.

이 설치류들의 호흡수를 조절하게 하려고 체적변동기록실 위아래에서 쏟아지는 불쾌한 스트로보스코프*의 LED등으로 훈련시켰다. 쥐가 호흡을 분당 80회 이하로 늦춰야만 이 환한 빛이 꺼졌다. 반면 통제 집단의 쥐들은 이들이 무얼 하건 상관없이 되는 대로 빛이 켜지고 꺼졌다. 이런 식으로 한 달 동안 매주 다섯 차례 두 시간씩 훈련을 계속했다. 우리가 실험실의 쥐라면 참 피곤했을 것이다.

---

* 물체의 고속 회전 또는 진동 상태를 관찰하거나 촬영하는 장치.

'요가하는 쥐'가 기본적으로 느리게 호흡하기 시작한 것을 확인하자, 이제 스트레스를 줄 시간이었다. 쥐를 넓은 영역으로 내보낸다. 이렇게 말하면 체적변동기록실 감금 후 형 집행이 유예된 것처럼 들릴지 모른다. 하지만 쥐에게는 이것이 꼭 즐겁지만은 않다. 넓게 열린 공간은 날아오르는 매와 공중에서 급습하는 다른 위험을 떠올리게 한다. 설치류가 스트레스를 받을수록 한복판을 탐색하지 않고 벽을 끌어안고 시간을 보내는 건 이런 이유에서다. 요가하는 쥐와 그렇지 않은 쥐가 보여주는 차이가 여기에 있다. 통제 집단 쥐들은 두려운 넓은 곳에서 멀찍이 떨어져 웅크린 채 평균 70초를 보내는 반면, 느리게 호흡하도록 훈련받은 쥐들은 35초 미만을 보낸 후 탐색을 시작했다. 또 다른 스트레스 검사에서는 쥐들이 밀실공포증을 느끼게 하는 원통관에 갇혔다. 그리고 또다시 요가하는 쥐는 이로 인한 스트레스를 덜 받는다는 사실이 드러났다.[26]

놀랍게도, 느리게 호흡하는 건 느긋한 쥐들만이 아니다. 마음챙김 명상을 하는 사람들도 그렇다. 장기간 마음챙김 명상을 해온 사람들은 휴식 중 분당 호흡수가 보통 사람들보다 적다.[27] 또 눈을 깜박이는 수도 적으며 깜박이는 양상도 다르다.[28] 보통 사람을 보면 눈꺼풀이 상당히 불규칙하게 올라갔다 내려갔다 한다. 때로는 연속적으로 깜박이고 또 때로는 마치 눈싸움이라도 하듯 빤히 쳐다보기도 한다. 반면 장기간 명상을 해온 사람들은 매우 규칙적으로 눈을 깜박이며 게다가 훨씬 느리다. 이렇게 느리게 호흡하고 느리게 눈을 깜박이는 명상가들은 단순한 기인이 아니다. 자연스러운 눈 깜박임 속도는 뇌에서 도파민 체계가 작동하는 방식을 반영한다. 예를 들어 비정상적인 깜박임은 파킨슨병의 징후다. 반면 빠른 호흡은 불안을 뜻할 수 있다.

지금쯤 '장기간 명상'이라면 얼마나 해야 하는지 궁금할지 모른다. 눈 깜빡임에 관한 연구에 따르면, 명상 경험이 최소 1439시간이 돼야 한다. 호흡수에 관한 연구에 따르면, 적어도 3년 동안 매일 규칙적으로 30분 이상 명상을 해야 한다. 이렇게 말하면 벅차게 들릴 수 있지만 사실 명상과 요가를 훈련할수록 더 많은 이득을 얻는다. 이 말이 꼭 여러 해 동안 매일 30분씩 훈련하는 데 전념할 수 없다면 포기하고 구기자 열매나 사러 가야 한다는 뜻은 아니다. 짧은 시간 집중해서 심신 훈련을 해도 효과가 있다. 다만 효과가 덜할 뿐이다. 마음챙김에 기초한 스트레스 감소 훈련을 몇 주만 하고도 염색체의 끝부분인 텔로미어를 보호하는 효소의 활동이 증가할 수 있지만, 텔로미어 길이의 변화를 보려면 1년이 걸릴 수 있다.[29] 비슷한 식으로, 마음챙김 명상이 면역 체계에 미치는 영향도 '투여량'에 달린 것 같다. 마음챙김 명상을 오래할수록 감염을 막아내는 부대가 더 많은 도움을 받고 염증 지표가 줄어들기 때문이다.

그렇다고 짬짬이 요가를 해서 하루 30분을 채우는 것이 중요한 건 아니다. 몰입의 질이 중요하다. 카밧진은 언젠가 이렇게 썼다. "5분간 제대로 수련하면 45분 동안 하는 것만큼 또는 그 이상으로 효과가 엄청날 수 있다⋯⋯ 성실한 노력이 들이는 시간보다 훨씬 더 중요하다."[30] '잘' 수련한다는 건 무슨 뜻일까? 마음챙김에서 이것은 기분이 좋거나 나쁘거나 상관없이 바로 지금 이 순간의 경험으로 돌아오려 시도한다는 뜻이다. 자기 자신에게 '이 경험도 괜찮다'고 말해준다는 뜻이다. 가려운 코, 다친 무릎같이 안 좋은 감각을 포함해 몸의 모든 감각을 느끼려 한다는 뜻이다. 소파에서 잠들거나 꾸벅거리지 않는다는 뜻이다.

물론 훈련할수록 명상이나 요가의 질도 개선된다. 심신 훈련 경험을 빠르게 쌓는 좋은 방법은 수행 과정을 신청하는 것이다. 이런 수행 과정이 값비쌀 필요는 없다. 뭘 선택하건 명상과 요가 수행이 유익함을 연구는 보여준다. 그리고 이것이 단지 이런 수행이 마음이 편안해지는 휴가에 도움이 되기 때문만은 아니다. '수행 효과'는 '휴가 효과'를 능가한다.

어떤 훈련을 선택해야 하는지에 대한 판단은 아직 시기상조다. 일부 과학적 검토에 따르면, 모든 명상법과 요가법을 서로 대체해 이용할 수 있다. 무려 53가지 유형의 요가를 포함하는 300건 이상의 실험에 기초해 비교해본 결과, 모두가 비슷하게 건강에 좋았다.[31] 다른 한편, 신경영상 장비를 이용한 연구는 다양한 명상법이 여러 뇌 부위를 활성화하거나 비활성화한다고 보고하고 있다. 또 특정한 질병을 예방하는 데는 특정한 훈련이 다른 훈련보다 더 효과적임을 말해주는 몇 가지 징후가 있다. 예를 들어 심혈관계 질환의 위험을 줄이고 싶다면 초월 명상이 특히 좋을 수 있다.[32]

그 외에, 많은 연구자들이 최상의 선택은 자신에게 가장 흥미로운 훈련법이라는 데 동의하고 있다. 마음챙김 명상이거나 하타 요가hatha yoga*이거나 태극권이거나 기공일 수도 있다. 기공은 고대 중국의 훈련법으로 몸속 기 흐름의 균형을 유지한다고 여겨진다. 균형 잡힌 에너지의 흐름을 믿건 말건, 태극권과 기공 모두가 건강에 이로울 수 있다. 태극권은 극심한 섬유근육통을 줄여주고,[33] 기공은 피로에 도움이 되면서 말단소체복원효소의 활동을 진작한다.[34] 하지만 태극권과 기공에 관한 연구는 매우 한정돼 있어서 이들 훈련법이 실제로 수명을 연장할 수 있는지는 알 수 없음을 인정해야겠다.

명상의 가장 큰 효능

장기간 명상을 해온 사람들은 훈련을 통해 더 긴 텔로미어에서 면역 체계의 개선까지 실제적인 이득을 얻는다. 그렇다면 우리는 의사한테서 '명상법 처방'을 받아야 한다는 뜻일까? 이렇게 말하기는 시기상조다. 분명 요가나 마음챙김 명상에 단기로 참여하기만 해도 혈액 내 신경세포 성장 단백질 수치를 높이고 통증을 덜며 심지어 후성적 시계를 늦출 수도 있음을 보여주는 징후가 있다. 하지만 명상이 수명을 연장하는 힘을 가졌다는 증거는 결혼이나 고독감과의 싸움이 그런 만큼, 탄탄하지는 않은 것 같다.

우리는 또 요가나 마음챙김에 기초한 스트레스 감소의 수명 연장

---

* 음과 양의 조화를 통해 정신과 육체를 통제하여 삼매에 이른다는 심신 훈련법.

효과가 운동과 건강에 대단히 좋은 식생활 같은 다른 개입 방법의 그것과 비교할 때 어느 정도인지 사실 알지 못한다. 그렇더라도, 하루 몇 분씩만 심신 훈련을 해도 수명 연장에 영향을 미칠 수 있는 다른 모든 목표를 더 쉽게 이룰 수 있다고 기존의 연구는 말해준다. 심신 훈련이 애정 관계를 개선하거나 고독감을 없애는 데 도움이 되거나 흡연 욕구를 덜어줄 수가 있다.

마음챙김이나 요가가 건강에 미치는 영향에 관한 연구 대부분이 식단, 운동, 흡연 등을 통제하기 때문에 이런 심신 훈련이 가져다주는 이득이 과소평가될 수 있다. 마음챙김 애호가는 애초에 마음챙김을 선택했기 때문에 채소를 많이 먹는 것일 수 있다.

더욱이 명상을 하거나 몇몇 요가 자세를 하는 건 돈이 적게 들고 쉽다. 헬스장에 달려가거나 특별한 도구를 살 필요가 없다. 사실은 그 무엇도 사들일 필요가 없다. 그냥 조용한 곳을 찾아 긴장을 풀어라. 자신의 호흡을 느껴라. 뇌가 새로이 연결되게 하라. 핀터레스트에서 규칙적 심신 훈련이 우리에게 가져다줄 수 있다고 장담하는 것들이 과장일 수는 있지만(확실히 우리의 수명이 기적처럼 바뀔 것 같지는 않다) 우리의 건강에, 따라서 우리의 마음에 도움이 될 터이다. 우리는 더 평온하고 더 집중하며 정서적으로 더 안정될 수 있다. 그래서 그냥 젊어지는 게 아니라 성장할 수가 있다.

건 강 하 게
나이 드는 습관

가장 흥미로운 심신 훈련법을 택하라. 요가든 마음챙김이든 태극권이든. 그래서 규칙적으로 그리고 지속적으로 훈련하려 노력하라. 이를 계속할수록 우리가 얻는 이득이 많아진다. 건강과 관련해 생활 속 다른 문제를 변화시키려고 노력하고 있다면, 다시 말해 채소를 더 많이 먹고 담배를 끊고 배우자와 싸우지 않으려고 노력하고 있다면, 명상이 또한 그 일을 쉽게 만들어줄 수 있다. 빠른 향상을 원한다면 수행 과정을 신청하라. 그리고 바이러스로 쓰러지는 경우에는 공포 영화를 보지 마라. 공포 영화가 면역 체계를 무너뜨릴 수 있다. 그러지 말고 마음챙김 명상을 하거나 몇 가지 요가 자세를 해보라.

11

대체할 수 없는 장수의 조건

이슬비가 내리는 잿빛 오후의 일본 수도권. 하지만 70세의 후지타 마사토시는 날씨에 영향을 받지 않는 것 같다. 파란색 멜빵바지를 입고서 은퇴 후 취업한 직장에서 일하느라 바쁘다. 마쓰도시市 실버 인력센터Silver Human Resources Center 주차장 주변 나무들의 가지를 쳐내고 있다. 보수는 적지만 돈이 문제가 아니라고 마사토시는 말한다. 운수회사 사무원으로 오랫동안 일한 그는 느긋하게 은퇴 생활을 하기에 충분한 정도를 저축했다. 하지만 마사토시가 추구하는 건 느긋함이 아니다. 테니스와 야구를 좋아하지만 "그걸로는 충분치 않다"고 말한다. 마사토시에게는 이키가이いきがい, 즉 삶의 목적이 필요하다. 65세의 마사토시가 취업을 결심한 건 그래서였다. 이 연령대 일본 남성의 49퍼센트가 노인 관련 일자리에서 일한다.

장수에 관한 책을 찾아보라. 아마도 제목에 '일본'이 들어간 걸 많이 볼 수 있을 것이다. 여기에는 그럴 만한 이유가 있다. 내가 이 책을 쓰고 있는 지금, 일본은 출생 시 기대수명이 84.2세라는 기록과 함께 세계 최장수 국가라는 타이틀을 갖고 있다. 평균 미국인의 기대수명보다 거의 6년, 캐나다인보다 1년 반, 영국보다 3년이 더 길다. 일본은 또 1인당 100세 장수자 수에서 최고 순위에 올라 있다. 내가 이 책을 쓰려고 일본 곳곳을 탐사하는 동안 세계 최고령인 일본 여성이 117세의 나이로 사망했다. 이 여성의 나이는 당시 오스트레일리아 나이보다 많았다.

하지만 일본이 언제나 장수 천국은 아니었다. 제2차 세계대전 직후 일본 남성의 평균 기대수명은 50세, 여성은 54세에 지나지 않았다. 하지만 1986년 일본은 이미 여성의 기대수명에서 세계 정상에 올랐다. 무슨 일이 일어난 걸까? 20세기 전에는 굶는 일이 다반사였는데 전후 빠른 경제성장으로 영양실조는 대부분 사람들에게 과거의 일이 됐다. 더욱이 경제가 발전하면서 의료 제도도 크게 발전했다. 이제 기본적으로 모든 사람이 의료보험을 갖고 정기검진을 보장받는다. 결핵 같은 전염성 질병으로 인한 사망률이 급락해 평균 기대수명이 늘어났다.

스시나 미소시루를 먹은 다음 날 밤사이에 몸이 두 배로 불은 것 같다면 일본식 식단의 어두운 면을 경험한 셈이다. 짠맛 말이다. 스시를 먹고 몸이 부으면 수종이 생긴 결과다. 일본판 스미스 부부*라고 할

---

* 평생토록 한결같은 사랑으로 결합한 남녀 쌍을 뜻한다.

전형적인 야마다 타로와 야마다 하나코는 1950년대에 하루 평균 30 그램의 소금을 섭취했다. 이는 현재 미국농무부의 권장량 6그램 미만과 비교하면 엄청나게 높은 수치다. 간장, 쓰케모노, 라멘, 미소시루 등 거의 모든 짭짤한 음식에 소금이 들어갔다. 그 결과 고혈압과 뇌졸중이 아주 흔했다. 높은 나트륨 섭취 식습관에서 멀어진 건 대중의 인식을 개선하기 위한 캠페인 덕분이었다. 그러면서 평균수명이 길어졌다. 하지만 일본인들은 오늘날에도 여전히 하루 10그램이라는 상당량의 소금을 섭취하고 있다.

일본인들의 식단은 혈압을 높이는 나트륨을 많이 함유하고 있기는 해도, 분명 이 나라 사람들이 놀랍도록 장수하는 주요 원인 가운데 하나다. 기본적으로 해산물, 채소, 해조류, 콩의 섭취량이 많고 유제품 또는 육류의 섭취량이 적다. 더욱이 일본에는 '하라하치부腹八分', 즉 배가 80퍼센트 차면 그만 먹으라고 하는 속담이 있다. 연구의 관점에서, 이 말은 더할 나위 없이 타당하다. 많은 동물을 대상으로 한 실험 결과에 따르면, 열량을 제한하면 수명을 늘릴 수가 있다. 인간의 경우에도 그럴 것이다.

어떤 사람들은 일본에서 유래한 '과식하지 마라', '채소를 많이 먹고 육류를 적게 먹어라'와 같은 지당한 조언에 영감을 받아 큰 노력 없이 수명을 늘릴 수 있는 경이로운 일본 음식을 찾아 나섰다. 어떤 사람들은 그게 말고기라고 했다. 또 어떤 사람들은 생강을 제안했다. 하지만 또 다른 사람들은 포도에서 발견되는 폴리페놀인 레스베라트롤resveratrol을 지목했다. 포도는 일본 최장수 지역인 나가노현에서 특히 인기가 좋다. 생강과 포도를 넣은 소스에 뭉근히 끓인 말고기가 수명을 연장하는 방법이라는 말에 충격을 받았다면, 안심하라. 다른 많은 기적의 음식과 마찬가지로, 과학이 이를 뒷받침할 가능성은 높지 않다.

대체로 일본 사람들은 건강에 집착한다. 하지만 이들의 집착은 북미인들의 집착과는 다르다. 일본에서 건강 문제는 글루텐이 함유되지 않은 식품과 기적의 음식이 아니라 혈액검사, 대장내시경 검사와 관련이 있다. 일본 전역에서 매년 약 300만 명이 이른바 '인간 드라이 독'*이라고 하는 검사를 받는다. 이들은 적어도 하루 동안 입원해 흉부 엑스레이, 체중 측정, 혈액검사, 소변검사, 방사선 검사, 대장내시경 검사 같은 온갖 검사를 받는다. 45~54세 일본 남성 가운데 70퍼센트 이상이 적어도 매년 한 번 일련의 검사를 받는다.[1]

일본 사람들은 오래전부터 건강과 위생에 집착했다. 청결을 가치 있게 생각하는 것은 신토神道**의 전통이다. 신토에서는 악이 온갖 더러운 것과 연관된다. 이미 3세기에 중국 역사가들은 일본인들의 엄청난 청결성에 대해 언급했다. 이제 일본인들이 16세기에 일본에 도착하기 시작한 역겨운 유럽인들을 어떻게 여겼을지 생각해보라.

위생에 집중하는 게 분명 일본인들의 장수에 한몫하기는 하지만, 일부 연구자들은 그들의 DNA에서도 답을 찾았다. 우리는 어쨌든

---

* dry dock. 물을 빼내고 배를 수리하거나 만들 수 있는 곳을 말한다.
** 일본 민족 사이에서 발생한 고유의 민족 신앙.

기본적으로 수세기 동안 세계로부터 고립됐던 섬나라에 대해 이야기하고 있다. 어쩌면 이곳 사람들은 몇 년 더 살 수 있는 특별한 돌연변이를 진화시켰을까? 실제로 이런 생각이 허무맹랑한 게 아닐 수 있다. ApoE라는 유전자를 보자. 이 유전자의 대립형질 중 하나인 ApoE4는 일본인들 사이에서 거의 찾아볼 수 없다. ApoE4 대립형질을 가진 사람들 가운데 많은 이들이 스칸디나비아 혈통인데, 이들은 일본에서 흔한 유전자 변이를 가진 사람들보다 심장질환 위험도가 약 40퍼센트 높다. 그리고 히드라, 고래, 그리고 잔 칼망의 장수와 관련이 있는 FOXO 유전자가 있다.[2]

평균적인 야마다 타로와 야마다 하나코의 장수에 도움이 되는 또 다른 유전자 변이는 우리가 일본에 발을 들여놓는 순간 쉽게 알아볼 수 있다. 내 경우에는, 평생 처음으로 문틀에 이마를 찧었을 때 글자 그대로 그 깨달음이 머리를 쳤다. 키 168센티미터의 여성인 나는 유럽에서는 작은 축에 들었다. 하지만 일본에서는 아니었다. 문득 나는 에어비앤비로 임대한 집 부엌의 맨 위 선반에 손이 닿았고 낮게 걸린 전등을 신경 써야 했다. 나는 일본 여성 평균보다 약 10센티미터 더 컸다! 한편 연구에 따르면 키가 작은 게 장수에 좋다. 이것이 또한 대체로 남성이 여성보다 더 일찍 죽는 이유를 설명하는 데 도움이 된다. 예를 들어 일반적으로 키가 좀 작은, 오스트레일리아로 이주한 그리스인과 이탈리아인은 키가 더 큰 현지인들보다 약 4년 더 오래 산다.[3]

키와 육식에 관여하는 ApoE 유전자가 일본인들의 장수를 위해 작용할 수 있지만, 다른 유전자가 이와 반대로 작용하고 있다. 예를 들어 일본인들은 유전자상 당뇨병에 걸리고 과체중이 되기 쉽다. 하지만 거리의 사람들을 살펴보면 잘 알 수가 없는데 일본 남성의 2.2퍼센트, 여성의 3.5퍼센트만이 비만이다. 어쨌든 일본인들이 누리는 전반적으로 양호한 건강에 유전자가 기여하는 바는 일부분에 지나지 않는다. 일본인이 캘리포니아로 이주하면 이들의 심장질환 비율이 두 배가 된다.[4]

확실히 식단, 유전자, 건강검진, 위생이 모두 일본인들의 장수에 중요한 요인이다. 하지만 이게 전부는 아니다. 이 벚꽃의 나라에는 속담이 하나 있다. '야마이와키카라病は気から', 즉 '병과 건강은 마음에서부터 시작된다'는 뜻이다.* 실제로도 그렇다. 아무리 기적의 음식을 먹어도 사회적 결합이나 삶의 목적을 대체할 순 없음을 연구는 보여준다.

채소가 답이 아니다

고하치가강은 푸르게 우거진 일본 알프스의 산들로 둘러싸인 가느다란 리본 같았다. 나는 강 옆의 작은 주차장에 차를 세웠다. 습한 공기에서 푸른 잎 냄새가 났다. 나는 내가 모르는 캐릭터들이 새겨

---

* 원래 뜻은 '병은 마음에서부터 시작된다'.

진 바위로 몇 걸음 다가갔다. 이끼로 뒤덮인 돌에서 물이 솟구쳐 올라 다소 뜨악한 금속 격자 아래로 사라졌다. 하지만 이건 그냥 물이 아니었다. 이 지역의 전설에 따르면 마시면 장수하는 물이었다. 구글맵의 도움으로, 나는 불로장생의 영약을 찾은 것 같았다.

나는 가까이에 놓인 컵을 집어 들어 물을 마셨다. 물을 꿀꺽꿀꺽 삼키고는 마법이 일어나길 기다렸다. 하지만 아무 일도 일어나지 않았다. 나는 더 젊어지지 않았고 어떤 새로운 에너지를 느끼지도 않았다. 컵을 내려놓고 자동차로 돌아갔다. 나는 일본 알프스 꼭대기에 사는 사람들이 왜 유독 장수하는지, 기적의 물보다 더 설득력 있는 이유를 찾아 나선 길이었다.

1998년 동계올림픽으로 전 세계에 널리 알려진 나가노현은 최근에 오키나와를 제치고 일본 장수의 중심지가 됐다. 2000년대 초에는 제목에 '오키나와'와 '식습관'이라는 말이 들어간 출판물이 많았지만, 이제 곧 '나가노의 식습관'에 관한 책이 나올지 모른다. 의심할 여지 없이 식습관은 나가노 주민들의 장수 비결 가운데 하나다. 이곳은 산악 지역이기 때문에 벼농사가 어려웠고, 해안에서 멀리 떨어져 있기 때문에 해산물을 쉽게 구할 수가 없었다. 대신에, 지역 주민들은 채소와 콩을 많이 먹었다. 오늘날 나가노 주민들의 채소 소비량은 여전히 일본 최고 수준이다. 이들은 평균적인 일본인보다 녹색 채소를 27퍼센트 더 먹는다.[5]

하지만 내가 나가노현에 있는 마쓰카와라는 작은 마을에 도착했을 때, 채소에 대한 이런 애정이 두드러져 보이지는 않았다. 나는 내가 뭘 기대했는지 정말 모르겠다. 밭에서 갓 따 온 양배추와 상추를 파는 길가 좌판? 지역 주민들이 서성이며 셀러리, 순무, 팽이버섯을 사는 작지만 분주한 시장? 나는 그 어느 것도 보지 못했다. 대신에 도시의 여느 슈퍼마켓과 다르지 않게 비닐로 감싼 채소를 내놓은 대형 할인점이 몇 군데 있었다. 채소를 좋아하는 시골이라는 나의 낭만적 환상은 산산조각이 났고, 나는 계속해서 이 마을을 더욱 깊숙이 살펴봤다. 그러다가 마쓰카와의 장수 비결에 대한 통찰을 가져다준 뭔가를 봤다. 지역사회에 대한 헌신 말이다.

내가 나가노현의 모든 산악 마을 가운데서도 이 소박한 마쓰카와를 방문한 이유는 단 하나이다. 마쓰카와 마을은 일본 전역에서 남성이 가장 장수하는 곳이기 때문이었다. 평균 82.2세로 미시시피주의 남성들보다 10년 이상 오래 산다. 이들의 장수 공식에는 채소로 가득한 식단이 포함되지만, 주민들의 놀라운 건강을 연구하는 연구자들은 사회적 통합과 지역사회에 대한 헌신이라는 다른 두 가지 핵심 요인을 지적한다.

마쓰카와 마을 한복판에 있는 공원에 도착하는 순간, 나는 분명히 알 수 있었다. 무엇보다 이 지역에는 티끌 하나 없었다. 쓰레기가 한 조각도 보이지 않았고 어울리지 않거나 고장 난 것이 하나도 없었다. 이곳은 확실히 공간적 낙인이 찍힐 위험성이 없었다. 시설은 인상 깊고 모두를 위해 설계됐다. 놀이터, 소풍 자리, 체력 단련 장비, 공공 도서관, 행사용 무대, 발마사지 길이 있었다. 화장실은 반짝거릴 정도로 깨끗했고, 개수대 옆에는 생화까지 놓여 있었다. 매우 성실한 사람들이 자신이 사는 곳에 진정 마음을 쓰는 마을임을 알 수 있었다. 내가 이리저리 거닐고 있을 때 유치원에 다닐 나이의 아이들이 공원을 따라 달렸는데, 아이들 주위를 맴도는 헬리콥터 부모는 보이지 않았다. 할머니 두 분이 소풍 자리에서 한가로이 이야기를 나누고 있었고 또 다른 할머니가 자전거를 타고 도서관으로 가고 있었다. 지역사회가 혼잡하지 않고 모든 게 정돈되고 원활히 돌아갔다. 집단주의 국가가 작동하고 있는 이미지였다.

20세기 후반 이전에는 집단주의 문화나 개인주의 문화에 대한 담론이 많지 않았다. 그러다가 1970년대에 IBM 네덜란드 지사의 직원으로 나중에 사회심리학 교수가 되는 헤이르트 호프스테더Geert Hofstede가 50개국 이상의 IBM 직원들에 대한 대규모 조사 자료를 우연히 보게 됐다. 호프스테더는 직감에 따라 이 데이터를 분석하기 시작했고 곧 국가 간 비교를 가능하게 하는 놀라운 보고임을 알게 됐다. 이때부터 호프스테더는 문화 간 차이를 연구하는 긴 여정을 시작했다. 오늘날 호프스테더의 문화 차원 모형은 전 세계 사람들이 삶에 접근하는 방법이 서로 얼마나 다른지 검토하는 데 널리 쓰이고 있다.

호프스테더의 차원 가운데 하나는 집단주의-개인주의이다. 개인주의에서 높은 점수를 받는 국가의 국민들은 '나' 중심의 사고방식을 갖는다. 이들은 사생활, 개인의 권리, 성취 등에 대해 많이 이야기한다. 유대가 긴밀한 대가족에 의지하는 건 이 그림의 일부가 아니다. 드 토크빌이 언젠가 말한 대로 "이런 사람들은 누구에게도 어떤 것도 빚지지 않고 어느 누구한테서도 그 무엇도 기대하지 않는다."[6]

집단주의 국가에서, 중점은 집단에 있다. 여기서 우선순위는 화합과 소속감이다. 충실성을 소중히 여기고 결정은 모두를 위한 최선에 기초한다. 이런 문화는 '우리' 중심의 문화다.

짐작대로, 미국은 개인주의가 매우 강한 국가다. 호프스테더의 계산에 따르면, 그 점수가 100점 만점에 91점으로 세계 최고로 나왔다. 영국은 89점, 캐나다는 80점, 프랑스는 71점, 폴란드는 60점, 그리고 일본은 46점이다. 그래서 일본은 개인주의-집단주의 스펙트럼에서 집단주의 편에 놓인다. 모든 국가 가운데 가장 집단주의가 강한 과테말라가 받은 6점과는 상당히 거리가 있지만 말이다. 과테말라에서 가족은 극히 중요하다. 많은 사람들이 한집에서 사촌, 숙모, 삼촌을 포함한 확대가족과 살고, 미국으로 이주할 때는 친척들이 함께 이주한다. 2018년 처음 8개월 동안 미국 국경 순찰대에 체포된 가족 동반 이주자들 가운데 과테말라인이 가장 큰 비중을 차지했다.

일부 연구자들은 일본의 집단주의가 벼농사에 뿌리를 두고 있다고 생각한다.[7] 벼농사를 잘 짓는 비결은 장기간의 협업이다. 거의 모든 이웃이 논에 물을 대고 빼야 한다. 그래서 돈이 많이 드는 관개시설이 필요하지만 주민 대부분은 이를 감당할 형편이 못 된다. 따라서 서로 돕고 화합하며 살아야 한다.

오늘날 일본인들은 사회자본에 대해 자랑스레 이야기한다. 사회자본 가운데 두드러지는 게 마을주민회의 존재이다. 지역 주민들은 이를 초나이카이町內会 또는 지치카이自治会(자치회)라 부른다. 지역 주민들이 함께 노력해 지역사회를 더 나은 곳으로 만들어, 공간을 재생한다는 발상이다. 주민들은 축제와 스포츠 행사를 조직하고 청소에 신경을 쓰며 범죄 예방을 위해 순찰하고 고령자들을 위한 여행을 계획하며 수시로 오찬회를 열고 심지어 라디오 체조를 하면서 함께 운동한다. 라디오 체조는 아침 일찍 라디오에서 하는 운동 방송이다.

일본 전역에 약 30만 개의 마을주민회가 있다. 93퍼센트의 지역에 마을주민회가 있다고 하며, 각 마을주민회에는 약 94퍼센트의 주민이 속해 있다. 일본인들은 치엔ちえん(지연) 또는 지역으로 함께 묶이는 인연에 대해 이야기하며 '5가구 원칙'을 믿는다. '5가구 원칙'이란 건넛집 3가구와 좌우 옆집 2가구의 이웃 사람들과 긴밀한 관계를 유지해야 한다는 뜻이다. 이런 이유로, 다른 사람들의 집 앞을 청소하는 일본인을 흔히 볼 수 있다. 내가 다음 목적지로 마쓰도시의 노인 동호회를 선택한 이유도 지역사회에 대한 이런 헌신 때문이다.

일본 노인들의 남다른 생활방식

도쿄 교외의 평지에 있는 마쓰도시는 노인들의 무릎에 무리를 줄 일이 없을지 모른다. 하지만 사방에 아스팔트가 깔려 여름에는 상당히 덥다고 한다. 마쓰도는 도쿄처럼 아름답진 않지만 대단히 깨끗하고 잘 정리돼 있다. 재활용 준비가 된 건물 앞에 병마개로 가득 찬 비닐봉지가 걸려 있다. 꽃 화분들에는 잡초가 없고 길가는 잘 쓸려 있다. 이것은 성실성의 징후일까?

작은 주차장에 다가갔을 때, 철책에 붙여둔 노란색 게시판이 보였다. 지역의 노인 동호회 활동을 홍보하는 인쇄물이 몇 장 붙어 있었다. 월요일: 타로 점과 미소 요리 / 화요일: 태극권과 압화 공예* / 수요일: 태극권 / 목요일: 뜨개질 / 금요일: 원예. 동호회는 노인들의 필요에 맞춘 개인 주택에서 열린다. 꼭 필요한 경사로뿐 아니라 계단 승강기 의자가 모두 갖춰져 있다. 사이토 씨가 입구에서 나를 맞이했다. 사이토 씨는 쾌활한 중년 여성으로 이 집 주인이면서 동호회를 운영하고 있다. 나는 신발을 벗고 손님용으로 준비해둔 슬리퍼로 갈아 신고서 사이토 씨를 따라 2층으로 갔다. 방 안은 구운 돼지고기와 채소 냄새로 가득했다. 84세의 미치코가 모두 고령인 친구들과 점심을 먹고 있었다. 이러려고, 친구들과 어울리려고 이곳에 왔다고 미치코가 내게 말했다. "이 근육이 움직이게 하려고 말이에요." 미치코는 입술을 들어 올려 미소 짓게 만드는 자신의 얼굴 부분을 가리키며 말했다. 미치코는 '열렬히 기뻐하며' 노트르담교육수녀회에서의 서약을 기대하던 낙천적인 수녀를 떠올리게 했다.

이 여성들은 비교적 조용히 식사를 마친 후 탁자 위를 닦아낸 다음 압화 공예를 시작했다. 바싹 마른 꽃잎들이 식탁보 위를 뒤덮었

---

* 꽃이나 잎을 납작하게 눌러서 장식품을 만드는 공예.

다. 대화가 이어지고 웃음이 섞였다. 미치코는 손으로 무언가를 만드는 일을 좋아한다고 했다. "뇌를 자극하거든요." 우정 덕분이건 취미 덕분이건, 미치코는 나이가 있는데도 확실히 생기와 에너지로 가득 차 보였다.

조사 결과에 따르면, 미치코와 마찬가지로 일본 노인의 60퍼센트 이상이 사회단체 활동에 참여하고 있다. 그 가운데서 취미 동호회가 가장 인기를 끈다. 이런 수치를 비교하기란 까다롭지만, 예를 들어 미국에서 정기적으로 노인센터에 가는 이들은 20퍼센트 미만이다. 이것은 나쁜 소식이다. 한 연구에 따르면, 노인센터에 일주일에 한 번이라도 가면 치매가 올 위험도가 40퍼센트까지 낮아진다.[8] 캐나다 노인들이 한 사람도 빠짐없이 압화 공예, 태극권, 또는 공동체 텃밭 가꾸기 등의 사회 활동을 계속한다면 캐나다의 알츠하이머병 관련 장애의 비율이 16퍼센트 이상 줄어든다.[9]

더욱이 일본 노인들은 수명 연장 효과가 있는 관계와 관련해 북미나 영국 노인들에 비해 또 다른 이점을 가지고 있다. 인생 후반까지 결혼 생활을 지속하는 이들이 많다는 점이 그것이다. 65세 이상 일본 남성의 90퍼센트가 아내가 있는데, 영국은 73퍼센트, 캐나다는 68퍼센트, 미국은 대략 70퍼센트이다. 여성의 경우 그 비율은 일본이 56퍼센트이고 영국, 미국, 캐나다는 비슷하게 45~46퍼센트이다. 물론 여기에는 닭이 먼저냐 달걀이 먼저냐 하는 문제가 있다. 배우자가 더 오래 살기 때문에 일본 노인들이 결혼 생활을 유지하는 걸까, 아니면 결혼 생활을 하기 때문에 더 오래 사는 걸까? 그 답은 아마도 둘 다이다.

장수와 평등주의의 연관성은 서양 연구자들과 이야기를 나눌 때는 대개 검토되지 않았으나 일본 연구자들과의 인터뷰에서는 계속 언급됐다. 이 주제는 흔히 일본의 경제적 부와 노인의 사회참여를 다루는 대화 직후에 튀어나왔다. 일본에서는 실제의 사회경제 계급과 무관하게 "모든 사람이 자기가 중산층이라는 심리를 가지고 있다."고 시로 호리우치는 말한다. 그는 도쿄 태생의 장수 연구자인데 지금은 뉴욕 시립대학에서 연구하고 있다. 전후 일본의 경제성장 시기에 최상위 부자와 최하위 시민 사이 소득 격차가 상당히 줄어들었다. 그래서 1990년대에는 90퍼센트 이상의 사람들이 자신이 중산층이라고 생각했다.[10]

교육과 의료 접근성이 향상돼 부유하지 못한 사람들이 확실히 복지 혜택을 받았다. 하지만 그것만은 아니다. 미국에서는 사회 계급 사이의 문화 차이와 장벽이 일반적이지만 일본에서는 드물다고 호리우치는 설명했다. 이것이 사회경제적 지위가 낮은 사람들의 수명 연장과 건강을 진작한다는 사실은 그리 놀라운 게 아니다. 우리는 사회 지위가 탄탄하고 내가 중요한 사람이며 사회에 소속돼 있다고 느낄 때 불안과 스트레스가 덜하고, 따라서 건강을 덜 해친다. 공공녹지의 가지치기를 하는 원예사일지라도 그 역할이 공익을 위해 꼭 필요하다고 생각하며, 이런 심리적 안녕이 신체 건강으로 이어진다. 일본, 캐나다, 미국을 포함해 11개국에서 이뤄진 여러 연구들에 대한 한 후속 분석은 소득 불평등의 척도인 지니계수가 0.05 단위씩

올라가면 사망 위험도가 8퍼센트씩 높아진다는 뜻임을 보여줬다. 미국(지니계수 0.39)이 아이슬란드(0.24)만큼 평등해진다면, 미국인들이 채소 섭취를 포기하더라도 지금의 수명을 유지할 수 있다.

장수와 소득 불평등의 연관성에 있어, 부자가 100세까지 장수할 가능성에도 평등주의 사회가 도움이 되는지는 분명치 않다. 평등주의 국가들에서 사람들은 서로 신뢰하고 협력한다.[11] 돈을 가진 사람들은 나머지 사람들을 차단하기 위해 스스로 도금된 우리 안으로 들어갈 필요가 없다. 외부인 출입을 제한하는 주택지에 살거나, 안전상의 이유로 거리를 걸어 다니는 일을 피하거나 대중교통을 타지 않을 필요가 없다. 그 결과 통합과 화합의 느낌을 자아내 모두의 불안을 낮춘다. 사회가 계층화되면 사회자본을 침식한다. 사람들이 서로를 돕지 않는다. 장수 마을 마쓰카와 주민들이 발마사지 길을 만들고 공공 화장실에 꽃을 놓아 공원을 가꾸는 식으로 공익에 신경 쓰지 않는다. 또 정년퇴직 후에도 오랫동안 사회의 이익을 위해 일하고 싶어 하지 않는다.

살 만한 가치가 있는 삶

나는 일본 곳곳에서 노인들을 봤다. 그들은 도로 주변 공사 현장에서 교통정리를 하고, 주차관리를 하고, 박물관 앞 인도를 쓸고, 공원 장미의 가지를 쳐냈다. 노인들은 노인 관련 일자리의 일을 하고 있었다. 일본 정부 통계에 따르면 70~74세 남성의 3분의 1이 여전히 일을 하고 있고 85세 이상 노인도 8퍼센트나 된다. 이들은 사실상 은퇴하지 않고 다만 부담이 덜하고 좀 더 편안한 직업으로 바꿀 뿐이다. 노인들은 마쓰도의 실버인력센터 같은 곳에 와서 새 일자리를 찾는다. 실버인력센터는 일본 전역에 1300군데 이상 있는 노인 직업안정기관이다.

이 센터는 별 특징 없는 정부 청사에 들어 있다. 여기서 운전면허를 따거나 소기업을 등록할 수도 있다. 나는 곧 센터장과 만났다. 센터장부터가 이미 정년이 지났을 법한 나이가 많은 남성이었다. 센터장은 흔히 사무직에서 은퇴한 사람들이 일상을 채울 뭔가를 찾아 이곳에 온다고 했다. 대부분 사람들이 회사의 높은 자리에서 거리를 청소하는 일자리로 가는 걸 개의치 않는다고 했다. 그들은 자신이 쓸모가 있다고 느끼게 해줄, 크게 부담스럽지 않은 일을 원할 뿐이다. 돈이 아니라 사회참여가 중요하다고 센터장은 말했다.

마쓰도 센터가 최근에 일자리를 찾아준 최고령자는 92세였다. 이 할머니는 청소부로 일한다. 하지만 이 할머니와 비슷한 나이의 많은 노인들이 주차 단속 요원, 원예사, 학교 순찰대원으로 일한다. 일은 이들 삶에 체계를 부여하고 지역사회에 뿌리 내리게 한다. 이들은 은퇴가 뭔가를 잃는 것이라고 생각한다. 사회에서 설 자리, 삶의 의미, 존경 등. 일본 노동자의 43퍼센트가 은퇴를 부정적으로 말하는 데 비해 미국과 캐나다는 18퍼센트다. 유명한 일본의 장수 연구자인 히노하라 시게아키는 거듭 말했다. 은퇴하지 마라. 해야 한다면

65세가 훨씬 넘어서 하라. 그는 자기가 한 말을 충실히 지켜 105세로 세상을 떠나는 날까지 하루에 18시간을 일했다.

정년퇴직 후에도 바쁘게 지내면 건강에 도움이 된다고 연구가 확인시켜준다. 한 추적 조사에서, 1998년 보수를 받으며 1년에 100시간 이상 일한 75세 노인들은 2000년에도 여전히 살아 있을 가능성이 높았다. 게다가 일을 그만둔 사람들보다 건강 상태가 좋았다.[12] 은퇴 후에도 계속 일하는 것이 또한 나가노 사람들이 그렇게 장수하는 이유일 수 있다. 나가노현은 일본에서 최고의 노인 취업률을 자랑한다. 하지만 100세가 되도록 고생스레 일한다는 생각에 그다지 마음이 끌리지 않더라도 안심하라. '쓰러질 때까지 일하라'라는 교훈 말고도 다른 교훈이 있다. 노인 관련 일자리는 여러 가지 이유에서 건강에 좋다. 신체 활동을 촉진하고, 평생 배우며, 새로운 친구를 사귈 수 있기 때문이다. 하지만 무엇보다 이키가이, 즉 삶의 목적이 중요하다.

이키가이는 일본에서 많이 듣는 단어다. 나는 노인 동호회에서 압화 공예를 하는 미치코와 이야기를 나누다가, 아직 은퇴하지 않은 원예사인 후지타 마사토시한테서 그리고 다른 많은 노인들과 노인이 아닌 사람들 모두한테서 이 말을 들었다. 이키가이에 완전히 대응하는 영어 단어는 없지만 흔히 '삶의 목적' 또는 '살 만한 가치가 있는 삶'으로 번역된다. 65세 이상 일본인 가운데 약 88퍼센트가 이키가이를 가지고 있다고 말한다.

서양인이라면, 이키가이를 자기실현으로 보고 싶을 수 있다. 하지만 정확히 그렇진 않다. 그보다 이키가이는 다른 사람들을 돕고 사회에 기여하는 일과 더 관련이 있다. 내가 만난 일본인들이 이키가이에 대해 이야기한 방식으로 미뤄볼 때 이는 분명하다. 하지만 이 단어가 쉽사리 번역되지 않기 때문에, 이키가이에 대해 일본과 다른 국가들을 직접 비교한 연구는 없다. 이에 근접한 한 연구는 10개국 사람들에게 '나는 가족이나 세계를 위해 유익한 일을 하고 있다' 또는 '내 가족이나 다른 사람들은 내가 그들을 위해 중요한 일을 할 수 있다고 믿는다' 같은 진술을 평가해달라고 요청했다. 이런 진술에 대해 '매우 그렇다'라고 답한 사람들의 비율이 각각 27퍼센트와 26퍼센트로 일본이 가장 높았다. 미국은 그 비율이 각각 11퍼센트와 8퍼센트에 지나지 않았다.[13]

내가 일본에서 이야기를 나눈 사람들은 자기한테 이키가이는 '다른 사람들을 행복하게 해주는 것', '다른 사람들을 돕는 것', '사람들을 웃게 만드는 것', '아이들을 키우는 것'이라고 말했다. 하지만 그게 무엇이든 상관없이 이키가이가 신체 건강을 개선하고 수명을 늘려준다고 연구는 말한다. 4만 명 이상의 일본인을 7년 동안 추적한 연구에서, 처음부터 이키가이를 가졌던 사람들 가운데 12퍼센트만이 나중에 건강이 '안 좋다'고 평가한 데 비해 삶의 목적이 없었던 사람들은 46퍼센트였다.[14] 더욱이 이키가이를 가진 사람들 가운데 50퍼센트가 나머지 사람들에 비해 사망했을 가능성이 낮았다. 이 효과는 담배를 끊는 경우와 비슷하고 열심히 헬스장에 다니는 경우보다 훨씬 더 강력하다. 따라서 일본 후생노동성이 건강 증진 전략에 이키가이를 포함시킨 일이 놀랍지 않다.

이키가이가 장수에 이바지하는 일본 문화의 특히 중요한 부분이기는 하지만, 다른 전통과 개념이 또한 지역 주민들의 건강을 증진시킬 가능성이 있다. 차도さどう(다도), 하이쿠, 쇼도しょどう(서예), 이케바나生け花(꽃꽂이) 말이다.

지금 시작할 수 있는 일

교토 찻집의 여주인인 치아키 씨는 벚꽃을 떠올리게 하는 은빛 분홍색의 기모노를 입었다. 치아키 씨는 자기磁器 그릇을 섬세한 비단천으로 닦은 다음 대나무 국자를 집어 들어 뜨거운 물을 그릇에 부었다. 모든 움직임이 정확하고, 신중하면서도 기교적이며, 손이 그릇 위에서 춤을 췄다. 나는 차도의 꾸밈없는 아름다움에 집중해 마음을 비우려 애쓰고 있었으나 다리로 다다미 위에 앉는 게 익숙하지 않았다. 나는 곧 꼼지락거리기 시작했다.

내가 참여하고 있는 차도 또는 다도는 보통 네 시간 동안 계속되는 의식을 한 시간으로 축약한 것이었다. 차도는 내면의 평화를 고취해야 하기에 말을 삼간다. 세심함이 중요하다. 그릇이 향하는 방향, 다다미 깔개의 배치, 벽에 걸린 서예 두루마리의 위치. 나는 치아키 씨가 말차를 물과 섞는 것을 지켜봤다. 치아키 씨가 대나무 거품기로 빠르게 휙휙 저어대는 소리만이 침묵을 깨뜨릴 뿐이었다. 나는 긴장이 풀리면서 호흡이 느려지기 시작했다. 여주인의 세심한 움직임을 넋을 빼놓고 지켜보았다.

다도는 마음챙김과 관련이 있다. 현재에 집중하고 마음을 비우기. 일본 문화는 자연과 아름다움을 감상하는 데 집중해 순간순간의 인식을 촉진하는 전통이 풍부하다. 쇼도, 즉 일본 서예는 조화, 단순성, 미적 즐거움을 소중히 여긴다. 본사이ぼんさい(분재)는 도기에 소형 나무를 기르는 것으로, 오랜 시간 인내심이 필요한 예술이다. 그다음으로 아주 단순해서 명상같이 느껴질 수 있는 시, 하이쿠가 있다. 하이쿠는 단 17개 음절로 한순간을 포착한다. 아래는 가장 유명한 하이쿠 중 하나로, 17세기에 지어진 '개구리 하이쿠'라 불리는 시다.

오래된 연못
개구리가 폴짝 뛰어드네
물소리

무척이나 선 같아서, 나는 이 시를 읽으면서 내 텔로미어가 늘어났을 거라 믿어 의심치 않았다. 아마도 짐작대로, 여기서 선이 또 다른 핵심어다. 중국에서 생겨난 불교의 한 교파인 선이 자기통제, 명상, 자기 발견을 촉진하는 일본 문화의 핵심에 있다. 나는 최근에 스티브 존 파웰이 BBC에 쓴 기사에서 옛 이야기를 하나 읽었는데, 이 이야기의 원래 출처는 폴 렙스가 1957년 선 어록을 모아 출간한 선집《선의 살, 선의 뼈Zen Flesh, Zen Bones》이다. 이 이야기는 선이 무엇인지 특히 잘 설명해준다.

텐노는 여러 해 동안 선을 가르치는 스승이 되기 위해 공부한 후 늙은 선사禪師인 난인을 찾아갔다. 마침 비가 억수같이 쏟아졌고, 텐노는 난인의 집에 들어가기 전 관례대로 나막신과 우산을 문간에 두었다. 서로 인사를 나눈 후 난인이 텐노에게 물었다. "네 우산을 나막신 왼쪽에 두었느냐 오른쪽에 두었느냐?"
대답하지 못한 텐노는 자신이 선에 이르기에는 아직 멀었음을 깨닫고, 떠나서 6년을 더 공부했다.[15]

분명 차를 운전했고 사고가 난 것도 아닌데 직장에서 집으로 어떻게 돌아왔는지 모를 때가 있다면, 완전한 선까지는 6년 이상 남아 있다고 봐야 된다. 하지만 그래도 선을 추구할 만한 가치가 있다. 선 명상 전문가는 이 훈련을 하지 않은 사람들보다 텔로미어가 더 길다.[16] 또 선 명상은 심장박동 변이도를 증가시키고 통증 완화에 도움이 된다.[17] 마음챙김 명상과 마찬가지로 선 그리고 차도나 이케바나나 하이쿠 같은 전통은 스트레스와 불안을 줄여주고, 마음을 진정시키며, 이런 이유로 아마도 건강에도 좋다. 물론 이케바나나 하이쿠를 훈련하는 사람들의 텔로미어 길이를 연구한 사람이 있는 것 같지는 않다.
하지만 차를 마시는 일본의 전통이 변화하듯(치아키 씨는 대부분 사람들이 일상적으로는 티백을 이용하고 1년에 한 번 정도 차도를 한다고 말해줬다) 사회 자체도 그렇고, 더불어 가능한 장수 결과도 그렇다.

우선, 물리적 차원의 문제가 있다. 많은 사람이 건강을 증진하는 오키나와 주민들의 생활 방식에 얼마나 집착했는지를 기억하는가? 이제 그 모든 게 끝장나버렸다. 오키나와 주민들은 더 이상 일본의 장수 챔피언이 아니다. 서구 스타일의 패스트푸드를 즐기는 바람에 오키나와 주민들의 건강 상태가 곤두박질쳤다. 하지만 버거 말고도 일본인의 장수를 위협하는 요인은 또 있다. 사회 불평등이 커지고 사람들은 과로하며 수면 부족에 시달린다. 그래서 애정 관계에, 심지어는 성관계에 시간을 쓸 수가 없을 정도다. 결혼하지 않은 사람들 가운데 대략 40퍼센트가 34세의 나이에도 아직 성관계 경험이 없다. 40대 남성 600명을 대상으로 한 소규모 여론조사에서 절반을 훌쩍 넘는 수가 '성관계 경험이 없다'고 보고했다. 결혼도 하지 않는다. 고독감이 만연해 있다. 다른 선진국에서는 외롭다고 말하는 10대의 수가 한 자리 수인 데 반해 일본은 30퍼센트이다. 이는 어느 누구의 텔로미어에도 좋지 않다.

한편 일부 연구자들은 서구의 영향을 받은 젊은 사람들이 점점 더 개인주의자가 되면서 일본의 집단주의가 쇠퇴하고 있을지 모른다고 말한다. 또, 소득 불평등이 심화하면서 지니계수가 꾸준히 높아지고 있다. 물론 이런 변화가 일본인의 장수에 정확히 어떻게 영향을 미치는지는 아무도 모른다. 20년이나 50년 후에도 일본은 여전히 최장수 국가일까? 현재 100번째 생일에 이른 사람들이 집단주의와 평등주의가 강하고 오늘날보다 속도가 느린 일본에서 살았다는 사실을 기억하는 게 중요하다. 이들의 증손자손녀가 100세까지 장수할 가능성이 이들과 비슷할까?

이런 동향이 장수에 제동을 걸 수는 있지만, 우리가 건강과 관련해 일본으로부터 배울 수 있는 교훈은 여전히 많다. 우리는 육류 섭취를 줄이거나 아예 먹지 않고 채소와 콩을 더 많이 먹을 수 있다. 또 많이 걷고 매년 건강검진을 받을 수 있다. 하지만 무엇보다 '병과 건강은 마음으로부터 시작된다'는 일본의 속담을 마음에 새기는 게 중요하다.

지금껏 살펴본 방식을 그대로 따라 하고 싶은 마음이 들지 모른다. 하지만 문화는 책처럼 빌릴 수 있는 게 아니다. 한 나라에서 다른 나라로 통째로 이식되더라도, 전혀 효과가 없을 수도 있다. 할 수 있는 모든 일을 해볼 수 있지만, 영국 또는 캐나다 또는 미국의 문화가 갑자기 집단주의가 되지는 않는다. 하지만 초점을 안에서 바깥으로, '나' 중심의 사고방식에서 '우리' 중심의 사고방식으로 약간 변화시킬 수는 있다. 우리 개인의 성취와 지위에 대한 생각은 좀 줄이고 사회 화합 그리고 지역사회에서 우리가 있을 자리를 찾는 일에 대한 생각을 더 많이 할 수 있다.

수명을 늘리기 위해 나가노로 이사할 필요는 없다. 가치관과 태도를 바꾸지 않고서는 효과가 없을지 모른다. 하지만 지금 우리가 사는 곳을 마쓰카와와 좀 더 비슷하게 만드는 일은 해볼 수 있다. 이 장수 마을에는 모두를 포용하도록 설계된, 유치원생들도 보호자 없이 안전하게 다닐 수 있는 공적 공간이 있다. 예를 들어 이곳에서 열리는 마을주민 모임을 만들면 어떨까? 지역사회에 필요한 일을 논의하고 청소와 주민 잔치와 스포츠 행사를 조직해보는 것이다. 새벽에 라디오에 맞춰 함께 운동하면 기분이 이상할지 모르지만 조깅 모임이나 길거리 농구 만남이 효과가 있을지 모른다. 일본인들의 5가구 원칙을 따르는 것도 좋은 생각이다. 그래서 만약 앞집 3가구와 양쪽 옆집 2가구에 사는 이웃의 이름을 모른다면 가서 인사를 나눠라.

일본에서 수명 연장을 위한 교훈을 배운다고 해서 꼭 105세에 쓰러질 때까지 일해야 한다는 뜻은 아니다. 은퇴한 이후의 나날을 채우려면 우리 자신보다 더 큰 무언가를 찾는 게 좋은 생각이다. 집에서 텔레비전만 보며 의기소침해 있지 마라. 자원봉사를 하고 취미를 가져라. 다른 사람들에게 도움이 되는 취미가 가장 좋다. 가족, 친구들과 더 많이 관계를 맺어라. 하지만 이카가이, 즉 삶의 목적을 찾는 게 아마도 우리가 일본인한테서 얻을 수 있는 최고의 조언일 것이다. 게다가 먼저 선과 관련이 있는 훈련으로 마음을 진정시킨다면 이게 더 쉬울 수 있다. 명상을 하거나 이케바나를 해보거나 하이쿠를 지어라. 만약 다도에 흥미가 없으면 음식과 관련된 자신만의 의식(어쩌면 커피 의식?)을 개발해 천천히 마음챙김을 하라. 카페에 가서 커피를 마시는 대신 집에서 티타임을 즐겨도 변화를 가져올 수 있다. 결국 바로 그 순간에 머물면서 잔의 느낌, 그 음료의 맛과 향, 주변의 소리에 집중하면 된다.

건강해지고 더 오래 사는 데 도움이 되는 교훈 가운데 따르기가 분명 쉽지 않은 하나는 우리 사회를 더 평등하게 만드는 일이다. 최고 권력자가 아닌 한, 우리는 물론 단번에 나라를 바꿀 수 없다. 하지만 우리가 속한 사회계층 바깥에 있는 사람들에게 마음을 터놓으려 노력할 수 있다. 이들과 이야기를 나누고 이들을 존중하라. 우리의 결정이 이들의 삶에 어떻게 영향을 미칠 수 있는지 생각하라. 돈과 시간을 기부하라. 그리고 물론 투표권도 있다. 투표권을 현명하게 행사하라. 이것이 우리와 우리 아이들이 100세까지 장수하는 데 영향을 미칠 수 있다.

시로 호리우치는 취약계층 사람들이 사회에 소속감을 느끼게 만들기 위해 정책 입안자들이 노력을 기울여야 한다고 생각한다. "미국 의료 정책 이면에 있는 생각은 다소 기계적인 것 같아요. 돈과 물질이 많을수록 사람들이 행복할 거라는 거죠. 하지만 취약계층 사람들이 좀 더 사회에 통합돼 있다고 느끼게 만들려면 더 많은 고민이 있어야 합니다." 다시 말해 약이나 새로운 진단 장치에 돈을 마구 쓰는 걸로는 충분치가 않다. 한 국가에서 국민들의 평균수명을 연장하고 싶다면, 가난한 사람들과 부자 사이의 문화 장벽을 허물고 소외된 사람들이 더 강한 소속감을 갖도록 도와야 한다. 물론 의학 장비를 구매하는 일이 사회 평등을 요구하는 일보다 훨씬 더 쉽다. 기적 같은 효과를 낳는다는 영양제를 복용하는 게 관계를 개선하는 일보다 더 쉬운 것처럼 말이다. 하지만 진정 수명 연장이 목표라면 이 모든 일은 해볼 만한 가치가 있다.

건강하게
나이 드는 습관

안보다 바깥에 집중하라. 즉, 주변에 있는 다른 사람들의 필요에 대해 더 자주 생각하려고 노력하라. 마을주민회에 참여하라. 5가구 원칙을 따라라. 건넛집 3가구와 오른쪽, 왼쪽 옆집 2가구의 이웃들과 친하게 지내라. 자신의 이키가이, 삶의 목적을 찾아라. 자신의 일을 소중히 여기고 은퇴하더라도 사회에 도움이 되는 일을 찾아 바쁘게 생활하라. 선에 이르려 노력하라. 즉 명상을 하거나 일본인들이 하이쿠나 꽃꽂이를 즐기는 것처럼 소박한 것들을 즐겨라.

맺음말

    오래 살려면 어떻게 해야 할까? 젊음의 샘을 찾아다닌 폰세 데 레온부터 실리콘밸리의 IT 전문가까지, 인류는 수세기 동안 그 답을 찾아내려 애쓰면서, 온갖 잘못된 것들에 병적으로 집착했다. 기적의 식이요법, 기적의 음식, 기적의 영양제. 우리는 글루텐을 피하고 운동기구에 투자한다. 비타민을 삼킨다. 체질량지수에 집착한다. 당연히 영양 성분과 신체 활동이 중요하기는 하지만, 100세까지 장수할 가능성에 훨씬 더 큰 영향을 미치는 것들이 있다. 우리는 모두 너무나 자주 이런 것들을 희생시키고 유행하는 다이어트와 최신 심장 강화 운동을 쫓아다닌다. 우정, 삶의 목적, 공감, 친절. 과학은 이런 '부드러운' 건강 동인動因이 식단과 운동보다 더 강력함을 보여준다. 물론 제아무리 자원봉사를 많이 하고 결혼 생활이 행복한들, 좋은 유전자 구성이 없이는 우리가 잔 칼망의 장수 기록을 깰 수 있을 것 같지는 않다. 하지만 관계와 마음에 중점을 둔다면, 우리는 여전히 후성적 시계를 어느 정도 늦추고 수명을 여러 해 더할 수 있다.

인간은 사회적 원숭이다. 진화 과정에 걸쳐, 우리는 한편으로 사회적 삶을 조정하고 다른 한편으로 생리를 조절하는 몇 가지 몸 속 체계를 발전시켰다. 편도체, 섬엽, 사회성 호르몬, 미주신경, 시상하부-뇌하수체-부신 축, 이 모두가 우리 몸과 마음을 연결하고 100세까지 장수할 가능성에 이바지한다.

우리는 친한 사람들에 둘러싸여 있을 때 안전하다고 느낀다. 신경계, 위장계, 면역 체계, 이 모두가 부족이 우리를 위해 있을 때, 그리고 우리가 부족을 위해 있을 때 적절히 기능한다. 무리에 속했을 때, 우리는 번성한다.

더욱이 수명 연장을 위한 노력을 인간으로서 성장하는 데 쓰면 수명을 늘릴뿐더러 가치 있는 삶을 만들 수 있다. 다른 사람들을 돌보고 지역사회에 기여하며 의미 있는 삶을 살면 나이 들어도 덜 아프고 행복해진다. 물론 오직 건강해지기 위해 자원봉사를 하거나 지역사회를 만들어나가는 일을 한다고 하면 이기적이고 온당치 않다고 주장할 수 있다. 나는 이런 관점에 동의하지 않는다. 친절한 삶을 영위하려는 최초의 원동력이 이기적일지라도, 대부분 사람들이 자신이 어떻게 시간을 보내고 얼마나 사회에 참여하는지 깊이 들여다보면 더 나은 방향으로 변화할 수 있다고 생각한다. 그 결과, 우리는 살 만한 가치가 있는 곳에서 살 수 있다.

생각해보라. 모두가 오로지 자기 자신한테만 관심이 있는 사회에서 100년을 보내고 싶은가? 자원을 둘러싼 갈등에 시달리며 기후변화의 극심한 고통을 겪고 있는 세계에서 살고 싶은가? 또, 공감 능력을 높이면 우리 자신과 지구를 더 건강하게 만들 수 있다. 예를 들어 높은 공감 능력이 사람들로 하여금 기후변화에 맞서 싸우도록 동기를 부여한다고 연구가 보여준다. 또한 성실성은 흔히 환경문제에 대한 참여를 의미한다. 친절, 마음챙김, 성실성에 더 많은 노력과 시간을 쏟는다면 우리 모두가 살아가는 삶의 조건을 개선할 수 있다. 게다가 우리가 이 지구를 파멸시킨다면 어쨌든 100세까지 사는 삶은 물 건너가고 만다. 허리케인과 화재는 우리의 다이어트에 아랑곳하지 않는다. 또 전쟁은 (식량부족으로) 사람들이 콜레스테롤 수치가 너무 낮아져 죽게 만든다.

위와 같은 모든 이유로, 인간 정신이 수명 연장에 어떤 역할을 하는지 인식하는 게 꼭 필요하다. 정책 입안자들은 고독감과 이혼율 같은 문제에 초점을 두기 시작했다. 하지만 여전히 이들을 공중 보건 문제가 아니라 사회문제로 본다. 이런 시각이 바뀌어야 한다. 고독감은 영양 부족만큼이나 사망 위험도를 높인다. 우려되는 사람들을 파악하고 예방을 위한 노력을 해야 한다. 예를 들어 자원봉사를 권장하거나 취미 동호회를 만들어 고립된 노인들이 사회로 다시 들어오도록 할 수 있다. 부모에게 충분한 육아휴직을 제공해 가족 간 유대가 단단해지도록 지원할 수 있다. 정기적인 사회 활동을 권장하는 지침을 만들 수 있다('매주 적어도 150분 친구들과 어울리는 시간을 갖는다'는 식으로). 그리고 학교가 아이들에게 영양에 대해 가르치는 만큼이나 공감에 대해 가르쳐야 한다.

우리는 노화를 막아줄 엄청난 치료법을 약속하는 고가의 임상 시험에 많은 돈을 투자한다. 젊은 혈액의 수혈과 미토콘드리아의 회춘에 희망을 건다. 하지만 그보다도 자원봉사, 친구 사귀기, 낙천성 기르기같이 이미 효과가 있다고 알려진 일들을 해야 한다. 수년 동안 나는 많은 식이요법과 운동에 집착하는 잘못을 저질렀지만 변화하려 노력하고 있다. 나는 걱정을 멈췄다. 그 대부분은 내가 먹는 게 유기농이 아니라는 걱정, 우리 가족의 강황 섭취를 대폭 늘려줄 새로운 조리법을 인터넷에서 뒤져보지 않았다는 걱정이었다. 일주일에 네 차례 수 킬로미터를 달리는 대신, 남편과 함께 앉아 카드게임을 꺼낸다. 나의 결혼 생활에 더 많은 시간을 쏟는다. 멈춰 서서 이웃 사람들과 수다를 떤다. 친절하려 노력한다. 공평하게 말하자면, 나는 내 텔로미어가 줄어드는 속도가 더 느려지는지 어떤지 모르지만 이 말을 해주고 싶다. 채소와 과일을 아무리 먹어도 내가 이렇게 기분이 좋아진 적이 없었다.

우리의 사회적 삶을 개선하고 마음을 돌보는 일이 적어도 식단과 운동만큼이나 건강과 장수에 중요할 수 있음을 알아야 할 때다. 한 인간으로서 성장할 때 또한 젊어질 수 있다. 마이클 폴란의 유명한 말로 하자면 "먹어라. 너무 많이는 말고. 주로 식물을."[1] 나는 여기에 이렇게 덧붙이련다. "사회성을 가져라, 다른 사람들을 돌보라, 인생을 즐겨라."

감사의 말

책 쓰는 일은 때로 건강에 상당히 해로울 수 있다. 불안, 커피……. 반면에, 나는 이 책을 쓰기 위해 탐사하면서 다양한 사람들을 만났고, 이 책의 정신에 충실하게도 결국 이들이 나의 행복에, 그래서 어쩌면 나의 수명에 대단히 유익했다는 생각이 든다. 노화세포와 선충에 대해 열정을 가진 린 콕스, 동시성에 대한 독특한 통찰을 보여준 로빈 던바, 옥스퍼드셔의 숲으로 쥐를 찾으러 갈 때 내가 따라다니며 수십 가지 질문을 퍼부을 수 있게 해준 오러 롤로 등, 실험실을 방문하도록 허락해주고 본인의 연구가 가진 미묘한 차이를 진득이 설명해준 모든 과학자들에게 특히 감사의 마음을 전한다.

시간을 내 나의 코르티솔 수치를 분석해준 카민 패리언트와 나그메 니케슬라트에게 감사한다. 두 사람이 없었다면, 대가 없는 친절과 스트레스 수준에 관한 나의 작은 '실험'은 이뤄지지 못했다. 데이비드 샤피한테서는 백혈구의 대처 능력에 관해 배웠는데 정말로 흥미로웠다. 내가 전화와 이메일로 잔 칼망에 대해 질문을 쏟아내는 동안 인내심을 발휘해준 진-마리 로빈에게 감사한다. 놀라운 일을 계속하고 있는 크리스틴 재너비, 셰릴 잭슨, 리비와 아기 이블린을 포함해 '공감의 뿌리' 팀 전체에도 진심 어린 감사를 전한다. 마쓰도를 둘러보게 해준 나의 일본 가이드 아이리 아메미야의 여행 일정은 매우 유용했다. 나오키 콘도, 유키코 우치다, 시로 호리우치는 내가 복잡한 일본 문화 속에서 길을 잃지 않도록 도와줬다. 인간이 어떻게 스스로 자신을 길들였는지 설명해준 리처드 랭엄에게 감사한다. 결혼 생활에 대한 존 가트맨의 통찰은 이 책뿐 아니라 나의 삶에도 도움이 됐다.

또 대단히 흥미로운 본인의 이야기를 들려줘, 마음가짐과 건강이 갖는 많은 연관성을 이해하는 데 더 가까이 다가가게 해준 모든 분들에게 감사한다. 로라 애크닌은 본인의 이야기를 포함해 친절과 기부에 대한 이야기를 들려줬다. 토르비에른 크누센은 요가가 어느 정도로 우리를 변화시킬 수 있는지 보여줬다. 버네사 코그셜은 에미와 함께한 삶에 대해 이런저런 이야기를 들려줬다. 로빈 톰슨은 기피와 관련한 자기 경험을 터놓고 이야기해줬다. 후지타 마사토시, 사이토, 미치코, 치아키 씨는 대단한 일본 문화를 경험하게 해줬고, 카타르지나는 나를 안아줬다. 모두에게 감사한다.

그다음으로 수십 명의 연구자들이 있다. 내가 복잡한 돌봄 체계나 시상하부-뇌하수체-부신 축을 이해하고자 연구에 대해 이것저것

귀찮게 물어보는데도 이분들은 너그러이 답해줬다. 프란스 드 발, 보리스 보르네만, 파브리지오 베네데티, 래리 영, 데이비드 므로체크, 존 맬라우프, 트리스턴 이나가키, 요한 데놀레트, 스티븐 포지스, 라엘 칸, 도널드 J. 노블, 펄라 칼리만, 사이먼 N. 영, 프랭크 후, 데이비드 스타인솔츠, 데이비드 스바라, 재니스 키콜트-글레이저, 토마스 보슈, 캐스린 넬슨, 댄 웨이저스, 커스튼 틸리시, 에드 디너, 폴 매콜리, 이고르 브란치, 제시카 라킨, 슈테판 슈라이버는 내가 감사를 표하고 싶은 분들 가운데 일부에 지나지 않는다.

물론 이 책은 열정적인 출판 에이전트 마사 웨브와, 마찬가지로 열심히 일하는 멋진 편집자 바브나 차우한이 아니었다면 절대로 나오지 못했다. 이 책을 믿고 영국 시장에 소개해준 출판사 리틀브라운앤드컴퍼니의 톰 애스커에게도 고마운 마음을 전한다.

마지막으로 빠트릴 수 없는 중요한 사람은 남편 마치에크이다. 변함없는 지지와 열정을 보여줘 엄청 고맙다는 말을 하고 싶다. 내가 몇 시간이나 사무실에 틀어박혀 책을 쓰고 있을 때도 쾌활함을 잃지 않은 딸 엘리도 고맙다. 두 사람 덕분에 나는 매일매일 젊어지고 있다.

주

들어가며

1 사망 위험도에 관한 말. 나는 이 책 전체에 걸쳐 '사망 위험도가 더 낮다'는 식으로
언급한다. 이 말은 기본적으로, 정교한 수학에 너무 깊이 들어가지 않고 얘기하
자면, 특정한 연구의 추적 기간(5년 또는 10년 또는 25년) 동안에 특정한 사람들이
사망할 가능성이 더 낮다는 뜻이다. 예를 들어, 만약 어떤 연구에서 X를 한 사람
들의 사망 위험도가 20퍼센트 더 낮았다는 말은 과학자들이 추적하는 기간에 X
를 한 사람들이 사망할 가능성이 일반적으로 이들이 사망할 가능성보다 거의 20
퍼센트 더 낮게 추산된다는 뜻이다.

2 Julianne Holt-Lunstad, David A. Sbarra and Theodore F. Robles, "Advancing Social
Connection as a Public Health Priority in the United States," *American Psychologist*
72 (2017).

3 Ralph S. Paffenbarger et al., "The Association of Changes in Physical-Activity Level
and Other Lifestyle Characteristics with Mortality among Men," 328 (1993): 538-
545 AND Marc Nocon et al., "Association of physical activity with all-cause and
cardiovascular mortality: a systematic review and meta-analysis," *European Journal
of Preventive Cardiology* 15 (2008).

4 Xia Wang et al., "Fruit and vegetable consumption and mortality from all causes,
cardiovascular disease, and cancer: systematic review and dose-response meta-
analysis of prospective cohort studies," *BMJ* 349 (2014).

5 Panagiota N. Mitrou et al., "Mediterranean Dietary Pattern and Prediction of All-
Cause Mortality in a US Population," *JAMA Internal Medicine* 167 (2007): 2461-2468.

6   "Les Repas Traditionnel Fait de la Resistance!" BVA, accessed November 29, 2017, http://www.bva.fr/fr/sondages/le_repas_traditionnel_fait_de_la_resistance.html

7   "Are Americans Still Serving Up Family Dinners?," The Harris Poll, accessed November 29, 2017, http://www.theharrispoll.com/health-and-life/Are_Americans_Still_Serving_Up_Family_Dinners_.html

8   Julianne Holt-Lunstad, David A. Sbarra and Theodore F. Robles, "Advancing Social Connection as a Public Health Priority in the United States," *American Psychologist* 72 (2017).

9   Eileen K. Graham et al., "Personality Predicts Mortality Risk: An Integrative Data Analysis of 15 International Longitudinal Studies," *Journal of Research in Personality* (2017).

10   Doug Oman, Carl Thoresen and Kay Mcmahon, "Volunteerism and Mortality among the Community-dwelling Elderly," *Journal of Health Psychology* 4 (1999).

11   Lee Hooper et al., "Risks and benefits of omega 3 fats for mortality, cardiovascular disease, and cancer: systematic review," *BMJ* 332 (2006).

12   Daniel W. Belsky et al., "Eleven Telomere, Epigenetic Clock, and Biomarker-Composite Quantifications of Biological Aging: Do They Measure the Same Thing?," *American Journal of Epidemiology* 187(2018): 1220-1230.

13   "Obama to Graduates: Cultivate Empathy," Northwestern University, accessed August 1, 2019, https://www.northwestern.edu/newscenter/stories/2006/06/barack.html

14   Peter Walker, "May appoints minister to tackle loneliness issues raised by Jo Cox," *The Guardian*, accessed August 12, 2019, https://www.theguardian.com/society/2018/jan/16/may-appoints-minister-tackle-loneliness-issues-raised-jo-cox

15   Jena McGregor, "This former surgeon general says there's a 'loneliness epidemic' and work is partly to blame," *The Washington Post*, accessed August 12, 2019, https://www.washingtonpost.com/news/on-leadership/wp/2017/10/04/this-former-surgeon-general-says-theres-a-loneliness-epidemic-and-work-is-partly-to-blame/

제1부 언제까지 건강하게 살 수 있을까

1. 장수 유전자 미스터리

1   Robert D. Young et al., "Typologies of Extreme Longevity Myths," *Current Gerontology and Geriatrics Research* 2010 (2010).

2   Xiao Dong, Brandon Milholland and Jan Vijg, "Evidence for a limit to human lifespan," *Nature* 538 (2016): 257-259.

3   Jean-Marie Robine and Michel Allard, "The oldest human," *Science* 279(1998): 1834–1835.

4   Craig R. Whitney, "Jeanne Calment, World's Elder, Dies at 122," *The New York Times*, August 5, 1997.

5   Stacy L. Andersen et al., "Health Span Approximates Life Span Among Many Supercentenarians: Compression of Morbidity at the Approximate Limit of Life Span," *The Journals of Gerontology* Series A, 67A (2012): 395-405.

6   Anatoliy I. Yashin et al., "Joint influence of small-effect genetic variants on human longevity," *Aging* 2 (2010): 612-620.

7   Ralf Schaible et al., "Constant mortality and fertility over age in Hydra," *PNAS* 112(2015): 15701-15706.

8   Sonja Entringer et al., "The fetal programming of telomere biology hypothesis: an update," *Philosophical Transactions* B 373 (2018).

9   Donald K. Grayson, "Human Mortality in a Natural Disaster: The Willie Handcart Company," *Journal of Anthropological Research* 52 (1996): 185-205.

10   Virginia Zarulli et al., "Women live longer than men even during severe famines and epidemics," *PNAS* 115(2018): E832-E840.

11   Marc Luy, "Causes of Male Excess Mortality: Insights from Cloistered Populations," *Population and Development Review* 29 (2003): 647-676.

12   Morgane Tidière et al., "Comparative analyses of longevity and senescence reveal variable survival benefits of living in zoos across mammals," *Scientific Reports* 6 (2016).

13   Kyung-Jin Min, Cheol-Koo Lee and Han-Nam Park, "The lifespan of Korean eunuchs," *Current Biology* 22 (2012): R792-R79.

14 Rita Ostan et al., "Gender, aging and longevity in humans: an update of an intriguing/ neglected scenario paving the way to a gender-specific medicine," *Clinical Science* 130 (2016): 1711-1725.

15 앞의 책.

16 Tad Friend, "Silicon Valley's Quest to Live Forever," *The New Yorker*, accessed July 25, 2019, https://www.newyorker.com/magazine/2017/04/03/silicon-valleys-quest-to-live-forever

17 Nir Barzilai et al., "Metformin as a Tool to Target Aging," *Cell Metabolism* 23(2016): 1060-1065.

18 Rebecca Robbins, "Young-Blood Transfusions Are on the Menu at Society Gala," *Scientific American*, accessed July 25, 2019, https://www.scientificamerican.com/article/young-blood-transfusions-are-on-the-menu-at-society-gala/

2. 아픈 사람은 몸만 아픈 게 아니다

1 Brian C. Clark et al., "The power of the mind: the cortex as a critical determinant of muscle strength/weakness," *Journal of Neurophysiology* 112 (2014): 3219-3226.

2 Sandra Blakeslee, "Placebos Prove So Powerful Even Experts Are Surprised; New Studies Explore the Brain's Triumph Over Reality," *The New York Times*, accessed July 25, 2019, https://www.nytimes.com/1998/10/13/science/placebos-prove-so-powerful-even-experts-are-surprised-new-studies-explore-brain.html

3 앞의 책.

4 Christina Liossi and Popi Hatira, "Clinical hypnosis in the alleviation of procedure-related pain in pediatric oncology patients," *International Journal of Clinical and Experimental Hypnosis* 51 (2003): 4-28.

5 Edwin J. Weinstein and Phillip K. Au, "Use of hypnosis before and during angioplasty," *American Journal of Clinical Hypnosis* 34 (1991): 29-37.

6 Young, William Paul. *The Shack* (London: Hodder & Stoughton, 2007).

7 Justin S. Feinstein et al., "The Human Amygdala and the Induction and Experience of Fear," *Current Biology* 21 (2011): 34-38.

8 Christoper M. Burns, "The History of Cortisone Discovery and Development," in

Corticosteroids: An Issue of Rheumatic Disease Clinics of North America, ed. Marcy B. Bolster (Philadelphia: Elsevier, 2016), 1-15.

9   Thom Rooke, *The Quest for Cortisone* (East Lansing, Michigan: Michigan State University Press, 2012).

10 Teresa E. Seeman et al., "Price of Adaptation—Allostatic Load and Its Health Consequences," *JAMA Internal Medicine* 157 (1997): 2259-2268.

11 A. Steptoe and J. Wardle, "Cardiovascular stress responsivity, body mass and abdominal adiposity," *International Journal of Obesity* 29 (2005): 1329-1337.

12 David Muehsam et al., "The embodied mind: A review on functional genomic and neurological correlates of mind-body therapies," *Neuroscience and Biobehavioral Reviews* 73 (2017): 165-181.

13 Robert Dantzer, "Cytokine, Sickness Behavior, and Depression," *Neurologic Clinics* 24 (2006): 441-460.

14 Marc Udina et al., "Interferon- induced depression in chronic hepatitis C: a systematic review and meta-analysis," *The Journal of Clinical Psychiatry* 73 (2012): 1128–1138.

15 Julie E. Finnell and Susan K. Wood, "Neuroinflammation at the interface of depression and cardiovascular disease: Evidencefromrodent models of social stress," *Neurobiology of Stress* 4 (2016): 1-14.

16 앞의 책.

17 Ole Köhler et al., "Inflammation in Depression and the Potential for Anti-Inflammatory Treatment," *Current Neuropharmacology* 14 (2016): 732-742.

18 Philippe Lunetta, Jerome Modelland Antti Sajantila, "What Is the Incidence and Significance of "Dry-Lungs" in Bodies Found in Water?" *The American Journal of Forensic Medicine and Pathology* 25 (2004): 291-301.

19 Paolo Alboni, Marco Alboni and Lorella Gianfranchi, "Simultaneous occurrence of two independent vagal reflexes: a possible cause of vagal sudden death," *Heart* 97 (2011): 623-625.

20 앞의 책.

21 A.J. Rush et al., "Vagus nerve stimulation (VNS) for treatment-resistant depressions: a multicenter study," *Biological Psychiatry* 47 (2000): 276–286.

22 Julian Thayer et al., "A meta-analysis of heart rate variability and neuroimaging studies: Implications for heart rate variability as a marker of stress and health," *Neuroscience and Biobehavioral Reviews* 36(2012): 747-756.

23 Marian Papp et al., "Increased heart rate variability but no effect on blood pressure from 8 weeks of hatha yoga—a pilot study," *BMC Research Notes* 6 (2013).

24 James Meadow et al.,"Significant changes in the skin microbiome mediated by the sport of roller derby," *PeerJ* 1 (2013): e53.

25 Se Jin Song et al., "Cohabiting family members share microbiota with one another and with their dogs," *eLife* 2 (2013): e00458.

26 L. Desbonnet et al., "Microbiota is essential for social development in the mouse," *Molecular Psychiatry* 19 (2014): 146-148.

27 앞의 책.

28 Timothy G. Dinan et al., "Collective unconscious: How gut microbes shape human behavior," *Journal of Psychiatric Research* 63 (2015): 1-9.

29 Thomas W. McDade et al., "Do environments in infancy moderate the association between stress and inflammation in adulthood? Initial evidence from a birth cohort in the Philippines," *Brain, Behavior, and Immunity* 31 (2013): 23-30.

30 Kirsten Tillisch et al., "Consumption of Fermented Milk Product WithProbioticM odulatesBrainActivity," *Gastroenterology* 144(2013):1394-1401.e4.

31 Michaël Messaoudi et al., "Beneficial psychological effects of a probiotic formulation (*Lactobacillus helveticus* R0052 and *Bifidobacterium longum* R0175) in healthy human volunteers," *Gut Microbes* 4 (2011): 256-261.

32 John R. Kelly, "Transferring the blues: depression-associated gut microbiota induces neurobehavioural changes in the rat," *Journal of Psychiatric Research* 82(2016): 109–118.

33 P. Bercik et al., "The intestinal microbiota affect central levels of brain-derived neurotropic factor and behavior in mice," *Gastroenterology* 141 (2011): 599-609.

34 Eoin Sherwin, Timothy G. Dinan and John F. Cryan, "Recent developments in understanding the role of the gut microbiota in brain health and disease," *Annals of the New York Academy of Sciences* 1420 (2018): 5-25.

35   Patrick Smith et al., "Regulation of life span by the gut microbiota in the short-lived African turquoise killifish," *eLife* 6 (2017): e27014.

36   C.R. Snyder, Lori Irving and John Anderson, "Hope and Health," in *Handbook of Social and Clinical Psychology: The Health Perspective*, eds. C. R. Snyder and D. R. Forsyth (Elmsford, NY, US: Pergamon Press, 1991), 285-305.

37   Teri W. Hoenemeyer et al., "Open-Label Placebo Treatment for Cancer-Related Fatigue: A Randomized-Controlled Clinical Trial," *Scientific Reports* 8 (2018).

38   L.Y. Atlas and T.D. Wager, "AMeta-analysis of BrainMechanisms of Placebo Analgesia: Consistent Findings and Unanswered Questions," in: *Placebo*, eds. Fabrizio Benedetti et al. (Berlin: Springer, 2014): 37–69.

3. 오래 사는 사람들의 호르몬

1   PherLuv Pheromone Molecule Compounds, accessed July 29, 2019, https://www.pherluv.com/index.php/oxytocin-nasal-spray

2   Lauren A.O'Connell, Bryan J. Matthews and Hans A. Hofmann, "Isotocin regulates paternal care in a monogamous cichlid fish," *Hormones and Behavior* 61 (2012): 725-733.

3   Mary Ann Raghanti et al., "A neurochemical hypothesis for the origin of hominids," *PNAS* 115 (2018): E1108-E1116.

4   Jean-Jacques Hublin, Simon Neubauer and Philipp Gunz, "Brain ontogeny and life history in Pleistocene hominins," *Philosophical Transactions of The Royal Society* B 370 (2015).

5   Brian Hare, "Survival of the Friendliest: Homo sapiens Evolved via Selection for Prosociality," *The Annual Review of Psychology* 68 (2017): 155-186.

6   Cheryl D. Stimpson et al., "Differential serotonergic innervation of the amygdala in bonobos and chimpanzees," *Social Cognitive and Affective Neuroscience* 11 (2016): 413-422.

7   Wrangham, Richard. *The Goodness Paradox: The Strange Relationship Between Virtue and Violence in Human Evolution* (New York: Pantheon Books, 2019), 47-65.

8   In the language of paleoanthropology the word "hominin" stands for modern

humans and all extinct species closely related to us.

9 Manal Tabbaa et al., "Neuropeptide Regulation of Social Attachment: The Prairie Vole Model," *Comprehensive Physiology* 7 (2016): 81-104.

10 Manal Tabbaa et al., "Neuropeptide Regulation of Social Attachment: ThePrairie VoleModel," *Comprehensive Physiology* 7 (2016): 81-104.

11 T.L. Procyshyn et al., "The Williams syndrome prosociality gene *GTF2I* mediates oxytocin reactivity and social anxiety in a healthy population," *Biology Letters* 13 (2017).

12 Mauricio Aspé-Sánchez et al., "Oxytocin and Vasopressin Receptor Gene Polymorphisms: Role in Social and Psychiatric Traits," *Frontiers in Neuroscience* 9 (2016).

13 Takamitsu Watanabe et al., "Clinical and neural effects of six-week administration of oxytocin on core symptoms of autism," *Brain* 11 (2015): 3400–3412.

14 Franz Korbinian Huetter et al., "Association of a Common Oxytocin Receptor Gene Polymorphism with Self-Reported 'Empathic Concern' in a Large Population of Healthy Volunteers," *PLOS One* (2016).

15 Melissa L. Sturge-Apple and Dante Cicchetti, "Differential Susceptibility in Spillover Between Interparental Conflict and Maternal Parenting Practices: Evidence for OXTR and 5-HTT Genes," *Journal of Family Psychology* 26 (2012): 431-442.

16 Beate Ditzen et al., "Intranasal Oxytocin Increases Positive Communication and Reduces Cortisol Levels During Couple Conflict," *Biological Psychiatry* 65 (2009): 728-731.

17 Gregor Domes et al., "Oxytocin improves 'mind-reading' in humans," *Biological Psychiatry* 6 (2007).

18 Michael Kosfeld et al., "Oxytocin increased trust in humans," *Nature* (2005).

19 Dirk Scheele et al., "Oxytocin Modulates Social Distance between Males and Females," *Journal of Neuroscience* 32 (2012).

20 C. Sue Carter, "Oxytocin Pathways and the Evolution of Human Behavior," *Annual Review of Psychology* 65 (2014): 17-39.

21 Susan E. Erdman, "Microbes and healthful longevity," *Aging* 8 (2016).

22 Manal Tabbaa et al., "Neuropeptide Regulation of Social Attachment: The Prairie

Vole Model," *Comprehensive Physiology* 7 (2016): 81-104.

23 Karen Wu et al., "Gender Interacts with Opioid Receptor Polymorphism A118G and Serotonin Receptor Polymorphism–1438 A/G on Speed-Dating Success," *Human Nature* 27 (2016): 244-260.

24 Simon N. Young, "The effect of raising and lowering tryptophan levels on human mood and social behaviour," *Philosophical Transactions of the Royal Society* B 368 (2013).

25 Sara Fidalgo, Dobril K. Ivanov and Shona H. Wood, "Serotonin: from top to bottom," *Biogerontology* 14 (2013): 21-45.

26 Yasuyuki Gondo et al., "Contribution of an affect-associated gene to human longevity: Prevalence of the long-allele genotype of the serotonin transporter-linked gene in Japanese centenarians," *Mechanisms of Ageing and Development* 126 (2005): 1178-1184.

27 Florina Uzefovsky et al., "Vasopressin selectively impairs emotion recognition in men," *Psychoneuroendocrinology* 37 (2012): 576-580.

28 Oliver J. Bosch and Inga D. Neumann, "Both oxytocin and vasopressin are mediators of maternal care and aggression in rodents: from central release to sites of action," *Hormones and Behavior* 61 (2012): 293-202.

29 Renee C. Firman and Leigh W. Simmons, "Experimental evolution of sperm quality via postcopulatory sexual selection in house mice," *Evolution* 64 (2010): 1245-1256.

30 Larry J. Young et al., "Increased affiliative response to vasopressin in mice expressing the V1a receptor from a monogamous vole," *Nature* 400 (1999): 766-768.

31 Hasse Walum et al., "Genetic variation in the vasopressin receptor 1a gene (AVPR1A) associates with pair-bonding behavior in humans," *PNAS* 105 (2008): 14153-14156.

32 Boris Perras et al., "Beneficial Treatment of Age-Related Sleep Disturbances With Prolonged Intranasal Vasopressin," *Journal of Clinical Psychopharmacology* 19 (1999): 28-36.

33 James K. Rilling et al., "Sex differences in the neural and behavioral response to intranasal oxytocin and vasopressin during human social interaction," *Psychoneuroendocrinology* 39 (2014).

34 S. Kojima et al., "Maternal Contact Differentially Modulates Central and Peripheral

Oxytocin in Rat Pups During a Brief Regime of Mother–Pup Interaction that Induces a Filial Huddling Preference," *Journal of Neuroendocrinology* 24 (2012): 831-840.

35 Ilanit Gordon et al., "Oxytocin and the Development of Parenting in Humans," *Biological Psychiatry* 68 (2010): 377-382.

36 Tiffany Field et al., "Cortisol decreases and serotonin and dopamine increase following massage therapy," *International Journal of Neuroscience* 10 (2005).

37 S. Ogawa et al., "Increase in oxytocin secretion at ejaculation in male," Clinical Endocrinology 13 (1980): 95-97 AND W. Blaicher et al., "The role of oxytocin in relation to female sexual arousal," *Gynecologic and Obstetric Investigation* 47 (1999): 125-126.

38 Lane Stratharn et al., "Adult attachment predicts maternal brain and oxytocin response to infant cues," *Neuropsychopharmacology* 34 (2009): 2655-2666.

39 M. Nagasawa et al., "Oxytocin-gaze positive loop and the coevolution of human-dog bonds," *Science* 348 (2015): 333-336.

40 Igor Branchi et al., "Early interactions with mother and peers independently build adult social skills and shape BDNF and oxytocin receptor brain levels," *Psychoneuroendocrinology* 38 (2013): 522-532.

41 Simon N. Young, "How to increase serotonin in the human brain without drugs," *Journal of Psychiatry & Neuroscience* 32 (2007): 394-399.

제2부 외롭지 않고 아프지 않게

4. 몸에 좋은 것들의 배신

1 Jongha Park et al., "Obesity Paradox in End-Stage Kidney Disease Patients," *Progress in Cardiovascular Diseases* 56 (2016): 415-425.

2 Jeptha P. Curtis et al., "The Obesity Paradox: Body Mass Index and Outcomes in Patients With Heart Failure," *JAMA* 165 (2005): 55-61.

3 Carl J. Lavie et al., "Obesity and Cardiovascular Diseases," *Journal of the American*

College of Cardiology 63 (2014).

4   L. Tulinský et al., "Obesity paradox in patients undergoing lung lobectomy—myth or reality?" BMC Surgery 18 (2018).

5   Katherine Flegal et al., Association of All-Cause Mortality With Overweight and Obesity Using Standard Body Mass Index Categories," JAMA 309 (2013).

6   체질량지수는 단순히 몸무게를 키로 나눠 계산한다.

7   Jongha Park et al., "Obesity Paradox in End-Stage Kidney Disease Patients," Progress in Cardiovascular Diseases 56 (2016): 415-425.

8   "Vihljalmur Stefansson was called and examined, May 8, 1919," accessed November 27, 2014, https://openlibrary.org/books/OL24661516M/Vihljalmur_ Stefansson_was_called_and_examined_May_8_1919_i.e._1920

9   Adam M. Bernstein, Leo Treyzon and Zhaoping Li, "Are High-Protein, Vegetable-Based Diets Safe for Kidney Function? A Review of the Literature," Journal of the American Dietetic Association 107 (2007): 644-650.

10   Helga Frank et al., "Effect of short-term high-protein compared with normal-protein diets on renal hemodynamics and associated variables in healthy young men," The American Journal of Clinical Nutrition 90 (2009): 1509-1516.

11   Hiroshi Noto et al., "Low-Carbohydrate Diets and All-Cause Mortality: A Systematic Review and Meta-Analysis of Observational Studies," PLOS One 8 (2013).

12   Harinder Singh Bedi, Vivek Tewarson and Kamal Negi, "Bleeding risk of dietary supplements: A hidden nightmare for cardiac surgeons," Indian Heart Journal 68 (2016): S249-S250.

13   Pieter A. Cohen, "American Roulette—Contaminated Dietary Supplements," The New England Journal of Medicine 361(2009): 1523-1525.

14   Victor J. Navarro et al., "Liver injury from Herbals and Dietary Supplements in the US Drug Induced Liver Injury Network," Hepatology 60 (2014): 1399-1408.

15   Antonia C. Novello et al., "Dietary Supplements Balancing Consumer Choice & Safety," New York State Task Force on Life & the Law, 2006, accessed July 30, 2019, https://www.health.ny.gov/regulations/task_force/docs/dietary_supplement_safety. pdf

16 Pieter A. Cohen, "Hazards of Hindsight—Monitoring the Safety of Nutritional Supplements," *New England Journal of Medicine* 370 (2014): 1277-1280.

17 Edgar R. Miller III et al., "Meta-Analysis: High-Dosage Vitamin E Supplementation May Increase All-Cause Mortality," *Annals of Internal Medicine* 142 (2005): 37-46.

18 Goran Bjelakovic et al., "Antioxidant Supplements to Prevent Mortality," *JAMA* 310 (2013): 1178-1179.

19 Jorg Muntwyler et al., Vitamin Supplement Use in a Low-Risk Population of US Male Physicians and Subsequent Cardiovascular Mortality," *JAMA Internal Medicine* 162 (2002): 1472-1476.

20 Majambu Mbikay, "Therapeutic potential of Moringa oleifera leaves in chronic hyperglycemia and dyslipidemia: a review," *Frontiers in Pharmacology* (2012).

21 Kathryn M. Nelson et al., "The Essential Medicinal Chemistry of Curcumin," *The Journal of Medicinal Chemistry* 60 (2017): 1620-1637.

22 앞의 책.

23 L. Fry, A.M. Madden, R. Fallaize, "An investigation into the nutritional composition and cost of gluten-free versus regular food products in the UK.," *Journal of Human Nutrition and Dietetics* 31 (2018): 108-120.

24 Giorgia Vici et al., "Gluten free diet and nutrient deficiencies: A review," *Clinical Nutrition* 35 (2016): 1236-1241.

25 Stephanie L. Raehsler et al., "Accumulation of Heavy Metals in People on a Gluten-Free Diet," *Clinical Gastroenterology and Hepatology* 16 (2018): 244-251.

26 Geng Zong et al., " Gluten intake and risk of type 2 diabetes in three large prospective cohort studies of US men and women," *Diabetologia* 61 (2018): 2164-2173

27 Fraser and Shavlik, Ten Years of Life; Paul N. Appleby et al., "The Oxford Vegetarian Study: an overview," *The American Journal of Clinical Nutrition* 70(1999): 525s-531s.

28 An Pan et al., "Red Meat Consumption and Mortality," *Archives of Internal Medicine* 172 (2012).

29 Anita Singh, "Vivienne Westwood: People who can't afford organic food should eat less," *The Telegraph*, accessed July 30, 2019, https://www.telegraph.co.uk/news/health/news/11225326/Vivienne-Westwood-People-who-cant-afford-organic-

food-should-eat-less.html

30 Alan D Dangour et al., "Nutrition-related health effects of organic foods: a systematic review," *The American Journal of Clinical Nutrition* 92 (2010): 203-210.

31 앞의 책.

32 Lisbeth Grinder-Pedersen et al., "Effect of Diets Based on Foods from Conventional versus Organic Production on Intake and Excretion of Flavonoids and Markers of Antioxidative Defense in Humans," *Journal of Agricultural and Food Chemistry* 51 (2003): 5671-5676.

33 Amanpreet S. Dhillon et al., "Pesticide/Environmental Exposures and Parkinson's Disease in East Texas," *Journal of Agromedicine* 13 (2008): 37-48.

34 Caroline M. Tanner et al., "Rotenone, Paraquat, and Parkinson's Disease," *Environmental Health Perspectives* 119 (2011): 866-872.

35 Tamar Haspel, "The truth about organic produce and pesticides," *The Washington Post*, accessed July 31, 2019, https://www.washingtonpost.com/lifestyle/food/the-truth-about-organic-produce-and-pesticides/2018/05/18/8294296e-5940-11e8-858f-12becb4d6067_story.html?utm_term=.23d0d9e722d3

36 "Food and pesticides," EPA, accessed July 31, 2019, https://www.epa.gov/safepestcontrol/food-and-pesticides

37 Matthew R. Bonner et al., "Occupational Exposure to Pesticides and the Incidence of Lung Cancer in the Agricultural Health Study," *Environmental Health Perspectives* 125 (2017).

38 Majoriê M. Segatto et al., "Residential and occupational exposure to pesticides may increase risk for cutaneous melanoma: a case–control study conducted in the south of Brazil," *International Journal of Dermatology* 54(2015): e527-e538.

39 Anthony Trewavas and Derek Stewart, "Paradoxical effects of chemicals in the diet on health," *Current Opinion in Plant Biology* 6 (2003): 185-190.

40 Anthony Trewavas, "A critical assessment of organic farming-and-food assertions with particular respect to the UK and the potential environmental benefits of no-till agriculture," *Crop Protection* 23 (2004).

41 Lawrence H. Kushi et al., "American Cancer Society Guidelines on Nutrition and

Physical Activity for Cancer Prevention," *ACS Guidelines on Nutrition and Physical Activity for Cancer Prevention* (2012).

42   Stewart Wolf et al., "Roseto, Pennsylvania 25 Years Later—Highlights of a Medical and Sociological Survey," *Transactions of the American Clinical and Climatological Association* 100 (1989).

43   Harrington, Anne. *The Cure Within: A History of Mind-Body Medicine* (New York: W.W. Norton & Company: 2008), 180.

44   Julianne Holt-Lunstad, David A. Sbarra and Theodore F. Robles, "Advancing Social Connection as a Public Health Priority in the United States," *American Psychologist* 72 (2017).

45   Julianne Holt-Lunstad, Timothy B. Smith and J. Bradley Layton, "Social Relationships and Mortality Risk: A Meta-analytic Review," *PLOS Medicine* (2010) AND Julianne Holt-Lunstad, David A. Sbarra and Theodore F. Robles, "Advancing Social Connection as a Public Health Priority in the United States," *American Psychologist* 72 (2017).

46   Julianne Holt-Lunstad, David A. Sbarra and Theodore F. Robles, "Advancing Social Connection as a Public Health Priority in the United States," *American Psychologist* 72 (2017).

47   Julianne Holt-Lunstad, Timothy B. Smith and J. Bradley Layton, "Social Relationships and Mortality Risk: A Meta-analytic Review," *PLOS Medicine* (2010).

48   Eric A. Finkelstein et al., "Effectiveness of activity trackers with and without incentives to increase physical activity (TRIPPA): a randomised controlled trial," *The Lancet* 4 (2016): 983-995.

49   John M. Jakicic et al., "Effect of Wearable Technology Combined With a Lifestyle Intervention on Long-term Weight Loss," *JAMA* 316(2016): 1161-1171.

50   Martin Loefand Harald Walach, "The combined effects of hsealthy lifestyle behaviors on all cause mortality: A systematic review and meta-analysis," *Preventive Medicine* 55 (2012): 163-170.

51   Lyn M Steffen et al., "Associations of whole-grain, refined-grain, and fruit and vegetable consumption with risks of all-cause mortality and incident coronary

artery disease and ischemic stroke: the Atherosclerosis Risk in Communities (ARIC) Study," *The American Journal of Clinical Nutrition* 78 (2003): 383-390.

52 "Cruciferous vegetable consumption is associated with a reduced risk of total and cardiovascular disease mortality," *The American Journal of Clinical Nutrition* 94 (2011): 240–246.

53 Julianne Holt-Lunstad, Timothy B. Smith and J. Bradley Layton, "Social Relationships and Mortality Risk: A Meta-analytic Review," *PLOS Medicine* (2010).

54 Eileen K. Graham et al., "Personality Predicts Mortality Risk: An Integrative Data Analysis of 15 International Longitudinal Studies," *Journal of Research in Personality* (2017).

55 앞의 책.

56 Randy Cohen, Chirag Bavishi and Alan Rozanski, "Purpose in Life and Its Relationship to All-Cause Mortality and Cardiovascular Events: A Meta-Analysis," *Psychosomatic Medicine* 78 (2016).

57 Susanna C. Larsson and Nicola Orsini, "Red Meat and Processed Meat Consumptionand All-Cause Mortality: A Meta-Analysis," *American Journal of Epidemiology* 179 (2014): 282-289.

58 Katherine M. Flegal et al., "Association of All-Cause Mortality With Overweight and Obesity Using Standard Body Mass Index Categories, a Systematic Review and Meta-analysis," *JAMA* 309 (2013): 71-82.

59 Goran Bjelakovic et al., "Mortality in Randomized Trials of Antioxidant Supplements for Primary and Secondary Prevention. Systematic Review and Meta-analysis," *JAMA* 297 (2007): 842-857.

60 앞의 책.

61 Hilary A. Tindle et al., "Optimism, Cynical Hostility, and Incident Coronary Heart Disease and Mortality in the Women's Health Initiative," *Circulation* 120 (2009): 656-662.

62 Elizabeth M. Lawrence, Richard G. Rogers and Tim Wadsworth, "Happiness and Longevity in the United States," *Social Science & Medicine* 145 (2015): 115-119.

63 Páraic S. O'Súilleabháin and Brian M.Hughes, "Neuroticism predicts all-cause

mortality over 19-years: The moderating effects on functional status, and the angiotensin-converting enzyme," *Journal of Psychosomatic Research* 110 (2018): 32-37.

5. 외로우면 아프다

1   Lisa Berkman and S. Leonard Syme, "Social Networks, Host Resistance, and Mortality: a Nine-Year Follow-up Study of Alameda County Residents," *American Journal of Epidemiology* 109 (1979)

2   N.K. Valtorta et al., "Loneliness and social isolation as risk factors for coronary heart disease and stroke: systematic review and meta-analysis of longitudinal observational studies," *Heart* (2016) AND G.F. Giesbrecht et al., "The buffering effect of social support on hypothalamic-pituitary-adrenal axis function during pregnancy," *Psychosomatic Medicine* 75 (2013): 856-862.

3   M. Robin DiMatteo, "Social Support and Patient Adherence to Medical Treatment: A Meta-Analysis," *Health Psychology* 23 (2004): 207-218.

4   Sheldon Cohen et al., "Sociability and Susceptibility to the Common Cold," *Psychological Science* 14 (2003).

5   The Loneliness Project, accessed May 27, 2018, http://thelonelinessproject.org

6   Julianne Holt-Lunstad and Timothy B. Smith, "Loneliness and Social Isolation as Risk Factors for Mortality: A Meta-Analytic Review," *Perspectives on Psychological Science* 10 (2015): 227-237.

7   Julianne Holt-Lunstad, Timothy B. Smith and J. Bradley Layton, "Social Relationships and Mortality Risk: A Meta-analytic Review," *PLOS Medicine* (2010).

8   John Cacioppo et al., "Do lonely days invade the nights? Potential social modulation of sleep efficiency," *Psychological Science* 13 (2002): 385–388.

9   N.I. Eisenberger, M.D. Lieberman and K.D. Williams, "Does rejection hurt? An fMRI study of social exclusion," *Science* 302 (2003): 290-292.

10   Robyn J. McQuaid et al., "Distress of ostracism: oxytocin receptor gene polymorphism confers sensitivity to social exclusion," *Social Cognitive and Affective Neuroscience* 10 (2015).

11   Turhan Canli et al., "Loneliness 5 years ante-mortem is associated with disease-

related differential gene expression in postmortem dorsolateral prefrontal cortex," *Translational Psychiatry* 8 (2018).

12   John A. Bargh and Idit Shalev, "The Substitutability of Physical and Social Warmth in Daily Life," *Emotion* 12 (2012): 154-162.

13   Andrew W. Perkins, Jeff Rotman and Seung Hwan (Mark) Lee, "Embodied Cognition and Social Consumption: Self- Regulating Temperature Through Social Products and Behaviors," *Journal of Consumer Psychology* 24(2014): 234-240.

14   Aleksandra Szymkow et al., "Warmer Hearts, Warmer Rooms How Positive Communal Traits Increase Estimates of Ambient Temperature," *Social Psychology* 44 (2013): 167-176.

15   Lawrence E. Williams and John A. Bargh, "Experiencing Physical Warmth Promotes Interpersonal Warmth," *Science* 322 (2008).

16   Hans IJzerman et al., "A theory of social thermoregulation in human primates," *Frontiers in Psychology* (2015).

17   Munirah Bangee et al., "Loneliness and attention to social threat in young adults: Findings from an eye tracker study," *Personality and Individual Differences* 63 (2014).

18   Cacioppo, Johan and William Patrick. *Loneliness: Human Nature and the Need for Social Connection* (New York: W.W. Norton & Company: 2008), 236.

19   John T. Cacioppo et al., "Loneliness within a nomological net: An evolutionary perspective," *Journal of Research in Personality* 40 (2006): 1054-1085.

20   Katrin H. Preller et al., "Effects of serotonin 2A/1A receptor stimulation on social exclusion processing," *PNAS* 113 (2016): 5119-5124.

6. 단짝 효과

1   C. Helmer et al., "Marital Status and Risk of Alzheimer's Disease," *Neurology* 53 (1999).

2   Jen-Hao Chen, Linda J. Waite and Diane S. Lauderdale, "Marriage, Relationship Quality, and Sleep among U.S. Older Adults," *Journal of Health and Social Behavior* 56 (2015).

3   Anna C.Phillips et al., "Bereavement and marriage are associated with antibody

response to influenza vaccination in the elderly," *Brain, Behavior, and Immunity* 20 (2006): 279-289.

4 Kathleen B. King and Harry T. Reis, "Marriage and long-term survival after coronary artery bypass grafting," *Health Psychology* 31 (2012): 55-62.

5 Ayal A. Aizer et al., "Marital Status and Survival in Patients With Cancer," *Journal of Clinical Oncology* 31 (2013): 3869-3876.

6 Richard G. Rogers, "Marriage, Sex, and Mortality," *Journal of Marriage and Family* 57 (1995):515-526.

7 J. Kaprio, M. Koskenvuo and H. Rita, "Mortality after be reavement: a prospective study of 95,647 widowed persons," *American Journal of Public Health* (1987).

8 Fanny Kilpi et al., "Living arrangements as determinants of my ocardial infarction incidence and survival: A prospective register study of over 300,000 Finnish men and women," *Social Science & Medicine* 133 (2015).

9 Sarah C. E. Stanton and Lorne Campbell, "Psychological and Physiological Predictors of Health in Romantic Relationships: An Attachment Perspective," *Journal of Personality* 82 (2014).

10 Janice K. Kiecolt-Glaseret al., "Marital Discord, Past Depression, and Metabolic Responses to High-Fat Meals: Interpersonal Pathways to Obesity," *Psychoneuroendocrinology* 52 (2015): 239-250.

11 Keera Allendorf, "Determinants of Marital Quality in an Arranged Marriage Society," *Social Science Research* 42 (2013): 59-70.

12 Jean-Philippe Gouin et al., "Marital Behavior, Oxytocin, Vasopressin, and Wound Healing," *Psychoneuroendocrinology* 35 (2010): 1082-1090.

13 Adela C. Timmons, Gayla Margolin, and Darby E. Saxbe, "Physiological Linkage in Couples and its Implications for Individual and Interpersonal Functioning: A Literature Review," *Journal of Family Psychology* 29 (2015): 720–731.

14 Eran Shor et al., "Meta-analysis of Marital Dissolution and Mortality: Reevaluating the Intersection of Gender and Age," *Social Science & Medicine* 75 (2012).

15 Simmy Richman, "John Betar: Syrian refugee and wife Ann become 'longest married couple in America' after being together for 83 years," *The Independent*, accessed

https://www.independent.co.uk/voices/john-betar-syrian-refugee-and-wife-ann-become-longest-married-couple-in-america-after-being-together-a6872806.html

16   Kashmira Gander, "John and Ann Betar: Couple Married for 83 Years Give Relationship Advice on Twitter," *The Independent*, accessed August 1, 2019, https://www.independent.co.uk/life-style/love-sex/john-and-ann-betar-couple-married-for-83-years-give-relationship-advice-on-twitter-a6876806.html

17   Lindsey Smith, "America's 'Longest-Married Couple' Celebrates Historic 85th Wedding Anniversary," Little Things, accessed August 1, 2019, https://www.littlethings.com/longest-married-couple-85-years/

18   John Mordechai Gottman and Robert Wayne Levenson, "The Timing of Divorce: Predicting When a Couple Will Divorce Over a 14-Year Period," *Journal of Marriage and Family* 62 (2000): 737-745.

19   Janice K. Kiecolt-Glaser et al., "Marital Discord, Past Depression, and Metabolic Responses to High-Fat Meals: Interpersonal Pathways to Obesity," *Psychoneuroendocrinology* 52 (2015): 239-250.

20   Donald Dutton and Arthur Aron, "Some evidence for heightened sexual attraction under conditions of high anxiety," *Journal of Personality and Social Psychology* 30 (1974): 510-517.

21   Hongyu Ruan and Chun-Fang Wu,"Social interaction-mediated lifespan extension of Drosophila Cu/Zn superoxide dismutase mutants," *PNAS* 105 (2008): 7506–7510.

22   Jun Aida et al., "Assessing the association between all-cause mortality and multiple aspects of individual social capital among the older Japanese," *BMC Public Health* 11 (2011).

23   Domenica Rasulo, Kaare Christensen and Cecilia Tomassini, "The Influence of Social Relations on Mortality in Later Life: A Study on Elderly Danish Twins," *The Gerontologist* 45 (2005): 601-608.

24   앞의 책.

25   Lea Ellwardt et al,"Personal Networks and Mortality Risk in Older Adults: A Twenty-Year Longitudinal Study," *PLOS One* (2015).

26 Kazuyoshi Sugawara, "Spatial Proximity and Bodily Contact among the Central Kalahari San," *African Study Monograph* (1984).

27 Maria Luisa Lima et al., "All You Need Is Facebook Friends? Associations between Online and Face-to-Face Friendships and Health," *Frontiers in Psychology* (2017).

28 Pamara Chang et al., "Age Differences in Online Social Networking: Extending Socioemotional Selectivity Theory to Social Network Sites," *Journal of Broadcasting & Electronic Media* 59 (2015): 221-239.

29 Leslie J. Seltzer et al., "Instant messages vs. speech: hormones and why we still need to hear each other," *Evolution and Human Behavior* 33 (2012): 42–45.

30 Alex Williams, "Why Is It Hard to Make Friends Over 30?" *The New York Times*, accessed August 1, 2019, https://www.nytimes.com/2012/07/15/fashion/the-challenge-of-making-friends-as-an-adult.html

31 James H. Fowler, Jaime E. Settle and Nicholas A. Christakis, "Correlated genotypes in friendship networks," *PNAS* 108 (2011): 1993-1997.

32 M.W. Segal, "Alphabet and attraction: An unobtrusive measure of the effect of propinquity in field setting," *Journal of Personality and Social Psychology* 30 (1974): 654–657.

33 Matthew J. Easterbrook and Vivian L. Vignoles, "When friendship formation goes down the toilet: Design features of shared accommodation influence interpersonal bonds and well-being," *British Journal of Social Psychology* 54 (2015): 125-139.

34 Kelly Campbell, Nicole Holderness and Matt Riggs, "Friendship chemistry: An examination of underlying factors," *Journal of Social Sciences* 52 (2015): 239–247.

35 S. Robert et al., "Neuroticism, Extraversion, and Mortality in a Defined Population of Older Persons," *Psychosomatic Medicine* 67(2005): 841-845.

36 Benjamin P. Chapman, Brent Roberts and Paul Duberstein, "Personality and Longevity: Knowns, Unknowns, and Implications for Public Health and Personalized Medicine," *Journal of Aging Research* (2011).

37 Thomas V. Pollet, Sam G. B. Roberts and Robin I. M. Dunbar, "Extraverts Have Larger Social Network Layers But Do Not Feel Emotionally Closer to Individuals at Any Layer," *Journal of Individual Differences* 32 (2011): 161-169.

7. 공감의 마법

1   Blum, Deborah. *Love at Goon Park: Harry Harlow and the Science of Affection* (New York: Basic Books, 2002).

2   Roberta Kestenbaum, Ellen A. Farber and L. Alan Sroufe, "Individual differences in empathy among preschoolers: Relation to attachment history," *New Directions for Child and Adolescent Development* 44 (1989): 51-64.

3   J. Elicker, M. Englund and L.A. Sroufe, "Predicting peer competence and peer relations in childhood from early parent–child relationships," in *Family–Peer Relationships: Modes of Linkage*, eds. R. D. Parke and G. W. Ladd (Hillsdale, NJ: Lawrence Erlbaum Associates, 1992), 77–106.

4   Pascal Vrtička et al., "Individual attachment style modulates human amygdala and striatum activation during social appraisal," *PLOS One* (2008).

5   Christopher P. Fagundes et al., "Attachment anxiety is related to Epstein–Barr virus latency," *Brain, Behavior, and Immunity* 41 (2014): 232–238.

6   Lisa M. Jaremka et al., "Attachment Anxiety is Linked to Alterations in Cortisol Production and Cellular Immunity," *Psychological Science* 24 (2013).

7   Corinna Schroeter et al., "Attachment, Symptom Severity, and Depression in Medically Unexplained Musculoskeletal Pain and Osteoarthritis: A Cross-Sectional Study," *PLOS One* (2015).

8   Charlotte Krahé et al., "Attachment style moderates partner presence effects on pain: a laser-evoked potentials study," *Social Cognitive and Affective Neuroscience* 10 (2015): 1030-1037.

9   Lisa M. Jaremka et al., "Attachment Anxiety is Linked to Alterations in Cortisol Production and Cellular Immunity," *Psychological Science* 24 (2013).

10 Hilary Maxwell et al., "Change in attachment insecurity is related to improved outcomes 1-year post group therapy in women with binge eating disorder," *Psychotherapy* 51 (2014): 57-65.

11 R. Chris Fraley et al., "Interpersonal and Genetic Origins of Adult Attachment Styles: A Longitudinal Study from Infancy to Early Adulthood," *Journal of Personality and Social Psychology* 104 (2013).

12 Sarah C. E. Stanton and Lorne Campbell, "Psychological and Physiological Predictors of Health in Romantic Relationships: An Attachment Perspective," *Journal of Personality* 82 (2014).

13 Sara H. Konrath et al., "Changes in Adult Attachment Styles in American College Students Over Time: A Meta-Analysis," *Personality and Social Psychology Review* 18 (2014).

14 Jacqueline L. Kinley and Sandra M. Reyno, "Attachment Style Changes Following Intensive Short-term Group Psychotherapy," *International Journal of Group Psychotherapy* 63 (2013).

15 de Waal, Frans. *The Age of Empathy: Nature's Lessons for a Kinder Society* (New York: Broadway Books, 2009).

16 "Obama to Graduates: Cultivate Empathy," North-western University, accessed August 1, 2019, https://www.northwestern.edu/newscenter/stories/2006/06/barack.html

17 Paul K. Piff et al., "Higher social class predicts increased unethical behavior," *PNAS* 109 (2012): 4086-4091.

18 William J. Chopik, Ed O'Brien and Sara H. Konrath, "Differences in Empathic Concern and Perspective Taking Across 63 Countries," *Journal of Cross-Cultural Psychology* 48 (2017): 23-38.

19 de Waal, Frans. *The Age of Empathy: Nature's Lessons for a Kinder Society* (New York: Broadway Books, 2009), 259.

20 Emma Chapman et al., "Fetal testosterone and empathy: Evidence from the Empathy Quotient (EQ) and the 'Reading the Mind in the Eyes' Test," *Social Neuroscience* (2006): 135-148.

21 Mathias Allemand, Andrea E. Steiger and Helmut A. Fend, "Empathy Development in Adolescence Predicts Social Competencies in Adulthood," *Journal of Personality* 83 (2015): 229-241.

22 Colin Arthur Wastell, David Cairns and Helen Haywood, "Empathy training, sex offenders and reoffending," *Journal of Sexual Aggression* 15 (2009).

23 Anne Billson, "The Wonderfully Mad World of Nicolas Cage," *The Telegraph*, accessed August 1, 2019, https://www.telegraph.co.uk/culture/film/10155965/

The-wonderfully-mad-world-of-Nicolas-Cage.html

24 Kristi Klein and Sara Hodges, "Gender Differences, Motivation, and Empathic
    Accuracy: When it Pays to Understand," *Personality and Social Psychology Bulletin* 27
    (2001).

25 Dominik Mischkowski, Jennifer Crocker and Baldwin M. Way, "From painkiller
    to empathy killer: acetaminophen (paracetamol) reduces empathy for pain," *Social
    Cognitive and Affective Neuroscience* 11 (2016): 1345–1353.

26 Bronwyn Tarr, Jacques Launay and Robin I.M. Dunbar, "Silent disco: dancing in
    synchrony leads to elevated pain thresholds and social closeness," *Evolution and
    Human Behavior* 37 (2016): 343–349.

27 Daniel Weinstein et al., "Singing and social bonding: changes in connectivity and
    pain threshold as a function of group size," *Evolution and Human Behavior* 37
    (2016): 152-158.

28 Emma E. A. Cohen et al., "Rowers' high: behavioural synchrony is correlated with
    elevated pain thresholds," *Biology Letters* 6 (2010): 106-108.

29 P. Valdesolo and D. Desteno, "Synchrony and the social tuning of compassion,"
    Emotion 11 (2011): 262-266.

30 Bahar Tunçgenç, Emma Cohen and Christine Fawcett, "Rock With Me: The Role of
    Movement Synchrony in Infants' Social and Nonsocial Choices," *Child Development*
    86 (2015): 976-984.

31 L.J. Martin et al., "Reducing social stress elicits emotional contagion of pain in
    mouse and human strangers," *Current Biology* 25 (2015): 326-332.

32 Sandra Manninen et al., "Social Laughter Triggers Endogenous Opioid Release in
    Humans," *Journal of Neuroscience* 37 (2017): 6125-6131.

33 R. B. Zajonc et al., "Convergence in the physical appearance of spouses," *Motivation
    and Emotion* 11 (1987): 335-346.

34 Tanya L. Chartrand and Jessica L. Lakin, "The Antecedents and Consequences of
    Human Behavioral Mimicry," *Annual Review of Psychology* 64 (2013): 285-308.

35 Joshua Ian Davis et al., "The Effects of BOTOX® Injections on Emotional Experience,"
    Emotion 10 (2010): 433–440.

8. 이타적 행동이 유전자를 바꾼다

1   Michael Morrow, "Teenager uses 'superhuman strength' to lift burning truck off dad and save family," News Corp Australia Network, accessed August2,2019,https:// www.news.com.au/world/north-america/teenager-uses-superhuman-strength-to-lift-burning-truck-off-dad-and-save-family/news-story/9b85e3f96547950c8da3af 34c8ee2619

2   Phyllis Moen, Donna Dempster-McClain and Robin M. Williams, Jr., "Successful Aging: A Life-Course Perspective on Women's Multiple Roles and Health," *American Journal of Sociology* 97 (1992).

3   Jeffrey A. Burr, Sae Hwang Han and Jane L. Tavares, "Volunteering and Cardiovascular Disease Risk: Does Helping Others Get 'Under the Skin?'" *The Gerontologist* 56 (2016): 937-947.

4   앞의 책.

5   Eric S. Kim and Sara H. Konrath, "Volunteering is Prospectively Associated with Health Care Use Among Older Adults," *Social Science & Medicine* 149 (2016): 122-129.

6   Michio Ikai and Arthur Steinhaus, "Some factors modifying the expression of human strength," *Journal of Applied Psychology* 16 (1961).

7   de Waal, Frans. *The Age of Empathy: Nature's Lessons for a Kinder Society* (New York: Broadway Books, 2009), 497.

8   nbal Ben-Ami Bartal, Jean Decety and Peggy Mason, "Helping a cagemate in need: empathy and pro-social behavior in rats," *Science* 334 (2011): 1427-1430.

9   *Bare*, Jim Jefferies, directed by Shannon Hartman, 2014, Netflix, accessed August 8, 2019, https://www.netflix.com/watch/80002621?trackId=13752289&tctx=0%2C 0%2Cf6a6e1a7754334028ad220ae599e23f5419d06c7%3A316a4f16246224c46 56e5f79e39d124069d1b94c%2C%2C

10   Tiffany M. Field et al., "Elder Retired Volunteers Benefit From Giving Massage Therapy to Infants," *Journal of Applied Gerontology* 17 (1998): 229-239.

11   Sae Hwang Han, Kyungmin Kim and Jeffrey A. Burr, "Stress-buffering effects of volunteering on salivary cortisol: Results from a daily diary study," *Social Science &*

Medicine 201 (2018): 1200-126.

12   Tristen K. Inagaki, "Neural mechanisms of the link between giving social support and health," *Annals of the New York Academy of Sciences* 1428 (2018): 33-50.

13   앞의 책.

14   Elizabeth B. Raposa, Holly B. Laws and Emily B. Ansell, "Prosocial Behavior Mitigates the Negative Effects of Stress in Everyday Life," *Clinical Psychological Science* 4 (2016): 691–698.

15   Jeffrey A. Burr, Sae Hwang Han and Jane L. Tavares, "Volunteering and Cardiovascular Disease Risk: Does Helping Others Get "Under the Skin?" *The Gerontologist* 56 (2016): 937-947.

16   Hannah M. C. Schreier, Kimberly A. Schonert-Reichl and Edith Chen, "Effect of Volunteering on Risk Factors for Cardiovascular Disease in Adolescents: A Randomized Controlled Trial," *JAMA Pediatrics* 167 (2013): 327-332.

17   Elizabeth W. Dunn, Lara B. Aknin and Michael I. Norton, "Prosocial Spending and Happiness: Using Money to Benefit Others Pays Off," *Current Directions in Psychological Science* 23 (2014): 41-47.

18   Lara B. Aknin et al., "Prosocial Spending and Well-Being: Cross-Cultural Evidence for a Psychological Universal," *Journal of Personality and Social Psychology* 104 (2013): 635-652.

19   앞의 책.

20   Ashley V. Whillans et al., "Is spending money on others good for your heart?" *Health Psychology* 35 (2016): 574-583.

21   Kurt Gray, "Moral Transformation: Good and Evil Turn the Weak Into the Mighty," *Social Psychological and Personality Science* 1 (2010): 253-258.

22   Richard Schulz and Scott R. Beach, "Caregiving as a Risk Factor for Mortality:" The Caregiver Health Effects Study," *JAMA* 282 (1999): 2215-2219.

23   David L. Roth et al., "Family Caregiving and All-Cause Mortality: Findings from a Population-based Propensity-matched Analysis," *American Journal of Epidemiology* 178 (2013): 1571-1578.

24   Sonja Hilbrand et al., "Caregiving within and beyond the family is associated with

lower mortality for the caregiver: A prospective study," *Evolution and Human Behavior* 38 (2017): 397-403.

25   Nicola Catherine Paviglianiti and Jennifer D. Irwin, "Students' Experiences of a Voluntary Random Acts of Kindness Health Promotion Project," *Youth Engagement in Health Promotion* 1 (2017).

26   S. Katherine Nelson-Coffey et al., "Kindness in the blood: A randomized controlled trial of the gene regulatory impact of prosocial behavior," *Psychoneuroendocrinology* 81 (2017): 8-13.

27   Christine Rini et al., "Harnessing Benefits of Helping Others: A Randomized Controlled Trial Testing Expressive Helping to Address Survivorship Problems After Hematopoietic Stem Cell Transplant," *Health Psychology* 33 (2014): 1541-1551.

28   Bruhn, John G. and Stewart Wolf. *The Roseto Story: An Anatomy of Health* (University of Oklahoma Press, 1979).

29   Samson Y. Gebreab et al., "Neighborhood social and physical environments and type 2 diabetes mellitus in African Americans: The Jackson Heart Study," *Health & Place* 43 (2017): 128-137.

30   Jan Sundquist et al., "Low linking social capital as a predictor of coronary heart disease in Sweden: A cohort study of 2.8 million people," *Social Science & Medicine* 62 (2006): 954-963.

31   Duncan, Dustin T. and Ichiro Kawachi. *Neighborhoods and Health* (Oxford, UK: Oxford University Press, 2018).

32   Georjeanna Wilson-Doenges, "An Exploration of Sense of Community and Fear of Crime in Gated Communities," *Environment and Behavior* 32 (2000): 597-611.

33   Sarah Kobos, "Be a Better Neighbor, Build a Better Neighborhood," Strong Towns, accessed August 8, 2019, https://www.strongtowns.org/journal/2018/4/12/eight-ways-to-be-a-better-neighbor

34   앞의 책.

35   Sara Konrath et al., "Motives for Volunteering Are Associated with Mortality Risk in Older Adults," *Health Psychology* (2011).

36   Lara B. Aknin et al., "Making a difference matters: Impact unlocks the emotional

benefits of prosocial spending," *Journal of Economic Behavior & Organization* 88 (2013): 90-95.

37　William T. Harbaugh, Ulrich Mayr and Daniel R. Burghart, "Neural responses to taxation and voluntary giving reveal motives for charitable donations," *Science* 316 (2007): 1622–1625.

38　Felix Warneken and Michael Tomasello, "Extrinsic rewards undermine altruistic tendencies in 20-month-olds," *Developmental Psychology*, 44(2008): 1785-1788.

39　Jane Allyn Piliavin and Erica Siegl, "Health Benefits of Volunteering in the Wisconsin Longitudinal Study," *Journal of Health and Social Behavior* 48 (2007): 450-464.

9. 성격이 우리를 죽인다

1　Deborah Danner, David Snowdon, and Wallace Friesen, "Positive emotions in early life and longevity: Findings from the nun study," *Journal of Personality and Social Psychology* 80 (2001).

2　Deborah Danner, David Snowdon and Wallace Friesen, "Positive emotions in early life and longevity: Findings from the nun study," *Journal of Personality and Social Psychology* 80 (2001).

3　Ed Diener and Micaela Y. Chan, "Happy People Live Longer: Subjective Well-Being Contributes to Health and Longevity," *Applied Psychology: Health and Well-Being* 3 (2011): 1-43.

4　Paola Zaninotto, Jane Wardle and Andrew Steptoe, "Sustained enjoyment of life and mortality at older ages: analysis of the English Longitudinal Study of Ageing," *BMJ* 355 (2016).

5　Barbara L. Fredrickson et al., "A functional genomic perspective on human well-being," *PNAS* 110 (2013): 13684-13689.

6　Patricia A. Boyle et al., "Effect of Purpose in Life on the Relation Between Alzheimer Disease Pathologic Changes on Cognitive Function in Advanced Age," *Archives of General Psychiatry* 69 (2012): 499–505.

7　Vonnegut, Kurt. *Hocus Pocus* (New York: The Berkley Publishing Group, 1990).

8　Carien M. van Reekum et al., "Individual Differences in Amygdala and Ventromedial

Prefrontal Cortex Activity are Associated with Evaluation Speed and Psychological Well-being," *Journal of Cognitive Neuroscience* 19 (2007): 237-248.

9   Carol D. Ryff et al., "Purposeful Engagement, Healthy Aging, and the Brain," *Current Behavioral Neuroscience Reports* 3 (2016): 318-327.

10   Richard M. Ryan and Edward L. Deci, "On Happiness and Human Potentials: A Review of Research on Hedonic and Eudaimonic Well-Being," *Annual Review of Psychology* 52 (2001): 141–166. A Review of Research on Hedonic and Eudaimonic Well-Being," *Annual Review of Psychology* 52 (2001): 141–166.

11   Emerson, Ralph Waldo. *The Prose Works of Ralph Waldo Emerson*, Volume 2 (Boston; James R. Osgood and Company, 1876), 377.

12   M.Berdoy, J. P. Webster and D. W. Macdonald, "Fatal attraction in rats infected with Toxoplasma gondii," *Proceedings of The Royal Society* B 267 (2000): 1591-1594.

13   Victor Otero Martinez et al., "*Toxoplasma gondii* infection and behavioral outcomes in humans: a systematic review," *Parasitology Research* 117 (2018): 3059-3065.

14   Shaban Gohardehi et al., "The potential risk of toxoplasmosis for traffic accidents: A systematic review and meta-analysis," *Experimental Parasitology* 191 (2018): 19-24.

15   Bart Adriaenssens et al., "Telomere length covaries with personality in wild brown trout," *Physiology & Behavior* 165 (2016): 217-222.

16   Benjamin P. Chapman, Brent Roberts and Paul Duberstein, "Personality and Longevity: Knowns, Unknowns, and Implications for Public Health and Personalized Medicine," *Journal of Aging Research* (2011).

17   Margaret L. Kern and Howard S. Friedman, "Do Conscientious Individuals Live Longer? A Quantitative Review," *Health Psychology* 27 (2008): 505-512.

18   Howard S. Friedman et al., "Does Childhood Personality Predict Longevity?" *Journal of Personality and Social Psychology* 65 (1993): 176-185.

19   Robert S. Wilson et al., "Neuroticism, Extraversion, and Mortality in a Defined Population of Older Persons," *Psychosomatic Medicine* 67 (2005): 841–845.

20   Pim Cuijpers et al., "Economic Costs of Neuroticism: A Population-Based Study," *JAMA Psychiatry* (2010).

21   Richard Lynn and Terence Martin, "National differences for thirty-seven nations

in extraversion, neuroticism, psychoticism and economic, demographic and other correlates," *Personality and Individual Differences* 19 (1995): 403-406.

22   Peter Jason Rentfrow, "Statewide Differences in Personality," *American Psychologist* 65 (2010): 548-558.

23   Suzanne C. Segerstrom et al., "Relationship of Worry to Immune Sequelae of the Northridge Earthquake," *Journal of Behavioral Medicine* 21 (1998): 433-450.

24   Laura D. Kubzansky et al., "Is worrying bad for your heart? A prospective study of worry and coronary heart disease in the normative aging study," *Circulation* 95 (1997): 818–824.

25   Elizabeth Broadbent et al., "Psychological Stress Impairs Early Wound Repair Following Surgery," *Psychosomatic Medicine* 65 (2003): 865-869.

26   David R. Ragland and Richard J. Brand, "Type A Behavior and Mortality from Coronary Heart Disease," *The New England Journal of Medicine* 318 (1988): 65-60.

27   Mark P. Petticrew, Kelley Lee and Martin McKee, "Type A Behavior Pattern and Coronary Heart Disease: Philip Morris's 'Crown Jewel,'" *American Journal of Public Health* 102 (2012): 2018-2025.

28   Loren L. Toussaint et al., "Hostility, Forgiveness, and Cognitive Impairment Over 10 Years in a National Sample of American Adults," *Health Psychology* 37 (2018): 1102-1106.

29   Julie Boisclair Demarble et al., "The relation between hostility and concurrent levels of inflammation is sex, age, and measure dependent," *Journal of Psychosomatic Research* 76 (2014): 384-393.

30   D. Schoormans et al., "Leukocyte telomere length and personality: associations with the Big Five and Type D personality traits," *Psychological Medicine* 48 (2018): 1008-1019.

31   Nina Kupper and Johan Denollet, "Type D Personality as a Risk Factor in Coronary Heart Disease: a Review of Current Evidence," *Current Cardiology Reports* 20 (2018).

32   앞의 책.

33   William J. Chopik and Shinobu Kitayama, "Personality change across the life span: Insights from a cross-cultural, longitudinal study," *Journal of Personality* 86 (2018):

508-521.

34   Justin A. Lavner et al., "Personality Change among Newlyweds: Patterns, Predictors, and Associations with Marital Satisfaction over Time," *Developmental Psychology* 54 (2018): 1172-1185.

35   Paul T. Costa, Jr. et al., "Personality at Midlife: Stability, Intrinsic Maturation, and Response to Life Events," *Assessment* 7 (2000): 365-378.

36   Joshua J. Jackson et al., "Military training and personality trait development: Does the military make the man, or does the man make the military?" *Psychological Science* 23 (2012): 270–277.

37   Brent W. Roberts et al., "A Systematic Review of Personality Trait Change Through Intervention," *Psychological Bulletin* (2017).

38   Nathan W. Hudson et al., "You have to follow through: Attaining behavioral change goals predicts volitional personality change," *Journal of Personality and Social Psychology* (2018).

39   Katherine A. MacLean, Matthew W. Johnson and Roland R. Griffiths, "Mystical Experiences Occasioned by the Hallucinogen Psilocybin Lead to Increases in the Personality Domain of Openness," *Journal of Psychopharmacology* 25 (2011): 1453–1461.

40   Daniel K. Mroczek and Avron Spiro, III, "Personality Change Influences Mortality in Older Men," *Psychological Science* 18 (2007): 371–376.

41   Chris Segrin et al., "Parent and Child Traits Associated with Overparenting," *Journal of Social and Clinical Psychology* 32 (2013): 569-595.

10. 노화의 속도를 조절하는 법

1   David Chiu, "The Beatles in India: 16 Things You Didn't Know," *Rolling Stone*, accessed August 8, 2019, https://www.rollingstone.com/music/music-news/the-beatles-in-india-16-things-you-didnt-know-203601/

2   Quinn A. Conklin et al., "Insight meditation and telomere biology: The effects of intensive retreat and the moderating role of personality, " *Brain, Behavior, and Immunity* 70 (2018): 233-245.

3   Marta Alda et al., "Zen meditation, Length of Telomeres, and the Role of Experiential Avoidance and Compassion," *Mindfulness* 7 (2016): 651-659.

4   Raphaëlle Chaix et al., "Epigenetic clock analysis in long-term meditators," *Psychoneuroendocrinology* 85 (2017): 210-214.

5   E.S. Epel, "Meditation and vacation effects have an impact on disease-associated molecular phenotypes," *Translational Psychiatry* 6 (2016).

6   Yi-Yuan Tang, Britta K. Hölzel and Michael I. Posner, "The neuroscience of mindfulness meditation," *Nature Reviews Neuroscience* 16 (2015): 213-225.

7   B. Rael Cahn et al., "Yoga, Meditation and Mind-Body Health: Increased BDNF, Cortisol Awakening Response, and Altered Inflammatory Marker Expression after a 3-Month Yoga and Meditation Retreat," *Frontiers in Human Neuroscience* (2017).

8   B. Rael Cahn et al., "Yoga, Meditation and Mind-Body Health: Increased BDNF, Cortisol Awakening Response, and Altered Inflammatory Marker Expression after a 3-Month Yoga and Meditation Retreat," *Frontiers in Human Neuroscience* (2017).

9   Rubina Mian, Graeme McLaren and David W. Macdonald, "Of Stress, Mice and Men: a Radical Approach to Old Problems," in *Stress and Health: New Research*, ed. Kimberly V. Oxington (New York: Nova Science Publications, 2005), 61-79.

10 Melissa A. Rosenkranz et al., "Reduced stress and inflammatory responsiveness in experienced meditators compared to a matched healthy control group," *Psychoneuroendocrinology* 68 (2016): 117-125.

11 Ivana Buric et al., "What Is the Molecular Signature of Mind–Body Interventions? A Systematic Review of Gene Expression Changes Induced by Meditation and Related Practices," *Frontiers in Immunology* (2017).

12 Bret Stetka, "Changing Our DNA through Mind Control?" *Scientific American*, accessed August 8, 2019, https://www.scientificamerican.com/article/changing-our-dna-through-mind-control/

13 Fadel Zeidan et al., "Mindfulness Meditation-Based Pain Relief Employs Different Neural Mechanisms Than Placebo and Sham Mindfulness Meditation-Induced Analgesia," *Journal of Neuroscience* 35 (2015): 15307-15325.

14 Perla Kaliman et al., "Rapid changes in histone deacetylases and inflammatory gene

expression in expert meditators," *Psychoneuroendocrinology* 40 (2014): 96-107.

15 David S. Black and George M. Slavich, "Mindfulness meditation and the immune system: a systematic review of randomized controlled trials," *Annals of the New York Academy of Sciences* 1373 (2016): 13-24.

16 Kabat-Zinn, Jon. *Wherever You Go, There You Are: Mindfulness Meditation in Everyday Life* (New York: Hyperion Books, 2005), 94.

17 Johan C. Karremans, Melanie P. J. Schellekens and Gesa Kappen, "Bridging the Sciences of Mindfulness and Romantic Relationships: A Theoretical Model and Research Agenda," *Personality and Social Psychology Review* 21 (2017): 29-49.

18 James W. Carson et al., "Mindfulness-Based Relationship Enhancement," *Behavior Therapy* 35 (2004): 471-494.

19 Johan C. Karremans, Melanie P. J. Schellekens and Gesa Kappen, "Bridging the Sciences of Mindfulness and Romantic Relationships: A Theoretical Model and Research Agenda," *Personality and Social Psychology Review* 21 (2017): 29-49.

20 James W. Carson et al., "Loving-Kindness Meditation for Chronic Low Back Pain," *Journal of Holistic Nursing* 23 (2005): 287-304.

21 Helen Y. Weng et al., "Compassion training alters altruism and neural responses to suffering," *Psychological Science* 24 (2013): 1171-1180.

22 Emmons and Michael E. McCullough, "Counting Blessings Versus Burdens: An Experimental Investigation of Gratitude and Subjective Well-Being in Daily Life," *Journal of Personality and Social Psychology* 84 (2003): 377-389.

23 Leah R. Dickens, "Using Gratitude to Promote Positive Change: A Series of Meta-Analyses Investigating the Effectiveness of Gratitude Interventions," *Basic and Applied Social Psychology* 39 (2017): 193-208.

24 Alyson Ross and Sue Thomas, "The Health Benefits of Yoga and Exercise: A Review of Comparison Studies," *Journal of Alternative and Complementary Medicine* 16 (2010): 3-12.

25 James W. Carson et al., "A pilot randomized controlled trial of the Yoga of Awareness program in the management of fibromyalgia," *Pain* 151 (2010): 530-539.

26 Donald J. Noble et al., "Slow Breathing Can Be Operantly Conditioned in the Rat

and May Reduce Sensitivity to Experimental Stressors," *Frontiers in Physiology* (2017).

27   Soseph Wielgosz et al., "Long-term mindfulness training is associated with reliable differences in resting respiration rate," *Scientific Reports* 6 (2016).

28   Ayla Kruis et al., "Effects of Meditation Practice on Spontaneous Eye Blink Rate," *Psychophysiology* 53 (2016): 749-758.

29   Cecile A. Lengacher et al., "Influence of Mindfulness-Based Stress Reduction (MBSR) on Telomerase Activity in Women With Breast Cancer (BC)," *Biological Research for Nursing* 16 (2014): 438-447.

30   Kabat-Zinn, Jon. *Wherever You Go, There You Are: Mindfulness Meditation in Everyday Life* (New York: Hyperion Books, 2005).

31   Holger Cramer et al., "Is one yoga style better than another? A systematic review of associations of yoga style and conclusions in randomized yoga trials," *Complementary Therapies in Medicine* 25 (2016): 178-187.

32   Robert H. Schneider, Jeremy Z. Fields and John Salerno, "Editorial commentary on AHA scientiflc statement on meditation and cardiovascular risk reduction," *Journal of the American Society of Hypertension* (2018): 1-2.

33   Chenchen Wang et al., "A Randomized Trial of Tai Chi for Fibromyalgia," *New England Journal of Medicine* 363 (2010): 743-754.

34   Rainbow T. H. Ho et al., "A Randomized Controlled Trial of Qigong Exercise on Fatigue Symptoms, Functioning, and Telomerase Activity in Persons with Chronic Fatigue or Chronic Fatigue Syndrome," *Annals of Behavioral Medicine* 44 (2012): 160-170.

11. 대체할 수 없는 장수의 조건

1   Nayu Ikeda et al., "What has made the population of Japan healthy?" *The Lancet* 378 (2011): 1094-1105.

2   Caleb E. Finch, "Evolution of the Human Lifespan and Diseases of Aging: Roles of Infection, Inflammation, and Nutrition," *PNAS* 107 (2010): 1718-1724.

3   Thomas T. Samaras and Harold Elrick, "Height, body size, and longevity: is smaller better for the human body?" *Western Journal of Medicine* 176 (2002): 206-208.

4   M.G. Marmot et al., "Epidemiologic studies of coronary heart disease and stroke in Japanese men living in Japan, Hawaii and California: prevalence of coronary and hypertensive heart disease and associated risk factors," *American Journal of Epidemiology* 102 (1975).

5   "Asian Parliamentarians' Study Visit on Population and Development: Aging in Japan—Tokyo and Nagano," The Asian Population and Development Association, accessed August 10, 2019, http://www.apda.jp/pdf/p02_report/2015_Meeting_Minutes-Study_Visit-Aging_in_Japan_en.pdf

6   de Tocqueville, Alexis. *Democracy in America* (Chicago: University of Chicago Press, 2000).

7   Shiro Horiuchi, "Major Causes of the Rapid Longevity Extension in Postwar Japan," *The Japanese Journal of Population* 9 (2011).

8   Hui-Xin Wang, Anita Karp, Bengt Winblad, and Laura Fratiglioni, "Late-life engagement in social and leisure activities is associated with a decreased risk of dementia: A longitudinal study from the Kungsholmen project," *American Journal of Epidemiology* 155 (2002): 1081–108.

9   Sheila Novek et al., "Exploring the Impacts of Senior Centres on Older Adults," The Centre on Aging, University of Manitoba, accessed August 10, 2019, https://www.gov.mb.ca/seniors/publications/docs/senior_centre_report.pdf

10   Nayu Ikeda et al., "What has made the population of Japan healthy?" *The Lancet* 378 (2011): 1094-1105.

11   Naoki Kondo et al., "Income inequality, mortality, and self rated health: meta-analysis of multilevel studies," *BMJ* 339 (2009).

12   Ming-Ching Luoh and A. Regula Herzog, "Individual Consequences of Volunteer and Paid Work in Old Age: Health and Mortality," *Journal of Health and Social Behavior* 43 (2002): 490-509.

13   Yoosung Park et al., "Sense of "ikigai" (reason for living) and social support in the Asia-Pacific region," *Behaviormetrika* 42 (2015): 191-208.

14   Toshimasa Sona, "Sense of Life Worth Living (*Ikigai*) and Mortality in Japan: Ohsaki Study," *Psychosomatic Medicine* 70 (2008): 709-715.

15 Reps, Paul and Nyogen Senzaki, *Zen Flesh, Zen Bones: A Collection of Zen and Pre-Zen Writings* (North Clarendon: Tuttle Publishing, 1957), cited in: Steve John Powell, "The Japanese skill copied by the world," BBC, accessed August 11, 2019, http://www.bbc.com/travel/story/20170504-the-japanese-skill-copied-by-the-world

16 Marta Alda et al., "Zen meditation, Length of Telomeres, and the Role of Experiential Avoidance and Compassion," *Mindfulness* 7 (2016): 651-659.

17 Caroline Peressutti et al., "Heart rate dynamics in different levels of Zen meditation," *International Journal of Cardiology* 145 (2010): 142-146 AND Joshua A. Grant, Jérôme Courtemanche and Pierre Rainville, "A non-elaborative mental stance and decoupling of executive and pain-related cortices predicts low pain sensitivity in Zen meditators," *Pain* 152 (2011): 150-156.

맺음말

1 Pollan, Michael, "Unhappy Meals," *The New York Times*, accessed October 8, 2019, https://www.nytimes.com/2007/01/28/magazine/28nutritionism.t.html
www.GrowingYoungTheBook.com에서 더 많은 주와 출처를 찾아볼 수 있다.

건강하게 나이 든다는 것

초판 1쇄 발행 2020년 12월 28일
초판 6쇄 발행 2022년 11월 22일

지은이　마르타 자라스카
옮긴이　김영선
발행인　김형보
편집　최윤경, 강태영, 이경란, 임재희, 곽성우
마케팅　이연실, 이다영, 송신아　　**디자인**　송은비
경영지원　최윤영

발행처　어크로스출판그룹(주)
출판신고　2018년 12월 20일 제 2018-000339호
주소　서울시 마포구 양화로10길 50 마이빌딩 3층
전화　070-5080-4037(편집) 070-8724-5877(영업)
팩스　02-6085-7676
이메일　across@acrossbook.com

한국어판 출판권 ⓒ 어크로스출판그룹(주) 2020

ISBN 979-11-90030-80-9　03180

만든 사람들
편집 | 최윤경
교정교열 | 안덕희
표지디자인 | 양진규
본문디자인 | 박은진